Albrecht Schöne
Erinnerungen

Albrecht Schöne
Erinnerungen

WALLSTEIN VERLAG

Bibliografische Information der Deutschen Nationalbibliothek
Die Deutsche Nationalbibliothek verzeichnet diese Publikation
in der Deutschen Nationalbibliografie;
detaillierte bibliografische Daten sind im Internet über
http://dnb.d-nb.de abrufbar.

www.wallstein-verlag.de
Vom Verlag gesetzt aus der Sabon
Umschlag: Marion Wiebel, Wallstein Verlag
Foto: © Rainer Wohlfahrt, Kahl a.M.
Druck und Verarbeitung: Hubert & Co, Göttingen
Gedruckt auf alterungsbeständigem Papier

ISBN: 978-3-8353-3811-1

Inhalt

Für

Jakob
Henriette
Carlotta
Florentin

und

Philippa
Antonia
Sophia
Marie

Zueignung

Juli 2016

Liebe Enkelkinder,

was ich Euch hier erzählen will, muss aufgeschrieben werden. Auf dem Papier kann es dann warten, bis Ihr Euch, nacheinander, zu interessieren beginnt für solche Geschichten aus dem Leben Eures Großvaters oder dem seiner Eltern und noch älterer Vorfahren. Was könnte Mariechen damit jetzt schon anfangen? »Lieber Großvata mein erster Zahn ist raus!« hat diese Abc-Schützin mir neulich geschrieben. Und selbst Jakob, der Älteste unter Euch, hat in seiner Rechtsanwalts-Praxis an Vordringlichem genug zu tun.

Was sich vor dem eigenen Leben abgespielt hat, geht uns ja überhaupt erst spät richtig an. In seinen ersten Jahren lebt jeder nur in seinem Hier und Jetzt, empfindet, erfasst und bedenkt allein das je Gegenwärtige. Allmählich richtet sich unsere Aufmerksamkeit dann auch auf Künftiges, auf das, was wir erwarten und erhoffen können oder befürchten müssen, und auf das, was wir vorhaben. Zuletzt erst kann Vergangenes wichtig werden.

Das betrifft hier nicht nur Euer Leseinteresse. In anderer Weise gilt es auch für mich beim Aufschreiben. Bei alten Leuten verhält die Gegenwart im Gewohnten und wird die Zukunft absehbar. So haben sie Zeit, darüber nachzudenken, wie alles kam. Thomas Manns Geschichten von ›Joseph und seinen Brüdern‹ beginnen mit dem Satz: »Tief ist der Brunnen der Vergangenheit. Sollte man ihn nicht unergründlich nennen?« Bis auf den Grund dieses Brunnens können wir ohnehin nicht schauen. Doch in mancher Hinsicht werden unsere

Augen wohl etwas weitsichtiger, wenn sie altern. Also dann gerade, wenn sie eigentlich schon kurzsichtig geworden sind.

Ich komme nur langsam voran beim Schreiben. Ein Tagebuch, das mir jetzt dienlich wäre, habe ich leider nie geführt, aufbewahrte Taschenkalender geben allenfalls Datierungen her, und auf unser Erinnerungsvermögen ist wenig Verlass. Nicht allein meine Altersvergesslichkeit kommt da ins Spiel. Was wir in späteren Zeiten erleben, erfahren und unternehmen, wie wir im Nachhinein denken und urteilen, das bestimmt unweigerlich auch über unsere Erinnerungen an Vergangenes, löscht sie aus oder legt sie wieder frei, schwächt ab oder überspitzt. Ständig übermalen wir da, ohne das recht zu bemerken. Zur Warnung kann man bei Nietzsche lesen: »‚Das habe ich getan', sagt mein Gedächtnis. ‚Das kann ich nicht getan haben' – sagt mein Stolz und bleibt unerbittlich. Endlich – gibt das Gedächtnis nach.«* Ähnlich geht es auch umgekehrt. ‚Das habe ich nicht getan', sagt mein Gedächtnis dann. Anders wünschen es sich mein Stolz oder mein Rechtfertigungsverlangen und meine Eitelkeit. Endlich – gibt das Gedächtnis nach. So »hat das Vergessen seine Unschuld verloren«.**

Unberührt von solchen Gedächtnisschwächen oder Verdrängungsmechanismen und Aufbesserungsbedürfnissen bleibt immerhin der Wortlaut der schriftlichen Zeugnisse, auf die ich hier zurückgreifen und mich stützen kann. Was ich dabei aus gedruckten oder ungedruckten Briefen und anderen Texten wörtlich wiedergebe, wird durch spitze Anführungszeichen als ein urkundengetreues Zitat markiert: »…«. Bei münd-

* ›Jenseits von Gut und Böse‹, 4. Hauptstück, 68.

** Von Harald Weinrich (›Lethe. Kunst und Kritik des Vergessens‹. München, 2. Aufl. 1977, S. 171) auf Sigmund Freud bezogen.

lichen Äußerungen will ich sie nur benutzen, wenn ich deren Wortlaut in sicherer Erinnerung habe – zu haben glaube.

Erst als ich mich nicht mehr mit wissenschaftlichen Veröffentlichungen beschäftigen mochte, habe ich mit der Aufzeichnung dieser Erinnerungen begonnen. So ist ungewiss, ob ich noch zu Ende erzählen kann. Ich schreibe auf meinem Laptop. Jakob gibt mir dabei Nachhilfeunterricht (mit der digitalen Kulturrevolution verändert sich das Verhältnis zwischen den Generationen: In verehrungsvoller Dankbarkeit und Bewunderung lernen nicht mehr die Enkel von ihren Großeltern, sondern wir Alten von den Jüngeren). Alles was noch fertig wird, wird Jakobus dann auf dem Computer ausdrucken – für Euch, auch für Eure Eltern natürlich und für einige Freunde.

November 2019

Diese Regelung ist inzwischen hinfällig geworden. Als ich etwa zur Hälfte fertig war mit meinen Aufzeichnungen, habe ich Thedel v. Wallmoden, der mir seit seiner Studienzeit nahesteht, davon erzählt. Er hat sich die ersten Texte angesehen und mir zugeredet, das Ganze drucken zu lassen; er würde das gern übernehmen. Ich habe nicht widerstanden, finde seinen Göttinger Wallstein Verlag dafür auch am passendsten. Für fremde Leser sind solche auf die eigene Person bezogenen und familiären Mitteilungen an sich nicht sonderlich interessant. Aber sie können doch zu erkennen geben, in welcher Weise die großen Geschehnisse einer Zeit auf ein kleines, einzelnes Leben eingewirkt haben, wie sich politische, gesellschaftliche, kulturelle Vorgänge und Veränderungen dort abbilden oder widerspiegeln. In alltags- und mentalitätsgeschichtlicher Hinsicht wäre eine Veröffentlichung dieser Erinnerungen wohl zu rechtfertigen.

Nur wird es schwierig für mich, das beim Schreiben zu berücksichtigen. Es macht einen Unterschied, ob ich dabei an meine Enkel und Kinder, allenfalls noch an wenige Nahestehende denke oder einen größeren, anonymen Leserkreis im Auge haben muss. Wie denn beides zugleich? Was wir mitteilen und wie wir das ausdrücken, richtet sich immer nach dem Adressaten. Etwa im Briefverkehr ist ganz offensichtlich, was eigentlich für alle Mitteilungen gilt: Der Adressat selber hat mitgewirkt, hat geradewegs mitgeschrieben an dem, was er zu lesen bekommt. Nur Euch wollte ich beim Erzählen vor Augen haben – als hättet Ihr mich gefragt: Großvater, wie ist es damals bei Euch gewesen? Was war mit Deinen Eltern oder eigenen Großeltern? Wie ist es mit Dir weitergegangen? Nun müsst Ihr zulassen und muss ich daran denken, dass Fremde uns zuhören. Euch und ihnen zugleich kann ich es eigentlich nicht recht machen. Auf einiges Allgemeine und Grundsätzlichere wenigstens will ich jetzt ausführlicher eingehen, als anfangs gedacht. Manches Persönliche dagegen werde ich nachträglich straffen und künftig eher für mich behalten. Ohnehin erzählt man selbst Kindern oder Enkeln nicht alles und jedes. Ich denke, sie möchten das auch gar nicht. Jedenfalls ändert sich nichts daran, dass alles hier zu Papier Gebrachte eigentlich für Euch bestimmt ist.

„Ich denke“ – so muss ich ständig bei diesen Aufzeichnungen schreiben, „Ich bin“, „Ich habe …“. Bei meinem beruflichen Geschäft, in wissenschaftlichen Abhandlungen, ist das verpönt. Dort sucht man ein Personalpronomen überhaupt zu vermeiden. Oder man schreibt ärgerlicherweise „Wir“, auch wenn keineswegs mehrere Autoren beteiligt sind. Gewiss will das nicht als ein Majestätsplural verstanden werden, soll es nur die eigene Leistung nicht hervorkehren. Doch kaschiert es auch die Eigenverantwortlichkeit des Schreibers. Und wo es den Leser mit ins Boot holt oder nötigt, behauptet es eine frag-

lose Gültigkeit der Aussage. »Wir wissen nun, dass …«, »Wir sehen also, weshalb …«: Da lässt man keinen Zweifel mehr zu, unterdrückt den Widerspruchsgeist und behindert die Kritik, redet allemal ein wenig monarchisch. Hier jedenfalls besagt mein „Ich“, dass ich selber einstehe für alles, was ich zu erinnern meine, was ich beschreibe und behaupte.

In der literaturwissenschaftlichen Erzähltheorie war es eine Zeit lang gebräuchlich, Ich-Erzählungen und Er-Erzählungen zu unterscheiden. Man spricht von einer Er-Erzählung, wenn ein allwissender Autor eigenverantwortlich über deren Hauptfigur berichtet (so beginnt Franz Kafkas ›Die Verwandlung‹ mit dem Satz: »Als Gregor Samsa eines Morgens aus unruhigen Träumen erwachte, fand er sich in seinem Bett zu einem ungeheueren Ungeziefer verwandelt.«). Hingegen spricht man von Ich-Erzählungen, wenn der Protagonist selber als verantwortlicher Wortführer eingesetzt wird (Kafkas ›Ein Landarzt‹ beginnt mit den Worten: »Ich war in großer Verlegenheit: eine dringende Reise stand mir bevor; ein Schwerkranker wartete auf mich in einem zehn Meilen entfernten Dorfe«). »Er« oder »Ich« – gefabelt wird natürlich in beiden Erzählweisen. Auch wo handfestes Realitätsmaterial eingeht in eine poetische Erzählung, wird es dort umprogrammiert und eingeschmolzen in eine andere Art von Wirklichkeitsbeschreibung und Wahrheitsmitteilung. ›Der Bauernspiegel‹, ein 1836 erschienener Roman von Jeremias Gotthelf, entschieden autobiographisch fundiert, beginnt mit den Sätzen: »Ich bin geboren in der Gemeinde Unverstand, in einem Jahre, welches man nicht zählte nach Christus. Mein Vater war der älteste Sohn eines Bauern, der einen ziemlich großen Hof besaß und noch vier Söhne und drei Töchter hatte.« Mit den gleichen Worten fangen gleich auch meine eigenen Ich-Erzählungen an: »Ich bin geboren in …«. Freilich geht es dann anders weiter. Aber dass man, Platon folgend, bei den Dich-

tern auf Lügen gefasst sein muss (die Gemeinde, in der Gotthelf geboren wurde, hieß ja keineswegs »Unverstand«), dass man in autobiographischen Schriften hingegen reine Wahrheit erfährt (den standesamtlichen Geburtsort »Barby an der Elbe« in meinem Fall), scheint ebenso richtig oder unrichtig wie häufig das Umgekehrte. Die Pilatus-Frage des Johannesevangeliums 18,38 – hier bleibt sie offen: Was eigentlich ist denn »Wahrheit«?

Der Geburtstagsbrief Ich bin geboren in Barby an der Elbe am 17. Juli 1925 – sieben Jahre also nach dem Ende des ersten Weltkriegs, vierzehn Jahre vor dem Beginn des zweiten.

Wie stand es damals um mein Geburtsland? Zur Auffrischung der Geschichtskenntnisse: 1918, als das deutsche Kaiserreich von seinen Kriegsgegnern besiegt war, hatte sich Wilhelm II., sein letzter Monarch, nach Holland in Sicherheit gebracht. Nach heftigen revolutionären Unruhen kam 1919 unter dem sozialdemokratischen Reichspräsidenten Friedrich Ebert die Verfassung einer parlamentarischen Demokratie zustande, in der nun alle Bürger, auch die Frauen, vom 20. Lebensjahr an mit gleichem Stimmgewicht wahlberechtigt waren. Diese nach dem Sitz der Nationalversammlung benannte ›Weimarer Republik‹ verlor mit dem Versailler Friedensvertrag nicht nur den überseeischen deutschen Kolonialbesitz. Sie musste auch weite Teile des eigenen Landes abtreten, ein Zehntel etwa, vor allem Elsass-Lothringen an Frankreich und zur Wiederherstellung eines souveränen polnischen Staates und der Errichtung einer ‚Freien Stadt Danzig' fast ganz Posen und Westpreußen und das oberschlesische Kohlerevier. Mit einer einseitigen Kriegsschuld Deutschlands und seiner Verbündeten wurden überdies erdrückende wirtschaftliche Reparationen begründet. Unter Berufung auf vernachlässigte Zwangsablieferungen deutscher Kohle besetzten dann 1923 französische und belgische Truppen das Ruhrgebiet, und eine Inflation, welche besonders Deutschlands Mittelschichten verarmen ließ, erreichte schwindelerregende Höhen. – Ein rechtsradikaler Putschversuch wurde am 9. November 1923 an der Münchner Feldherrnhalle mit polizeilicher Waffengewalt vereitelt, und der zu fünfjähriger Festungshaft verurteilte Haupträdelsführer Adolf Hitler aus dem österreichischen Braunau am Inn begann in der Gefangenenanstalt von Landsberg am Lech sein Programmbuch ›Mein Kampf‹ zu verfassen.

Freilich hat die am 15. November 1923 eingeführte Rentenmark Deutschlands Währung rasch wieder gefestigt. Von den geradezu „Goldenen zwanziger Jahren“ wurde dann geredet. Jedenfalls schienen in meinem Geburtsjahr 1925 die politischen und wirtschaftlichen Verhältnisse halbwegs stabilisiert. Als Kandidat der Rechtsparteien wurde damals der 77jährige Generalfeldmarschall v. Hindenburg zum Reichspräsidenten gewählt. Wohl stellte der vorzeitig auf Bewährung freigelassene Weltkriegs-Gefreite Hitler, 36 Jahre alt, die zuvor aufgelöste und verbotene kleine ›Nationalsozialistische Deutsche Arbeiterpartei‹ wieder auf (‚national‘ gegen die Bolschewisten, ‚sozialistisch‘ gegen den Kapitalismus angehend). Aber seinen von rabiatem Judenhass getriebenen, mit der Energie eines Besessenen und mit wirkungsmächtigem Agitationsvermögen geführten Kampf um die Macht konnte man noch für wenig aussichtsreich halten. – Meine Eltern waren schon urteilsfähige Zeitgenossen dieser Vorgänge. Doch haben sie ihren Kindern nie erzählt, was sie davon erfahren, was sie damals selber erlebt, gehofft oder gefürchtet hatten. Wie das so geht, haben wir sie danach auch gar nicht gefragt.

Meine Mutter Agnes Moeller (in ihrer Familie und von unserem Vater meist Angelein genannt) hatte vor der Heirat im April 1923 als Bankangestellte in Magdeburg gearbeitet. Sie kam aus einem dörflichen Pfarrhaus in Sachsen-Anhalt. Auch mein Vater Friedrich Schöne, der als Studienreferendar am Magdeburger Gymnasium ‚Zum Kloster Unser Lieben Frauen‘ und später als Studienrat in meinem Geburtsstädtchen Barby an der Elbe gleichfalls an einem Internats-Gymnasium Deutsch, Geschichte, Religion und Sport unterrichtete, stammte aus einer Pfarrersfamilie. Er kam aus dem schlesischen Ohlau.

Denn mein Urgroßvater Schöne war nach Schlesien gezogen, um dort als Geistlicher den Lutheranern beizustehen, die sich aus Glaubens- und Gewissensgründen der vom Preußenkönig Friedrich Wilhelm III. verfügten Zwangsunion lutherischer und calvinistisch-reformierter Protestanten nicht hatten fügen wollen. Unter Friedrich Wilhelm IV. hat man sie seit 1840/41 als eine vom Kirchenregiment des Landesherrn unabhängige, also von der unierten Staatskirche getrennte Freikirche dann wieder geduldet. Zuvor aber waren diese widerborstig orthodoxen ‚Altlutheraner' ein Jahrzehnt lang drakonisch verfolgt worden, selbst mit militärischer Gewaltanwendung. Sie wurden mit Strafgeldern belegt und eingesperrt, ihre Pfarrer amtsenthoben, steckbrieflich gesucht und inhaftiert. Nur in Hinterstuben, Wäldern oder verlassenen Steinbrüchen, manchmal auch nur bei Nacht hatten sie ihre Gottesdienste abhalten und trauen, taufen, konfirmieren können. Ein wenig lächelnd wurde in meiner Kinderzeit von einem unserer geistlichen Vorfahren behauptet, es habe dieser standhafte Zinnsoldat am Ende der Gottesdienste seine Gemeinde singen lassen (nach der Melodie von ›Nun danket alle Gott‹):

Die Reformierten sind vom Papste zwar geschieden,
Und dennoch leben wir mit ihnen nicht in Frieden.
Denn erstens lehren sie vom Abendmahl nicht recht.
Und zweitens ist die Lehr' der Gnadenwahl ganz schlecht.*

* »Abendmahl«: Luther bestand auf einer von den Reformierten bestrittenen Gegenwärtigkeit (Realpräsens) von Leib und Blut Christi im Brot und Wein des Sakraments. – »Gnadenwahl«: Calvin lehrte eine schon in der Lebensführung jedes Menschen sichtbare göttliche Vorherbestimmung (Prädestination) entweder zu ewiger Seligkeit oder zur Verdammnis, während Luthers Rechtfertigungslehre auf den Glauben des sündhaften Menschen an die im Kreuzestod Christi offenbarte allumfassende Gnade Gottes vertraut (»sola gratia«).

Dieser Freikirche gehörten auch unsere Eltern an.* Aber sie verstanden das gewiss nicht als allein seligmachend, hielten sich und ihre drei altlutherisch konfirmierten Kinder Albrecht, Hanna und Jobst eher doch an das bedenkenswerte, über allen Konfessionshader hinwegtröstende Wort aus dem Johannesevangelium: »In meines Vaters Hause sind viele Wohnungen.«

Ich war ihr erstes Kind. Und wie sehr sie mich zu sich gewünscht haben, lässt der Brief erkennen, den mir mein Vater geschrieben hat, als ich zehn Tage alt war. Erreicht hat er mich freilich erst siebenundzwanzig Jahre später. Nach seinem Tod fand ich ihn unter den nachgelassenen Papieren. Verfasst in der alten ‚Sütterlinschrift', welche die Jüngeren jetzt kaum mehr entziffern können. Denn zur Vereinheitlichung der Schreibweisen in einem nationalsozialistisch vereinten Europa wurden 1941 die fortan beibehaltenen lateinischen Buchstaben vorgeschrieben, und der Reichsleiter der NSDAP, Martin Bormann, verdammte den der bisherigen deutschen Kurrentschrift entsprechenden Fraktur-Druck in einem parteiamtlich-internen Rundschreiben als »Schwabacher Judenlettern«. In solchen ausgemerzten Lettern ist mein Geburtstagsbrief gehalten. Er kommt in vieler Hinsicht von weit her, beschreibt die wohl im besten Sinn dieses Wortes bildungsbürgerliche Lebensweise und Denkungsart einer vergangenen Zeit.

* Seit 1972 bildet sie mit anderen Minderheitskirchen die Selbständige Evangelisch-Lutherische Kirche (SELK), als deren Bischof 1985–1996 mein Bruder Jobst Schöne amtierte.

Das väterliche Arbeitszimmer in Barby
mit den im Geburtstagsbrief erwähnten Gegenständen und Bildern
(rechts über dem Stehpult König Karl I. von England)

»26. Juli 25

Jetzt schläfst Du sattgetrunken in Deinem blauen Wägelchen. Durchs offne Fenster kommt die warme Sommernachtluft. Drei Bilder hängen über dem Schreibpult an dem Dein Wagen steht: der König Karl I von England, hochmütig-müde und abenteuerlich-haltlos zugleich, gepflegt und brutal – so sollst Du nicht werden. Aber sehen und erkennen sollst Du das hoffentlich mal. Und dann in kleinem Goldrähmchen das lachende Brautbild Deiner Mutter; endlich der Schattenriß des verlorenen Sohnes, der vor der Vision seiner Mutter auf den Knieen liegt. Wenn Du schon faßtest, was Deine dunklen, fließend blauen Augen spiegeln, könntest Du im Halblicht der Petroleumlampe an der roten Wand über den Bücherreihen noch andre Bilder sehen: Rembrandts Landschaft mit den 3 Bäumen, und das Hundertguldenblatt [beides, versteht sich, Nachdrucke dieser Rembrandtschen Radierungen], den blanken Messingleuchter mit drei Kerzen, und den weißen Marmorstein. Dein Onkel Christian [Schöne] hat ihn von der Akropolis mitgebracht, Dein Urgroßvater Hermann hat das englische Schabkunstblatt [mit König Karl I.] gesammelt, Dein Vater hat als Student die Schattenrisse geschnitten und den Leuchter seiner jungen Frau geschenkt, die ganz erschrocken war über die große und unnötige Ausgabe.

Du kleiner Kerl, der Du jetzt aus sattem Kinderschlaf aufseufzest, wann wirst Du zum ersten Mal mit funkelnden Augen und heißen Wangen in die Schätze greifen, die da neben Deinem Wagen stehen? Den ersten Band Goethe und Shakespeare, Tolstoi und Hebbel aufschlagen?

Du bist jetzt 10 Tage alt.

Am Freitag, 17. Juli mittags um ½ 12 Uhr hast Du Deinen ersten Schrei getan. Ich hab ihn gehört und Deine Mutter, die sich nach acht harten Stunden mit fröhlichem Lächeln zurücklegte, als Du glücklich zur Welt gekommen warst. Es war ein heller, heißer Sommertag und acht seinesgleichen folgten ihm, bis ein Gewitterregen die ungewöhnliche Glut ein bißchen kühlte. Aber noch heute, nach einem trüben und verhangenen Tage, sind um Mitternacht am offnen Fenster 20°.

Du wogst 100 Gramm weniger 7 Pfund, als Dich Frau Titsch, die Hebamme zum erstenmal auf die Waage legte, und Deine Länge will sie mit 54 cm. gemessen haben; ich weiß nicht recht wie, denn Du strampeltest gewaltig. Zehn Minuten nach Deiner Geburt kam Mariele Möller, die Schwester Deiner Mutter, die ich morgens um 7 Uhr telefonisch gerufen hatte, weil wir Dich eigentlich erst eine Woche später erwartet hatten. Um 1 Uhr erfuhr Deine Großmutter Moeller in Langenweddingen am Telefon von mir Deine Ankunft. „Gott sei

Dank“ sagte sie, es kam aus übervollem Herzen, und trug Deiner Mutter tausendmal tausend Grüße auf. Dann rief ich den Arzt an, Dr. Rieper kam nach einer kurzen Stunde und nähte mit drei Nadeln den Riß, den Deine kleinen Schultern in Deiner Mutter Leib gerissen hatten. Und meine liebste Frau biß mit lachenden Augen die Zähne zusammen, so lieb hatte sie Dich und mich, und heftete die Augen auf das schöne Bild von dem traumvoll dunklen Hollunderbusch, das über unserm Bett hängt. Am Nachmittag telegrafierte ich an meine Mutter, Deine Großmutter Schöne, die in diesen Tagen in Fürth im Saargebiet zur Pflege Deiner Tante Katharina war, die am 8. Juli ein kleines Mädchen Gertrud geboren hatte.

In den nächsten Tagen hab ich die ersten Bilder von Dir aufgenommen und die gute Nachricht auf 70 Postkarten an Verwandte und Bekannte geschrieben.

Am Montag, 20. stand Dein Wägelchen zum erstenmal in der Sommersonne im Park [der Barbyer Internatsschule]. Am Sonntag war ich in der Kirche und sang zu der Choralmelodie lauter neue Strophen von Dir und Gottes himmlischer Gnade, der Sonne, den windbewegten Baumkronen und den blühenden Rosen im Garten. Superintendent Matthes aber, der Deine Mutter gern mochte, kündigte von der Kanzel Deine Geburt ab mit persönlichen und herzlichen Worten, daß mir's unter den paar Kirchenbesuchern auf meiner Bank ein bißchen schwül wurde, Dich und mich so öffentlich vor den lieben Gott citiert zu hören. Aber es war doch ein tiefes und schönes Gebet, daß Du in Deinem künftigen Leben Gott suchen und finden wollest. Wie Du das Wort auch einmal verstehen willst: es faßt den Inhalt eines Lebens.

Deine Mutter hat viele herzliche Glückwünsche bekommen, und auch die hergebrachten waren kaum geheuchelt. Ihr Zimmer, unser Schlafzimmer, in dem Du geboren bist, steht immer noch voll frischer Rosen.

Bis heute ist alles gut und glücklich gegangen, was mit Deinem Eintritt in die Welt zusammenhängt. Aber heute mittag, als Deine Mutter, nachdem die Fäden aus der Dammnaht gezogen waren und sie die ersten paar Schritte vom Bett auf einen Stuhl getan hatte, sich zum ersten Aufstehen rüstete, stieg die bislang friedliche Temperaturkurve. Um 1 Uhr hatte sie 38,6 Fieber, sodaß ich den Arzt holte. Die Möglichkeit einer Infektion liegt vor, so heißt es, aber Temperatur u. Puls sind verhältnismäßig gutartig, ohne Schüttelfrost, sodaß wir kein Kindbettfieber fürchten wollen. Gegen 10 Uhr fiel auch wirklich die Hitze, und nun hast Du so tapfer zur Nacht getrunken, daß Du ungewiegt schläfst, hoffentlich einem glücklichen und gesunden Morgen Deiner Mutter entgegen. –«

Diese Hoffnung erfüllte sich rasch. Am 1. September dann konnten eine längst wieder gesundete Mutter und ein glücklicher Vater ihr erstes Kind im Kreis seiner weiteren Familie und seiner Paten taufen lassen.

Die Bücher, die Gegenstände und die Bilder, von denen in diesem Brief die Rede ist, besitzen wir noch. Außer dem genannten »Schattenriß des verlorenen Sohnes« auch noch mehrere andere, wirklich meisterliche Scherenschnitte meines Vaters aus seiner Primaner- und ersten Studentenzeit – bevor ihm 1917 in Flandern der rechte Arm abgeschossen wurde, denn dafür braucht man zwei Hände. Und das nach einem Gemälde van Dycks gefertigte alte englische Schabkunstblatt mit dem Porträt Karls I. (der am Ende geköpft wurde*) ruft mir bei Ge-

* Was Friedrich v. Logau 1656 besonders schlüssig zu erklären wusste: »König Carl in Engeland | Ward der Krone quit erkandt. | Daß er [be]durffte keiner Krone, | Machten sie ihn Kopffer ohne.«

Die Taufgesellschaft am 1. September 1925
(das Kindchen auf dem Schoß der Hebamme Titsch!)
Fotografiert vom Patenonkel Werner Simonson

legenheit noch immer in Erinnerung, wie ich nicht werden sollte.

Kostbarer doch als solche handgreiflichen Güter ist das unsichtbare und unverlierbare Geschenk, das dieser Geburtstagsbrief in Worte fasste. Dass meine Eltern mich zu sich wünschten und mich liebten, habe ich immer gewusst, ohne dass ich darüber nachdachte, und ohne dass sie selber davon viel redeten. Dass dergleichen nicht selbstverständlich ist und eine Mitgift fürs ganze Leben, habe ich spät erst begriffen.

Als ich 1948, vor der Abreise zum Studienbeginn in Freiburg, zuletzt am Krankenbett meiner Mutter saß und wir beide wussten, das könnte ein Abschied für immer sein, hat sie mir anvertraut, dass mein Vater sie zweimal im Leben ungescheut habe sehen lassen, wie er weinte. Einmal sei das geschehen, als er nach meiner Geburt in ihr Zimmer kam, mich zum ersten Mal sah und mich zu sich nahm. Unter Tränen habe er da gesagt: »Er hat zwei Arme!« Von dem anderen Mal hat sie nicht gesprochen.

Besichtigung der Narben Schon unser Geburtsausweis ist eine Narbe. Dieser Umbilicus, wie Mediziner den Bauchnabel nennen, zeigt die erste Verletzung an, die jedem Lebenden zuteilgeworden ist. »Warum hast du mich aus meiner Mutter Leib kommen lassen?« hat im Alten Testament der leidende Hiob geklagt – »Ach dass ich umgekommen wäre und mich nie ein Auge gesehen hätte! So wäre ich wie die, die nie gewesen sind, vom Mutterleib weg zum Grabe gebracht.« Ich weiß von Stunden, in denen man sich das wohl wünschte: Ohne unsere früheste Narbe wäre uns keine der späteren mehr zugefügt worden (auch nicht die unsichtbaren, die man nur metaphorisch so nennt). Aber von Kindesbeinen an sind sie doch Überlebens- und Verheilungszeichen. Von denen will ich hier erzählen.

Als ich vor Jahren mit unserem Sohn am Strand der Ferieninsel Sylt lag, wurde Tobias auf eine meiner Narben aufmerksam und fragte danach. Damals haben wir gesucht und abgezählt, wie viele davon ich mit mir herumtrage. Die kaum noch erkennbaren eingerechnet, kamen wir auf mehr als vierzig. Nach Erkundigungen bei Freunden und Bekannten geht das entschieden über den Normalbefund hinaus. Fast ließe sich meine Lebensgeschichte anhand dieser Narben abhandeln. Ganz so weit möchte ich es nicht treiben.

An das erste Überlebenszeichen, das chirurgische Eingriffe an mir hinterlassen haben, heftet sich meine früheste Kindheitserinnerung. Ungelöscht im Gedächtnis wohl nur, weil ich unseren Vater dabei auf ungewohnte Weise schreien hörte. Vierjährig hatte man mich aus Barby an der Elbe in eine Magdeburger Kinderklinik gebracht, spezialisiert auf Mittelohrentzündungen, die in der Flussnähe wohl besonders häufig auftreten. Sie konnten zu dieser Zeit noch nicht mit einem Antibiotikum geheilt werden, mussten in bedrohlichen Fällen also operiert werden. Zweimal war mir damals schon der Schädel aufgemeißelt worden, ohne dauerhaften Erfolg. Als ich danach in meinem Krankenbett lag, hörte ich bei offener Tür über den Flur hinweg aus einem gegenüberliegenden Zimmer die übermäßig laute Stimme meines Vaters. Wie man mir später erzählte, hatte ihm der behandelnde Chirurg eröffnet, dass ein weiterer Eingriff aussichtslos erscheine. Aber so heftig hat der Verzweifelte ihn angeherrscht, dass er nachgab und ich durch eine dritte Operation denn doch gerettet wurde. – Viel später stellte sich auch noch heraus, dass etwa zur gleichen Zeit in dieser Klinik das kleine Mädchen lag, das ich 23 Jahre danach heiraten durfte. Ich denke mir, dass unsere Rollbetten damals auf dem Flur aneinander vorbeigeschoben wurden, und möchte glauben, dass wir dabei einander wahrgenommen haben. Liebe ist doch wohl eine Art Wiedererkennen.

Viele solcher Operationsnarben trage ich mit mir herum. Kriegsnarben nur wenige, davon später. Vor allem aber Unfallnarben – die meisten keineswegs selbst verschuldet durch einen Leichtsinn, den Freunde und Anverwandte mir manchmal vorhalten. Sechsjährig saß ich in Naumburg auf einer kleinen Mauer, als sich von hinten ein Schäferhund in mein Hinterteil verbiss und mich gar nicht mehr loslassen wollte. So fing es an. Ich konnte wahrhaftig nichts dafür. Und wenigstens zwei solche Unschuldsfälle will ich hier noch memorieren.

Einundzwanzigjährig spaltete ich für den Kachelofen des Schwenningdorfer Pfarrhauses Brennholz in schmale Scheite. Mein Vater, mit dem ich nach dem Krieg dort aufgenommen worden war, las mir dabei Jean Paul'sche Aphorismen vor. Diese kleine Feldpostausgabe habe ich noch, kann deshalb die beiden dort angestrichenen, wirksamsten Stellen rekapitulieren. »Kleider«, ließ der einarmige Vorleser mich hören, »sind die Waffen, womit die Schönen streiten und die sie gleich den Soldaten dann nur von sich werfen, wenn sie überwunden

Nach der Mittelohr-Operation 1929
(mit meiner Schildkröte)

sind.« Und dann: »Liebet eure Feinde; heißt bei den Weibern: besucht eure Freundinnen und trinkt Tee.« Einander ansteckend lachten wir so sehr, dass ich nicht mehr aufpassen konnte und mir mit dem Beil ein schmales Stückchen Fleisch und Knochen vom linken Daumen abhackte. Für immer erinnerte mich diese schmale Narbe daran, dass auch die schöne Literatur Spuren hinterlassen kann in der handfesten Wirklichkeit.

Fünfzigjährig traf mich dann mit dem Hufschlag eines Pferdes die bedrohlichste meiner Unfallverletzungen. Mit der

Reiterei also hing das zusammen, von der ich, um meine Schreckensmeldungen etwas abzupolstern, zunächst doch Fröhliches erzählen will. Mein Vater, schlesischer Husar im ersten Weltkrieg, hatte mich schon als kleinen Jungen auf ein Pony gesetzt, und dieses »größte Glück der Erde«, das nach dem Sprichwort »auf dem Rücken der Pferde« liegt, ist mir fast lebenslang zuteilgeworden. Ich habe viele herrliche Erinnerungen daran.

Von den karolingischen Haimonskindern wird berichtet, dass sie zu viert auf dem gleichen Pferd saßen. So ist einmal auch unsere zwölfjährige Tochter mit mir zusammen geritten. Bei einer der jährlichen Vereinsmeisterschaften unseres Göttinger Kreisreitervereins hatte ich es bis in die Ehrenrunde des siegreichen Pferdes und seines Reiters geschafft. Bettina wurde damals Jugendmeisterin, und weil wir das gleiche Pferd hatten, half ihr bei der Siegerehrung einer der Turnierrichter zu mir herauf. Sie saß auf der Kruppe und hielt sich fest, indem sie mich von hinten umarmte. So galoppierten wir in unsere beklatschte Ehrenrunde, und für uns beide war das ein ziemlich großes Glück dieser Erde.

Auch unsere beiden ersten Enkelkinder habe ich, als sie noch klein waren, nacheinander oft mitgenommen, wenn es durch die Göttinger Wälder ging. Vor dem Sattel war dann ein Deckenpolster über den Widerrist gelegt. Von beiden Seiten durch meine zum Zügel ausgestreckten Arme gesichert, waren sie völlig sorglos, trauten ihrem Großvater damals noch alles zu. Das ging anfangs behutsam im Schritt, später auch rascher, sogar mit vorsichtigen Sprüngen über gefällte Bäume. Einmal, im ‚leichten Trab', bei dem sich der Reiter mit jedem zweiten Tritt des Pferdes in den Steigbügeln aufrichtet, drehte sich die sonst immer nach vorn schauende, vielleicht vierjährige Henriette zu mir um, sah diese Bewegung und rief mit fröhlichem Staunen: »Großvater! Du wächst und schrumpfst!« Wie recht sie da hatte – ohne schon zu wissen, dass das Emporwachsen und wieder Zusammenschrumpfen fürs ganze Leben gilt (ich bin nur noch 170 cm groß, wenn ich das schreibe, und hatte es 1943 bei der militärischen Musterung immerhin auf 176 cm gebracht).

Ganz herrlich, das will ich nicht unerwähnt lassen, war dann im Herbst 2001 ein großer Rundritt mit unserer Tochter und ihren beiden ältesten, inzwischen schon sattelfesten Kindern durch das Land der Kaschuben. Über Küstrin waren wir dazu mit dem Auto in ein einsames polnisches Forsthaus gefahren (wo am ersten Abend aus Grass' ›Blechtrommel‹ vorgelesen wurde: die Geschichte von der Großmutter auf dem kaschubischen Kartoffelacker, unter deren Röcken sich der kleine Brandstifter Koljaiczek versteckt hat und ungehörig zu schaffen macht). Von der Förstersfrau geführt, sind wir auf deren Trakehnern dann eine Woche lang durch die Kaschubei geritten, jede Nacht mit Schlafsäcken in einer anderen Försterei übernachtend, tagsüber viele Stunden lang im Sattel, in einer wunderschönen, von Menschenhand noch fast unberührten, wald- und seenreichen Landschaft. Auch das ging ohne nennenswerte Unfälle ab.

Aber: Lange zuvor schon war einmal der Göttinger Pferdepfleger krank geworden, und reihum mussten die Reiter selber den Futterdienst übernehmen. So fuhr ich im Februar 1975 frühmorgens zu unserem Vereinsstall, um Hafer in alle Krippen zu schütten. Bei einer der engen Boxen war dieser Trog von der Stallgasse aus nicht erreichbar. Ich öffnete die Stalltür, und weil sich das mir unbekannte Pferd nicht, wie gewohnt, gleich an meinen Futtereimer drängte, sondern mir unbewegt die Hinterhand zukehrte, schob ich mich sehr vorsichtig hinein. Drin leerte ich die Haferkörner aus, drückte mich rückwärtsgehend wieder an der Stallwand entlang zum Ausgang und redete begütigend auf den Sonderling ein. Aber als ich genau hinter ihm stand, keilte er aus, offensichtlich gezielt. Ein Hinterhuf traf mich in den Unterleib und warf mich durch die offene Tür auf die Gasse. In den Ställen der alten Kavallerie trugen solche Schlägerpferde ein warnendes rotes Band um die Schweifrübe, »Füttern vom Wachtmeister an aufwärts!« sollte das heißen. Dieses Warnzeichen gab es hier leider nicht. Laut vor mich hin stöhnend lag ich auf der Stallgasse, bis zwei Mädchen kamen, die morgens reiten wollten und nun den restlichen Futterdienst übernahmen. Ich fuhr noch selber nach Hause, wurde aber rasch in die Chirurgische Universitätsklinik verfrachtet. Ohne äußere Verletzung. Innen war ein kleiner Knochenteil von der Wirbelsäule abgesplittert, das wurde als harmlos bewertet. Auch zeigte sich die linke Niere etwas eingerissen. Vor allem aber und noch unbemerkt war die Milz geborsten und blutete langsam in ihre Kapsel hinein. Für solche Fälle, sagte mir damals ein altgedienter Oberarzt, gelte die medizinische Bauernregel: »Stumpfes Bauchtrauma – Aufmachen und nachsehn, was los ist!« Um mich als einen Professor ihrer Universität waren freilich die medizinischen Ordinarien selber bemüht: der Röntgenologe, der Internist, der Nephrologe und der Chirurg. Drei Tage lang untersuchten und beobachteten sie ihren Patienten und wollten einen operativen Eingriff an der verletzten Niere möglichst nicht riskieren. Dann riss unter jähem heftigem Schmerz die Milzkapsel (eine zweizeitige Ruptur nennt man das). Aber nach einer eiligen invasiven Fehldiagnose des Internisten meinte man, es handele sich offenbar um eine psychische Reaktion auf das tagelange Gespräch an meinem Krankenbett über eine Operation und deren Risiken. In diesen kritischen Stunden besuchte mich unser Freund Klaus Kühns, internistischer Chefarzt am Northeimer Provinzkrankenhaus. Er sah meine inzwischen schon deutlich hippokratischen Gesichtszüge, hörte vom fortgesetzten Zögern der beteiligten Mediziner und drang mit Zivilcourage unangemeldet und sicher unerwünscht in die Mittagskonferenz dieser sehr standesbewussten Universitätskoryphäen ein. Dort gab man seinem massiven Drängen schließlich nach, einigermaßen widerwillig vermutlich, glaubte aber immer noch, den angemahnten chirurgischen Eingriff auf den Abend verschieben zu können, weil dann alle vier Chefs abkömmlich waren und zugegen sein konnten. Auch dabei wurde zunächst noch die Niere versorgt. Zuletzt erst öffnete man die Bauchdecke und sah die blutige Bescherung. Da ging es um Haaresbreite.

Freilich geht oft genug ein Unglück an uns vorbei, ohne dass man bemerkt, in welcher Gefahr man tatsächlich schwebte, oder wahrhaben möchte, was man riskierte. So will ich am Ende dieser Narbenbesichtigungen zum Ausgleich zwei Fälle doch erwähnen, die glücklich verliefen und spurenfrei blieben, mir aber auch bei anderem Ausgang keine Verletzungszeichen hätten zufügen können (weil die halt nur trägt, wer überlebt).

1988, bei einem Jubiläumsfest meines Verlages C. H. Beck im Kongresssaal des Deutschen Museums in München, hatte ich eine der beiden Festreden übernommen. Auf eine Kontroverse des 18. Jahrhunderts zwischen Lavater und Lichtenberg bezogen und anhand entsprechender Bilder ging es da um ›Physiognomische Übungen zur Beförderung der Menschenkenntnis und der Liebe zu Verlegern‹. Ich saß am Außenrand der ersten Reihe und hatte, als ich an der Reihe war, einen langen Weg bis zu der Treppe, die auf das Podium zum Rednerpult führte. Bei den ersten Schritten merkte ich, dass sich ein Hosenbein in die Kniekehle heraufgeschoben und dort verfaltet hatte. Beim Besteigen der Treppe musste das allen sichtbar werden. Also blieb ich stehen, beugte mich herab und brachte mit beiden Händen die Sache in Ordnung. Dabei stand ich nur wenige Meter entfernt von den Sitzplätzen des

Bayerischen Justizministers und des Generalbundesanwalts Rebmann, dessen Amtsvorgänger Buback die Terroristen der ‚Rote Armee Fraktion' ermordet hatten. – Beim fröhlichen Zusammensein nach dieser Veranstaltung kam jemand zu mir und stellte sich vor als Leiter der Wachmannschaft, die diese beiden Ehrengäste sichern sollte. Wohl ein wenig angeheitert erklärte er, seine Leute seien so aufmerksam, dass gewiss alle fünf nach ihren Pistolenhalftern gegriffen hätten, als ich mich zu meinem seltsam aufgekrempelten Hosenbein herunterbeugte. Aber so reaktionsschnell wären sie doch auch, dass keiner von ihnen geschossen habe. Hätte nur einer von ihnen anders reagiert, hätte ich also die zur Rede stehende ›Liebe zu Verlegern‹ mit meinem Leben besiegeln können. Und welcher Verlag darf sich schon eines Märtyrers rühmen? Sehr passend zu dem, was mir drohte, lautete der letzte Satz meines Vortrags (wörtlich Lichtenberg zitierend, nur jetzt auf München und C.H.Beck bezogen): »Wer wollte dann nicht barfuß deine Tore suchen, du Gesegnete, die Schwelle des Verlagshauses küssen und sich glücklich preisen, mit seinem eignen Blut unter die Zahl seiner Autoren eingezeichnet zu werden?«

Unbeschadet habe ich auch den einigermaßen gefährlich anmutenden Flug mit einem Drachen überlebt, bei dem es früher sehr wohl zu selbstverschuldeten, oft tödlichen Unfällen kam. Denn als der am Steilhang eines Berges erfolgende Start noch ohne die später vorgeschriebene Aufsicht erfolgen konnte, vergaß ein aufgeregter Anfänger gelegentlich, seinen Tragegurt richtig ins Gestänge des Flugapparates einzuhaken; das führte natürlich zur Katastrophe. Mir hatten unsere Kinder zum 65. Geburtstag einen alten Wunsch erfüllt und einen Gutschein für solch einen Drachenflug geschenkt. Im Engadin, wo wir zum Skilaufen waren, gab es dafür oberhalb von St. Moritz ein Unternehmen, dessen Firmenname ‚Lufttaxi' meine besorgte Frau beruhigte. Selbstverständlich war

ich ordentlich eingehakt und flog ohnehin im Doppelpack, also zusammen mit einem geschulten Piloten. Dabei schwebten wir mit unserem geflügelten Drachen nicht einfach ins tiefe Tal hinab, sondern konnten, in starkem Aufwind kreisend, zunächst so hoch steigen, dass sich über das schneebedeckte Alpengebirge hinweg ein herrlicher Blick eröffnete, weit nach Italien hinein. Was mich am tiefsten anging und unvergesslich blieb, war aber nicht diese irdische Aussicht, sondern das ungeheure reine Himmelsblau, das uns umfing, als wir unsere höchste Flughöhe erreicht hatten.

Das hatte mir die Augen geschärft, als ich später in meiner eigenen Ausgabe von Dichtungen aus dem ›Zeitalter des Barock‹ noch einmal auf eine der epigrammatischen ›Grabschriften‹ aufmerksam wurde, die Johann Christian Hallmann 1682 aus dem Italienischen ins Deutsche übertragen hat – auf die des Ikaros nämlich, der mit seinen durch Wachs zusammengehaltenen Flügelfedern der Sonne zu nahe kam und in die Tiefe stürzte. Weder der Urheber Loredano noch sein deutscher Übersetzer hat je durch die Luft fliegen oder gar in Himmelshöhen aufsteigen können. Aber mit staunenswertem Imaginationsvermögen besagt der letzte ihrer vier Verse, was ich tatsächlich erlebte bei meinem Drachenflug:

> Hier lieg' ich *Icarus* mit Seuffzern in der Grufft /
> Nicht etwan / daß der Todt das Leben mir geraubet /
> Nein; sondern weil mir itzt nicht ferner ist erlaubet
> Zu fliegen wie vorhin durch die saphirne Lufft.

Ich bin ja nicht abgestürzt. Doch auch was Ikaros hier beseufzt, ist nicht etwa sein Tod, sondern allein, dass ihm »nicht ferner ist erlaubet | Zu fliegen wie vorhin durch die saphirne Lufft.« Ohne Seufzen gilt das auch für mich. Manches im Leben sollte man besser als etwas Einmaliges bewahren. Dieses saphirnen Himmelsblaus wegen habe ich mir nie wieder erlaubet, mit einem Drachen zu fliegen. Einmal für immer.

Unser Gevierteilter Vor dem Einschlafen hat uns unsere Mutter oft etwas vorgesungen. Sie hatte als junges Mädchen Klavier- und Gesangsunterricht gehabt, sang mit ihrer sehr schönen Sopranstimme häufig auch, wenn abends Gäste bei uns waren und man sie darum bat. Oder sie las uns vor, oft aus den Grimm'schen Märchen. Eingekuschelt in unsere warmen Betten verlangten wir, eher gegen ihren Willen, nach etwas möglichst Gruseligem. Sehr beliebt: ›Hänsel und Gretel‹, die von ihren armen verhungernden Eltern im Wald ausgesetzt werden und so in die Hände der bösen Hexe geraten: einer Menschenfresserin, die sich kleine Kinder schlachtet. Unserem Vater aber forderte ich, als Ältester der drei Geschwister, damals vor allem die Geschichte vom Gevierteilten ab, denn da ging es um unseren eigenen Ururur…großvater.

Schon lange bevor man sich im nationalsozialistischen Deutschland um den Nachweis seiner ‚arischen' Abstammung kümmern musste, hatte sich mein Onkel, der Mediziner Christian Schöne, für unsere Vorfahren interessiert. Durch seine Nachforschungen in Kirchenbüchern, verschiedenen Archiven und anhand von Stammbüchern nahestehender Familien ist eine umfangreiche Ahnentafel zustande gekommen. Im ‚Mannesstamm' geht sie bis zu dem 1699 gestorbenen Kossaten Christian Schöne zurück. Über drei Generationen hin waren auch dessen männliche Nachkommen solche Hintersassen, also von einem Grundherrn abhängige Kleinbauern, die in Kotten wohnten und nur geringen eigenen Feldbesitz hatten. Seit 1815 kamen dann über die mütterlichen Linien angesehenere Stände ins Spiel. Mit solchen Vorfahren reicht unsere Ahnentafel bis in die Mitte des 14. Jahrhunderts zurück und führt gelegentlich ganz wundervolle Namen an – aus dem Jahr 1351 etwa den mit Agnes v. Bellersheim vermählten Ritter Wigand v. Buches zu Berstadt oder einen 1427 geborenen Hans Wolff zur Todenwarth. Seit der Reformation aber sind in dieser Ahnentafel vor allem Geistliche verzeichnet. Nicht nur meine beiden Großväter, schon alle vier Urgroßväter und viele vor ihnen waren Pfarrer. Häufig gab es da auch Juristen, Landrichter etwa oder Ratsherren und Bürgermeister, gelegentlich Kaufleute, Mediziner, Professoren. Und wo aus deren Nachlässen eigenhändige Aufzeichnungen überliefert waren, beschaffte der Ahnenforscher Christian Schöne sogar charakterologische Gutachten von Graphologen, die sich mit alten Handschriften befassten. Leider sind diese Papiere seit dem Kriegsende 1945 verschollen.

Nicht so die Auskünfte über den Gevierteilten. Was mein Vater uns Kindern an schauerlichen Einzelheiten zumuten mochte, wenn nach dieser Gute-Nacht-Geschichte verlangt wurde, weiß ich nicht mehr. Aber was er selber gewusst hat, kann ich jetzt seinen frühen, im Nachlass erhaltenen Aufzeichnungen und Exzerpten aus Urkunden der Dresdener und Jenaer Archive entnehmen.

Zu unseren Vorfahren gehören Gregor Brück, der als Kanzler Kurfürst Friedrichs des Weisen ein maßgeblicher politischer Ratgeber der Reformation gewesen ist und 1530 die Vorrede zur ›Confessio Augustana‹ verfasste (den einzigen frommen und weisen Juristen hat Luther ihn im April oder Mai 1532 in einer Tischrede genannt), und ebenso Luthers Freund Lucas Cranach der Ältere, der Maler der Reformation.* Beide wohnten in Wittenberg, und zwei ihrer Kinder wurden miteinander verheiratet: Barbara Cranach (ein Patenkind Luthers) mit Christian Brück (dem er leider nicht als Taufpate beigestanden hat). Um diesen Ahnherrn geht es jetzt.

* Von Seiten meiner Mutter gerät noch ein weiterer Anhänger Luthers, ein bekannter Schuster, in unsere Ahnentafel: Hans Sachs (1495–1576) – »Schuhmacher und Poet dazu«.

Christian Brück (Pontanus)
Radierung seines Schwiegervaters Lucas Cranach d. Ä.

Als Doktor des Römischen und des Kanonischen Rechts wurde er 1555 Kanzler des Herzogs von Gotha und war in diesem Amt dann in die sogenannten ›Grumbachschen Händel‹ verwickelt.* Der umtriebige fränkische Reichsritter Wilhelm v. Grumbach, nach dem diese Episode in der Geschichte der ernestinischen Wettiner benannt wird, suchte einen all-

* Dazu Friedrich Ortloff: Geschichte der Grumbachschen Händel. 4 Bände, Jena 1868–1870.

gemeinen Aufstand der deutschen Ritterschaft anzuzetteln, die nicht länger ‚landsässig' den fürstlichen Territorialherren, sondern reichsunmittelbar nur dem Kaiser untergeben sein sollte. Wegen Landfriedensbruchs hatte Kaiser Ferdinand I. und wieder Maximilian II. die Reichsacht über ihn verhängt. Aber der in Gotha residierende Herzog Johann Friedrich II., der ihm und seinem bewaffneten Anhang 1564 Zuflucht gewährt hatte, weigerte sich, den Geächteten auszuliefern. Denn zusammen mit seinem Kanzler Brück bestärkte Grumbach die Hoffnungen dieses Ernestiners auf Wiedergewinnung der Landesteile und der Kurwürde, die dessen Vater nach dem Schmalkaldischen Krieg an die Albertinische Linie der Wettiner verloren hatte. Nach etwas zweifelhaften Berichten haben die beiden den offenbar ziemlich dümmlichen Herzog sogar davon zu überzeugen versucht, dass er selber zum Kaiser bestimmt sei, indem sie ihm einen Kristall vor Augen hielten und dahinter ein goldenes Zepter stellten. Aber bevor Grumbach seinen Aufstand noch recht in Gang setzen konnte, vollstreckte der kaisertreue Albertiner Kurfürst August von Sachsen die Reichsexekution: Mit 4600 Reitern und 5000 Mann Fußvolk rückte er Ende 1566 vor Gotha und belagerte die Stadt – bis dort am 5. April 1567 das eingeschlossene Kriegsvolk meuterte, bald darauf die Tore geöffnet wurden und man mit Grumbach und seinem Anhang auch unseren armen Christian Brück dem Kurfürsten überantwortete. Den Gothaer Herzog brachte man zu lebenslanger kaiserlicher Haft nach Österreich. Mehrere Anführer der Grumbach'schen Truppe wurden enthauptet, die beiden Hauptprädelsführer aber öffentlich gevierteilt.

In einer Vernehmung, die zunächst noch »güthlich«, also nicht unter der Folter vorgenommen wurde, hatte Brück behauptet, er habe seinen Herzog »zu keinem Ungehorsam wider Kais. Ma[jestä]t. verleitet, sundern zur unterthenigsten

Abbittunge geraten«. Von Grumbachs aufständischem Vorhaben habe er nichts gewusst, hätte aber darauf gedrungen, dass der Geächtete aus Gotha »abgeschafft und hinweck gethan« würde. Mit den von ihm verfassten Schriften gegen den Kurfürsten und denen »wider den Kayser« sei er nur den Befehlen seines herzoglichen Herrn und Freundes gefolgt, habe sie aber möglichst »gelimpfflich« gehalten.*

Als dann der Ritter Grumbach, auf die Folterleiter gespannt, »Zeter über D. Brückenn geschrien« hatte, wurde der wieder hinzugeholt. Jetzt flehte er fußfällig, ihm das Leben zu schenken: ein Leibeigener des sächsischen Kurfürsten wolle er dann sein und bleiben. Sonst aber bäte er, mit dem Schwert hingerichtet, also von »gegenwärtiger tortur verschonet« zu werden. »Mann weis wohl«, wurde ihm entgegnet, »das ihr ein schwetzer seit, ewre redekunst gilt itzo nicht«. Wäre er in die Fußstapfen seines seligen Vaters, des Wittenberger Kanzlers Gregor Brück, getreten, der »ein ehrlich undt redlich mann gewesenn«, befände er sich nicht an diesem Ort! »Darauf Brück jemmerlichen zu weinenn undt zu klagenn angefangenn, undt inn deme vom scharfrichter auch zur Leiter geführet undt aufgetzogenn« wurde. Eine äußerst schmerzvolle Folterung war das, und diesem »peinlichen« Verhör wohnten neben anderen hochgeborenen Zeugen und zwei protokollierenden Notaren sogar der Kurfürst von Sachsen, der Herzog von Holstein und der Ernestiner-Herzog Johann Wilhelm bei – »ann einem tische, so umb undt umb mit einem grünen seidenenn vorhang umbdtzogenn gewesenn, daß man ihr keine sehenn könnenn«.**

* Exzerptvermerk von Friedrich Schöne: Dresd. Arch[iv]. Nr. 24, Blatt 155–199.

** Exzerptvermerk: Jenaer Handschr. Arch. Nr. 109, Blatt 2 u. 3.

Unter der Tortur gab des Herzogs »gewesener Kantzeler« schließlich zu, Grumbachs aufrührerische Pläne zur »Abschaffung der [ritterlichen] Landsesserei« sehr wohl gekannt zu haben, und schilderte die militärischen Vorbereitungen des Aufstandes. Auch habe er gewusst, dass sein Herzog »zu Leipzig ein Narrenhauß bauen lassen« wollte für den sächsischen Kurfürsten, den andere unter den Verschwörern sogar zu erschießen gedachten. Ja doch, die Schrift, welche den Kaiser eines Eidbruchs beschuldigte, habe er selber verfasst. Ebenso die Schreiben gegen den Kurfürsten – von dem ihm Grumbach und der Herzog freilich gesagt hätten, er selber trachte nach der Kaiserkrone.*

So erging das Urteil: Doktor Christianus Brück habe sich vermessen, Grumbachs und seiner Mitgesellen »beharrliche Rebellion und Ungehorsam zu Verachtunge hochgedachter kay.[serlicher] Ma[jestä]t. zu verfechten und verteidigen«; er habe »ehrenrürge Schmeschriften« über den Kaiser und mehrere Fürsten verfasst, auch »verletzliche Schmehereden gebraucht«; er habe geschrieben, dass Maximilian II. »einen Aidtsbruch begangen und sich dadurch der kayserlichen Kron und Hoheitt verlustig gemacht hetten«, und habe der »durstigen Bluttrotten auffrüerische Prakticen wider das gantze Reich« gebilligt und mitbetrieben – sodass er »sich nicht alleine seines Leibes, Lebens, Lehen und anderer Güter verlustig gemacht [...], sundern auch die scherfste und eusserste Straffe verdienet hat, und sol derwegen in vihr Stück geschnitten und getheilet werden.«**

»D. Brücken Urtell« wurde am 18. April 1567 auf dem Gothaer Hauptmarkt vollstreckt (woran bis heute eine ins Kopfsteinpflaster eingefügte Steintafel mit diesem Datum er-

* Exzerptvermerk: Dresd. Arch. Nr. 24, Bl. 148–154.

** Exzerptvermerk: Dresd. Arch. Nr. 24, Bl. 155–193.

innert; bei einem Familienbesuch hat meine kleinste Enkeltochter dort eine weiße Rose angebracht). Eine »grausam große Welt Volkes«, Fürsten und Edelleute ebenso wie Bürger und Bauern, sah diesem Spektakel zu. Unter Trompetenklängen wurde Brück herbeigeschafft. Er trug einen »schwarzen Trauermantel, und einen schwarzen Hut mit einer Leidensbinde« (einem Trauerflor). Als Zweiter nach Grumbach wurde er von den auf einem Schafott tätigen Scharfrichtern mit der Axt »von unten auf geviertheilt. Als man ihm zuvor das Herz aus dem Leibe schnitt und oftmals auf den Mund schlug, soll er ‚gräulich und gar lange' geschrien haben.« Dann wurden seine vier Teile vor die Stadt gekarrt und dort auf Säulen ausgestellt, das Viertel mit dem Kopf an der Straße nach Waltershausen.*

Auch in gehörig abgemilderter Form gaben diese Aufzeichnungen gewiss eine wunderbar gruselige Gute-Nacht-Geschichte ab. Dass wir sie anhören konnten, dass es uns überhaupt gab, lag daran, dass der gevierteilte Gothaer Kanzler eine Tochter hinterlassen hat. Diese Barbara Brück, also Lucas Cranachs Enkeltochter, heiratete den Weimarer Bürgermeister Jacob Schröter und deren Enkelin Elisabeth Schröter dann den Wetzlarer Syndikus Johannes Seip. Das sind unsere Vorfahren. – Was uns Kinder nicht interessierte, wohl aber den Ahnenforscher Christian Schöne: Von dem zuletzt genannten Johannes Seip stammt in fünfter Generation auch Goethe ab (→ Johann David Seip, → Katharina Elisabeth Juliane Lindheimer geb. Seib, → Anna Margaretha Textor geb. Lindheimer, → Katharina Elisabeth Goethe geb. Textor). Nur hat der nicht mehr erfahren müssen, dass auch er dem Gevierteilten sein Leben verdankte.

* Nach Ortloff (wie oben) Bd. 4, S. 155 ff.

Die Fahne hoch Abgesehen von der schon erwähnten narbenbildenden Mittelohr-Operation habe ich aus meinen ersten fünf Lebensjahren in Barby nur eine einzige, aber geradezu handfeste Erinnerung. Meine Mutter hat ihren Kindern auf selbstverständliche Weise eine praktische Nächstenliebe vorgelebt, an deren Ausübungen wir uns gelegentlich selber beteiligen mussten. Nicht selten, später in Stendal etwa bei den allweihnachtlichen Gesangs- und Bescherungsbesuchen im unangenehm riechenden Zimmer ihrer Schneiderin, der ein Bein amputiert war, fanden wir das äußerst lästig. Damals in Barby ist sie häufig in die Blindenanstalt der kleinen Stadt gegangen und hat mich mitgenommen. Dadurch kam es an meinem vierten Geburtstag zu einem wunderbaren Gegenbesuch: Um mir zu gratulieren, ließ sich einer der Anstaltsinsassen von seinem Blindenhund zu uns führen – der in der Schnauze ein Henkelkörbchen mit einem Geschenk für mich transportierte. Von ihm selber nahm ich es also in Empfang, beim Abnehmen wohl einigermaßen ängstlich, dann aber anhaltend begeistert.

Mehr schon fällt mir aus der späteren Zeit in Naumburg an der Saale ein. 1930 wurde mein Vater dort Oberstudienrat der ‚Staatlichen Bildungsanstalt'. Ein großes Internats-Gymnasium war das, in dessen Hauptgebäude wir eine Dienstwohnung bezogen. Rodelbahnen gab es da im Winter und einen Schulpark mit abenteuerlichen Verstecken, mit einer breiten Wassergrube sogar, über der zwei Baumstämme zum Balancieren lagen. Das zu versuchen, wurde uns streng verboten, war also besonders reizvoll. Mit Kindern aus den zugehörigen Handwerkerhäuschen spielte ich dort.

Alle Kinder der Stadt wurden, immer wenn die Kirschen reif waren, zu einem herrlichen Bedankungsfest eingeladen, weil ihre Vorgänger im Jahr 1432 Naumburg vor den von Andreas Prokop angeführten Hussiten gerettet haben sollen. Unser ‚Kirschfest'-Lied, das ich heute noch singen kann, ist jetzt sogar im Internet zu hören. Als Hunger und Durst herrschten in der belagerten Stadt, nahm ein Lehrer die Schulkinder zu Hilfe, und so lauten die letzten Strophen:

„Kinder“, sprach er, „ihr seid Kinder,
unschuldsvoll und keine Sünder.
Ich führ zum Prokop euch hin,
der wird nicht so grausam sin,
euch zu massakrieren.“

Dem Prokopen tät es scheinen,
Kirschen schenkte er den Kleinen,
zog darauf sein langes Schwert,
kommandierte: „Rechtsum kehrt!
Hinterwärts von Naumburg.“

Drei Jahre lang ging ich in eine Naumburger Grundschule, und einmal wurde mir eine Auszeichnung zuteil, die sich unsere Lehrerin für besonders erfreuliche Leistungen ausgedacht hatte: Ich durfte sie zu Hause besuchen, um bei ihr ein echtes Straußenei zu besichtigen, und konnte dieses Stückchen Afrika sogar vorsichtig in die Hände nehmen. Was mein Vorstellungsvermögen anging, erweiterte sich der Horizont auf diese Weise erheblich. Und bald darauf dehnte er sich tatsächlich ein wenig aus.

Eines Abends hörte ich durch die halb offene Tür des Kinderschlafzimmers, wie die Eltern über uns redeten und mein Vater sagte, es wäre doch schrecklich zu denken, dass wir lebenslang so sprechen würden wie jetzt. Unsere mundartlich gefärbte Aussprache meinte er, und an einen dauerhaften Aufenthalt in Naumburg hat er dabei wohl gedacht. Tatsächlich verließen wir Thüringen schon nach vier Jahren, wenn auch auf sehr unerwünschte Weise und mit unerfreulichem Ziel. Von den politischen Hintergründen verstand ich damals nichts. Aber weil die Sache auch mich selber betraf und sehr aufregend war, wurde das meine nachhaltigste Naumburger Kindheitserinnerung.

Bei den Reichstagswahlen im Juli 1932 hatten die von Stalins Moskau aus dirigierten Kommunisten 14,3 % und Hitlers Nationalsozialisten bereits 37,3 % der Stimmen gewonnen, während die noch auf demokratische, rechtsstaatliche und wirtschaftsliberale Verhältnisse bedachte stabilisierende parlamentarische Mitte entsprechend schrumpfte. Anfang 1933 gab es im Gefolge der weltweiten Wirtschaftskrise bei 13 Millionen Erwerbstätigen und 3 Millionen Kurzarbeitenden ganze 6 Millionen Arbeitslose in der Weimarer Republik. Als Minderheitenkabinette scheiterten, ließ sich der greise Reichspräsident v. Hindenburg von seinen Beratern bestimmen, Hitler am 30. Januar 1933 zum Reichskanzler zu ernennen – eingebunden zunächst in ein rechtsgerichtetes Koalitionskabinett, dem nur drei Nationalsozialisten angehörten. Doch bei einer Abstimmung im abermals neu gewählten Reichstag, an der sich die kommunistische Fraktion schon nicht mehr beteiligen konnte, votierte dann am 23. März 1933 allein die mit 19 % der Sitze vertretene Sozialdemokratische Partei gegen das ›Gesetz zur Behebung der Not von Volk und Reich‹; ihren 94 Nein-Stimmen standen 444 Ja-Stimmen der anderen Parteien entgegen, davon 288 durch die Nationalsozialisten, die jetzt bereits über 45 % der Sitze verfügten. Dieses sogenannte Ermächtigungsgesetz erteilte der Exekutive auch legislative Gewalt und lieferte damit, auf nahezu demokratische Weise, Deutschlands erste parlamentarische Republik dem Diktator aus.

Im Februar oder Anfang März war bei uns ein Trupp von SA-Leuten auf das Schulgelände marschiert. Sie zogen vom Turm des Hauptgebäudes die republikanische Staatsflagge herab, verbrannten sie unten auf einem kleinen Scheiterhaufen und hissten an ihrer Stelle eine mitgeführte Hakenkreuzfahne. Einige Schüler hatten das mit angesehen und es dem dafür wohl zuständigen Oberstudienrat berichtet. Mein Vater ließ eine schwarz-weiß-rote Ersatzflagge holen und sie wieder austauschen gegen die nationalsozialistische Fahne. Dann ging er fort, während seine Zöglinge zurückblieben und nun die herabgezogene Parteiflagge der SA-Männer in das noch bereitstehende Feuer warfen. Das lag ja ziemlich nahe. Vielleicht hatte er es sogar erwartet. Doch schien die Sache glimpflich auszugehen. Denn etwas später erst, am 12. März 1933, hat ein Erlass des Reichspräsidenten verfügt, dass die schwarz-weiß-rote Reichsflagge und die gleichfarbige Hakenkreuzfahne künftig »gemeinsam zu hissen« wären; auf Verordnung des Reichsinnenministers erst vom Juli 1933 musste bei offiziellen Veranstaltungen dazu die erste Strophe der bisherigen Nationalhymne (Hoffmann v. Fallerslebens »Deutschland, Deutschland über alles, | Über alles in der Welt …«) gesungen werden, danach dann auch die erste Strophe des sogenannten Horst Wessel-Liedes:

Die Fahne hoch! Die Reihen fest geschlossen!
SA marschiert mit ruhig festem Schritt.
Kam'raden, die Rotfront und Reaktion erschossen,
Marschier'n im Geist in unser'n Reihen mit.

Als die SA auf diese Weise in Naumburgs ‚Staatliche Bildungsanstalt' einmarschierte und ihre Fahne hisste, galt das alles also noch nicht. Aber was der Oberstudienrat mit den beiden Flaggen veranlasst hatte und am Scheiterhaufen geschehen ließ, wurde nicht vergessen.

Am 7. April 1933 erging das berüchtigte ›Gesetz zur Wiederherstellung des Berufsbeamtentums‹, dessen § 3 eine Amtsentlassung aller Beamten verfügte, »die nicht arischer Abstammung sind«. Im § 4 hieß es dort aber auch: »Beamte, die nach ihrer bisherigen politischen Betätigung nicht die Gewähr dafür bieten, daß sie jederzeit rückhaltlos für den nationalen Staat eintreten, können aus dem Dienst entlassen werden.«

Vier Tage später schon schrieb mein Vater an die Frau seines Bruders Christian: »Ich bin heute durch Ministerialerlaß meines Amtes entsetzt worden und stehe unter Disziplinaruntersuchung, weil ich mich geweigert hätte, an einer Feier für die Gefallenen [des ersten Weltkriegs] teilzunehmen und erklärt hätte, unter der Schwarz-weiß-roten und Hakenkreuzfahne an Schulfeiern nicht teilnehmen zu können. Ob meine Zurückweisung dieser Lügen und Entstellungen das Ohr des Ministers erreichen wird, weiß ich nicht. Ich muß also damit rechnen, daß ich am 1. Mai auf der Straße sitze [weil unsere Dienstwohnung bis dahin geräumt sein sollte]. Was dann wird, weiß ich noch nicht. Ich denke aber, Angelein kann mit dem Kleinsten vielleicht bei ihrer Mutter Aufnahme finden. Hanna will Angelein am liebsten zu ihrer Schwester Lili geben. Würdest Du unter Umständen Albrecht aufnehmen? Die Anfrage fällt mir sehr schwer, weil Christian als Nazi mich abwechselnd verhöhnt und verwarnt hat. Darum frage ich auch nicht ihn, sondern Dich. [...] Vielleicht könnte Albrecht sich durch Schuhputzen und kleine Botengänge bei Euch nützlich machen. Fröhliche Ostern! Dein Schwager Friedrich.«

Zwei Tage später wurde er in Berlin im Ministerium vorstellig und schickte an den Direktor seines Gymnasiums ein noch erhaltenes Protokoll dieser Gespräche mit dem Staatssekretär und anderen zuständigen Beamten. Nach deren Auskünften war er seines Amtes enthoben worden, weil er sich, dem mündlichen Bericht des nationalsozialistischen Naumburger Bürgermeisters Übelhoer zufolge, geweigert habe, »an einer amtlichen Schulfeier für die gefallenen Soldaten teilzunehmen. Ist das wahr oder nicht? Ich antwortete: Nein, das ist gelogen.« Über sein Verhalten in der Flaggen-Sache aber

Reichsgesetzblatt

Ausgegeben zu Berlin, den 7. April 1933

Gesetz zur Wiederherstellung des Berufsbeamtentums

§ 3

(1) Beamte, die nicht arischer Abstammung sind, sind in den Ruhestand (§§ 8ff.) zu versetzen; soweit es sich um Ehrenbeamte handelt, sind sie aus dem Amtsverhältnis zu entlassen.

(2) Abs. 1 gilt nicht für Beamte, die bereits seit dem 1. August 1914 Beamte gewesen sind oder die im Weltkrieg an der Front für das Deutsche Reich oder für seine Verbündeten gekämpft haben oder deren Väter oder Söhne im Weltkrieg gefallen sind. Weitere Ausnahmen können der Reichsminister des Innern im Einvernehmen mit dem zuständigen Fachminister oder die obersten Landesbehörden für Beamte im Ausland zulassen.

§ 4

Beamte, die nach ihrer bisherigen politischen Betätigung nicht die Gewähr dafür bieten, daß sie jederzeit rückhaltlos für den nationalen Staat eintreten, können aus dem Dienst entlassen werden. Auf die Dauer von drei Monaten nach der Entlassung werden ihnen ihre bisherigen Bezüge belassen. Von dieser Zeit an erhalten sie drei Viertel des Ruhegeldes (§ 8) und entsprechende Hinterbliebenenversorgung.

§ 5

(1) Jeder Beamte muß sich die Versetzung in ein anderes Amt derselben oder einer gleichwertigen Laufbahn, auch in ein solches von geringerem Rang und planmäßigem Diensteinkommen — unter Vergütung der vorschriftsmäßigen Umzugskosten — gefallen lassen, wenn es das dienstliche Bedürfnis erfordert. Bei Versetzung in ein Amt von geringerem Rang und planmäßigem Diensteinkommen behält der Beamte seine bisherige Amtsbezeichnung und das Diensteinkommen der bisherigen Stelle.

habe er erklärt: »Ich bin nicht Nat.Soc [Nationalsozialist]. Sie können sich auch vielleicht denken, daß ich als Beamter solange zu meinem Verfassungseide stehen mußte, als ich nicht davon befreit, bezw. mir die Verantwortung abgenommen war? […] Sie machen einem nationaldenkenden, kriegsfreiwilligen u. kriegsbeschädigten Soldaten die Sympathie für Ihre Bewegung nicht leicht«. Durchaus einsichtig habe man ihm im Ministerium geantwortet, er könne sich »nicht vorstellen, mit was für Lumpenpack von Denunzianten sie hier zu tun hätten.« In dieser gründlich verfahrenen Angelegenheit werde man die Amtsenthebung widerrufen und »alles tun, um das laufende Disziplinarverfahren so schleunig als möglich zu erledigen und zwar in einem Sinne, der Ihnen eine Genugtuung gibt.« Damit schien die Sache ausgestanden. Wir wurden nicht ausquartiert. Ich musste nicht allein zu Tante Leni ziehen und brauchte dem »Nazi«-Onkel Christian nicht die Schuhe zu putzen. Nur hatte das Naumburger Lumpenpack keineswegs schon aufgegeben.

Im Jahr darauf, am 16. März 1934 und aus heiterem Himmel, teilte der Preußische Minister für Wissenschaft, Kunst und Volksbildung unserem Vater ohne nähere Begründung mit: »Auf Grund von § 5 des Gesetzes zur Wiederherstellung des Berufsbeamtentums vom 7. April 1933 versetze ich Sie hiermit in eine andere Oberstudienratsstelle.« Der dafür geltend gemachte Paragraph nämlich besagte: »Jeder Beamte muß sich die Versetzung in ein anderes Amt derselben oder einer gleichwertigen Laufbahn, auch in ein solches von geringerem Rang und planmäßigem Diensteinkommen – unter Vergütung der vorschriftsmäßigen Umzugskosten – gefallen lassen, wenn es das dienstliche Bedürfnis erfordert.« Friedrich Schöne wurde gegen seinen Willen an das Winckelmann-Gymnasium in Stendal versetzt, strafversetzt, aber gesetzeskonform unter Vergütung der Umzugskosten.

In seinem Nachlass fand sich ein langes Gedicht von ihm: ›Abschied von Naumburg‹, handgeschrieben, aber zugleich noch als Schreibmaschinen-Durchschlag – also wohl nicht nur zu eigenem Vergnügen verfasst, sondern damals auch an Freunde weitergegeben. Fünfte Strophe:

Mein erstes Abschiedswort dem Bürgermeister
Kreisleiter, Reichstagsmitglied Übelhoer.
Ein Mann ein Wort, denn wie er ist, so heißt er.
Ach, ein Kamel geht durch ein Nadelöhr
Eh dieser Mann, die eigne Stadt bescheißt er,
Ein Wiedehopf von Revolutionär,
Ein Bürgermeister wird – lebt wohl, ich wandre!
Beschimpft und denunziert in Zukunft andre!

Vom Wiedehopf wird freilich ganz zu Unrecht behauptet, dass er sein Nest aus den eigenen Exkrementen baue und sich von ihnen auch noch ernähre. Nur hätte das dem Verfasser wenig geholfen, wenn man seiner politischen Vogelkunde damals habhaft geworden wäre. Statt einer Strafversetzung hätte man zumindest seine Amtsenthebung endgültig durchgesetzt. Wahrscheinlich hätte man ihn sogar für einige Zeit in eines der frühen provisorischen Konzentrationslager gesteckt, wenn die Verse bekannt geworden wären, die hier dem Vorstand eines Naumburger literarischen Zirkels galten. Sechste Strophe:

Sieh da, Herr Präsident! Nun Gott behüte
Die Literaria und Sie dazu!
Mit soviel Liebenswürdigkeit und Güte
Geht betend nun die Reaktion zur Ruh.
Im braunen Hemdchen kniet die Unschuldsblüte
Steht mit dem Teufel selbst auf Du und Du.
Empfehle mich! – Nein, bleiben Sie bedeckt!
Heil Hitler! (beide Arme hochgestreckt!)

Lasst alle Hoffnung fahren! ›Abschied von Naumburg‹, achte Strophe:

Fernab, in Spargel- und Kartoffeläckern
Liegt ein bedeutungsvoller Knotenpunkt.
Kennst Du das Land? Dort stirbt das letzte Meckern
In Ucht' und Umflutgräben eingetunkt.
Baumkuchenteig nur hörst Du träge kleckern.
O Friedrich Schöne, S.O.S. gefunkt!
Perle der Altmark, Stendal! O Fermate!
Lasciate ogni speranza, voi ch'entrate!*

Was ich hier aufschreiben will, ist mir und meinen jüngeren Geschwistern nicht aus eigener Erinnerung bekannt. Mit uns haben die Eltern darüber kaum oder gar nicht gesprochen. Ich kann es nur dem schriftlichen Nachlass meines Vaters entnehmen.

Die »Perle der Altmark, Stendal! O Fermate!« war in der Tat kein angenehmer Aufenthaltsort für ihn. Strafversetzt an die dortige Winckelmann-Schule, hat er von 1934 bis 1939 als Oberstudienrat in diesem Gymnasium unterrichtet. Mehrere seiner Schüler haben mir noch Jahre später gesagt oder geschrieben, was wohl für viele galt: dass sie ihn als einen bewunderten und geliebten Lehrer in Erinnerung behielten, der sie lebenslang geprägt habe. Aber den Behörden musste es nach den Naumburger Vorgängen fraglich erscheinen, ob er (wie das Reichsgesetzblatt von 1933 verlangte) zu den Beam-

* »Knotenpunkt« im zweiten Vers bezieht sich auf Stendals Eisenbahnverbindungen, »Ucht'« im vierten Vers meint sein Flüsschen Uchte. – Im dritten Vers wird Goethes ›Mignon‹-Lied angeführt (»Kennst du das Land, wo die Zitronen blühn …?«) und in den beiden letzten Dantes ›Göttliche Komödie‹, Inferno III, 9 (Inschrift auf dem Höllentor: ‚Lasst alle Hoffnung fahren, die ihr hier eintretet!').

ten gehörte, welche »die Gewähr dafür bieten, daß sie jederzeit rückhaltlos für den nationalen Staat eintreten«. Er wurde entsprechend überwacht, und der Stendaler Gymnasialdirektor hatte dem zuständigen Ministerium regelmäßig über sein politisches Verhalten zu berichten. Unter diesem zunehmenden Druck bewarb er sich bei Kriegsbeginn um eine Reaktivierung und ging als Reserveoffizier zum Militär.

Schlesische Husaren 1914
Zweiter von links mit dem Pferd: Friedrich Schöne

Seine soldatische Laufbahn bildet die Veränderung der Kriegführung ab, die sich in dieser Zeit vom ritterlich anmutenden Abenteuer der alten Reiterschlachten vollends zur maschinell betriebenen Massentötung entwickelte. 1914 war er noch zu Pferd ins Feld gezogen, hatte eine Pelzmütze auf dem Kopf, führte die Lanze der Husaren und besaß eine Reiterpistole. 1917, als ihm in Flandern der rechte Arm abgeschossen wurde, trug er einen Stahlhelm und war Leutnant in einer Maschinengewehrkompanie. Jetzt 1939 kam er gar noch zur Luftwaffe. Nicht als Jagdflieger oder Bomberpilot natürlich. Man übernahm ihn als Hauptmann und späteren Major in den Flugmeldedienst, der die Bewegungen feindlicher Bombergeschwader verfolgte und die Sirenen des Fliegeralarms auslöste, damit die Zivilbevölkerung rechtzeitig ihre Luftschutzkeller aufsuchte. Dafür wurde er zunächst in Stendal stationiert und später nach Schwerin abkommandiert, zuletzt war er in Dresden. Von der Höhe in Klotzsche sah er dort auf den nächtlichen Feuersturm herab, als im Februar 1945 die Spreng- und Brandbomben britischer Luftgeschwader die herrliche alte Stadt zerstörten und viele Tausende ihrer Bewohner ums Leben kamen.* Mit einem schweren Herzklappenfehler wurde er dann im April in ein Luftwaffenlazarett in Westerland auf Sylt verlegt und unterrichtete dort Kriegsversehrte, die auf zivile Berufe vorbereitet wurden, in den Fächern Deutsch und Geschichte. In diesem Lazarett blieb

* In einem Brief vom 16.4.1944 hatte ihm die befreundete Ricarda Huch noch geschrieben: »Dresden ist eine wunderschöne Stadt; allerdings jetzt, ohne die [im Krieg ausgelagerten] Kunstschätze, weniger anziehend als sonst, immerhin durch Lage u Architektur bezaubernd. Es wäre schmerzlich, wenn sie den Bomben zum Opfer fiele.« – Wie das Original dieses Handschreibens in Ricarda Huchs Nachlass im Deutschen Literaturarchiv Marbach gelangen konnte (Inventar Nr. 69.518), ist nicht mehr zu klären. Alle Briefe von ihr an Friedrich Schöne (spätestens 1928 einsetzend) waren nach 1945 in Stendal aus seinem auf ein Möbellager verbrachten Schreibtisch oder Schreibpult entwendet oder von Unkundigen vernichtet worden.

Ich will hier vermerken, dass auf gleiche Weise verloren ging, was Thomas Mann ihm geschrieben hat. Der notierte am 21.4.1921 in seinem Tagebuch: »Las nach Tisch ein eingelaufenes Manuskript, satirische Groteske, nicht übel.« Und am 31.5.1921: »Las gestern ein hübsches kleines Hutten-Drama im Manuskript: von Schöne in Magdeburg, dem Verf. der ‚Affenkomödie' von neulich, einem angenehmen Talent. Schrieb nachmittags dem Verfasser.« (Gemeint war die Erzählung ›Affenkomödie‹ und das Stück ›Hutten in Basel‹, beides nicht veröffentlicht).

er auch noch als Kriegsgefangener, bis zu seiner Entlassung in die englische Besatzungszone im Oktober 1945.

In seinem ›Abschied von Naumburg‹ ließ er 1934 nicht nur ‚alle Hoffnung fahren', sondern sagte von Stendal auch: »Dort stirbt das letzte Meckern«. So etwas wie der Flaggen-Vorfall in der ‚Staatlichen Bildungsanstalt' wiederholte sich in der Tat nicht mehr. Aber es haben sich private Aufzeichnungen über die politischen Verhältnisse, über die militärischen Vorgänge im Krieg und Urteile über Hitler erhalten, die gelegentlich weit hinausgehen über bloßes Gemecker. Über solche Texte will ich hier zusammenfassend berichten. Sie setzen im Frühjahr 1932 ein und reichen bis zum Februar 1946, folgen also dem Verlauf der Ereignisse in diesen Jahren und bilden einen entsprechenden Wandel seiner Einsichten und Urteile ab. Dabei, das sollten Nachgeborene im Auge behalten, verfügte er keineswegs über die späteren, gar schon über die heutigen Sachkenntnisse, sondern jeweils nur über unvollständige und propagandistisch entstellte oder irreführende Informationen, wie sie damals zugänglich waren. Vollständig aufbewahrt blieben diese Aufzeichnungen leider nicht. Einige Schriftstücke oder besonders heikle Teile daraus wurden wohl absichtsvoll vernichtet, nachdem meines Vaters Bruder Christian im Oktober 1943 verhaftet worden war (dazu hier Seite 107 ff.: ›Der Wehrkraftzersetzer‹); Hausdurchsuchungen durch die Geheime Staatspolizei hatte man damals auch bei uns zu befürchten.

Im Zusammenhang mit der Weltwirtschaftskrise, bei zunehmender Arbeitslosigkeit und Verarmung breiter Bevölkerungsschichten der Weimarer Republik hatten in der Reichstagswahl von 1930 die Nationalsozialisten 107 von insgesamt 577 Sitzen gewonnen (noch 1928 nur 12). So kandidierte 1932 bei der Wahl des Reichspräsidenten außer dem Generalfeldmarschall v. Hindenburg auch der Weltkriegs-Gefreite

Hitler. Am 9. März schickte mein Vater seinen Brüdern einen Rundbrief, der sich auf ein nicht erhaltenes Rundschreiben von Onkel Christian bezog und gegen dessen damalige politische Vorstellungen anging: Man könne sich doch »ausmalen, was geschehen wäre, wenn wir vor 10 Jahren eine nationalsozialistische Regierung gehabt hätten. Wahrscheinlich hätten Amerikaner, Engländer und Franzosen gesagt: Gott sei Dank, nun haben wir nichts mehr von Deutschland zu fürchten! Gebt ihnen Elsaß, Oberschlesien, Kolonien und Reparationen wieder. Friede sei mit Euch!« – Ja, Hitler »habe verheißen, dem deutschen Volk erst die Ehre, dann die Freiheit, endlich auch Brot wiederzugeben.« Nun hätten »wir Wähler uns den Kopf darüber zu zerbrechen, auf welche Weise Hitler seine Ideale verwirklichen will. Christians Kopf ist offenbar schon völlig zerbrochen, wenn er Blankoschecks an Leute austeilt, die das EK I [meint: nur weil sie, wie Hitler, das Eiserne Kreuz Erster Klasse] als Gefreiter erworben haben. Daß Hitler die besten der Intelligenz gewonnen hat, ist mir neu. Aber daß die Mißvergnügten aller Herkunft, insbesondere die pensionierten Generale, Akademiker, früher Regierenden und Prinzen in seinem Lager stehen, das ist alt. Dazu die arbeitslosen Massen und Unbildung und die Jugend. […] Hitler hat vor dem dummen Münchner Putsch [vom 9. November 1923] gesagt: Morgen sind wir tot oder Sieger! Hindenburg hat nach dem verlorenen Kriege gesagt: Ich stelle mich der Entente für den Kaiser [: stelle mich den Siegermächten, an des geflüchteten Kaisers Stelle]. Und nach dem Zusammenbruch: Ich stelle mich dem Volk zur Verfügung. Sollte das nicht genügen?«* –

* Ergebnis im 1. Wahlgang (13.3.1932): Für Hitler 30,1 %, für Hindenburg 49,6 % der abgegebenen gültigen Stimmen – im 2. Wahlgang (10.4.1932) dann: Für Hitler 36,8 %, für Hindenburg aber die absolute Mehrheit von 53,0 %.

Weitsichtiger als sein »Nazi«-Bruder Christian war er da gewiss.

Aus den folgenden sieben Jahren gibt es keine politischen Aufzeichnungen von ihm. Erst wieder am 31. Dezember 1940 erwähnt eine beiläufige Bemerkung »die junge Generation, die den Leutnant dieses Krieges stellt. Gemeinsam ist ihnen die kritiklose und schrankenlose Gläubigkeit an Hitler und den Nationalsozialismus.« – Das zu einer Zeit, in der man tatsächlich an einen deutschen Endsieg glauben konnte: nach der Niederlage Frankreichs nämlich, vor Hitlers Angriff auf die Sowjetunion und vor dem Kriegseintritt der USA. Wären damals freie Wahlen abgehalten worden, hätte die Mehrheit der Deutschen ihren ‚Führer' zweifellos in diesem Amt bestätigt. Eine Konsens-Diktatur hat man das genannt.

Dann blieb ein umfangreiches Manuskript meines Vaters vom März oder April 1943 erhalten (nach Christians Verhaftung bei einem der anderen, unverdächtigen Brüder versteckt?). Das will ich hier ungekürzt wiedergeben. Man darf, wenn man es liest und bedenkt, den Zeitpunkt der Niederschrift nicht vergessen.

»Erkenntnisse im vierten Kriegsjahre

1. Dieser Krieg war unvermeidlich angesichts folgender Tatsachen:

a) Deutschlands Wiederaufstieg zu politischer und wirtschaftlicher Macht war begleitet von einem außenpolitischen Programm, das Landnahme im Osten als unabweisbar verkündet hatte. b) Die Ideologie des Natsozialism. war kämpferisch und kompromißlos gegen den ebenfalls kämpferischen und kompromißlosen Bolschewismus hundertmal erklärt. Dagegen mußten die beiderseitigen Beteuerungen, ihre Lehren seien keine Exportware, gegenstandslos bleiben. Beweis: Die kommunistische Wühlarbeit der Komintern [: der Kommunistischen Internationale], die Auslandsorganisation der N.S.D.A.P., der Spanienkrieg, die Bündnispolitik und Arrondierungspolitik Deutschlands. c) Die Verfolgung der Juden, die Ausmerzung aus Deutschland und die öffentliche Verfemung als Weltpest. d) Das unumwundene Bekenntnis des Natsoc. zum Recht der Habenichtse, zum Recht des Stärkeren, zur Überlegenheit der germanischen Rasse u. des dtsch. Volkes. Alle diese Tatsachen mußten das Weltjudentum, den Bolschewismus, das britische Empire u. USA zu einem Abwehr- und Angriffskrieg zusammenschließen.

2. Dieser Krieg mußte zu beispiellosen Brutalitäten führen angesichts folgender Tatsachen: a) Die Judenfrage und ihre Lösung hatte auf beiden Seiten Haß- und Rachegefühle aufgepeitscht in einem noch nie dagewesenen Grade. Hitler: „Sie hassen uns mit Grund." b) Der Bolschewismus hatte in den stumpfen Massen des Ostens seit den [russischen Bürger-] Kriegen zwischen Weiß und Rot die Blutinstinkte an die Oberfläche getrieben und die Haut der Civilisation bewußt abgestreift. c) Die Verbindlichkeit der christlichen Moral war von den Russen ausgerottet, von den Angelsachsen unter dicker Heuchelei erstickt und vom Nat.Soc. öffentlich und geheim diskreditiert, unterhöhlt oder direkt geleugnet worden. d) Die neue Rechtsauffassung des Natsoc. „Recht ist, was meinem Volke nützt" erschütt[er]te das individuelle Rechtsgefühl und ließ keinen Raum für internationale Rechtsgültigkeit. „Wenn es meinem Volke nützt" war eine vollgültige Begründung z.B. für die russische Ablehnung der internat. Abmachungen des roten Kreuzes und für die Abschlachtung innerpolitischer Gegner. Die Begriffe „liquidieren" und „vernichten" wurden – auch im deutschen Sprachgebrauch – sanktioniert [: gutheißend verwendet]. Daß der Kriegseintritt Amerikas u. Rußlands solange verzögert wurde, waren große Vorteile für uns; in das Verdienst dafür teilen sich deutsche

Politik, mangelnde Bereitschaft der Feinde und Fehlspekulation ihrer Politik zu sehr ungleichen Teilen.

3. Ein Sieg, ja nur eine Selbstbehauptung Deutschlands in diesem Kriege gegen numerisch und materiell weit überlegene Gegner ist nur denkbar bei innerem Zusammenhalt. Eine Austragung politischer Gegensätze innerhalb des deutschen Volkes während des Krieges würde den Untergang bedeuten.

4. Solche innren Gegensätze waren latent – trotz aller Propaganda und offiziellen Dementis – schon vor dem Kriege vorhanden. Die wirkliche weltanschauliche, politische und wirtschaftliche Geschlossenheit war eine Utopie oder eine Illusion. Das gleiche gilt für die offizielle Behauptung, nur unwesentliche Splitter des Volkes seien „unbelehrbar".

5. Diese Gegensätze haben sich unter dem Druck des Krieges, der Entbehrungen, der Rückschläge und der Bestialisierung erheblich verschärft, obwohl sie garnicht oder unzulänglich organisiert sein dürften.

6. Die Rückwirkungen des Krieges, der Entbehrungen, der Blutverluste, Rückschläge und der Bestialisierung auf das deutsche Volk (und wahrscheinlich auf alle Völker) sind dreimal verschieden – wobei zwischen den drei Reaktionen Übergänge bestehen: a) Kriegsmüdigkeit, Stumpfheit oder Verzweiflung bei den schwächeren Naturen. b) Resignation, Fatalismus, fester Selbstbehauptungswille bei den stärkeren Naturen. c) Gesteigerte Erbitterung, Vergeltungsdurst, besinnungslose Vernichtungslust bei den hart-brutalen Naturen. Die erste Wirkung [a] bringt die Gefahr der Erschlaffung und Kapitulation mit sich. Sie ist am stärksten vorhanden bei Frauen, Greisen, Intellektuellen und bei der großen Masse. Die letzte Wirkung [c] bringt die Gefahr der Überspannung und Selbstvernichtung mit sich. Sie dürfte am stärksten vorhanden sein bei der obersten Führung und den Gliederungen der Partei. Die zweite Wirkung [b] wird bei ihrem vermitteln-

den Charakter je länger desto häufiger in eins der beiden andern Extreme umschlagen. Sie wird jetzt noch ziemlich häufig bei Betrachtenden, später nur noch bei dem kämpfenden Heer stark vertreten sein.

7. Der Krieg selbst war durch die deutsche Regierung nicht zu vermeiden [versteht sich: angesichts der in Punkt 1 dargelegten »Tatsachen«], seine Brutalisierung vielleicht wenigstens zum Teil; die militärischen Rückschläge waren durch bessere Führung sehr wahrscheinlich zum großen Teil zu vermeiden: a) Die Bekleidungskatastrophe des Winters 41/42 [als Deutschlands Vormarsch in Rußland endete]. b) Die Rückzugskatastrophen 41/42 und 42/43. c) Stalingrad. d) Tunesien-Tripolis. Weder der Winter, noch die Schlappheit der [gegen Deutschland] Verbündeten, noch die Rüstungsüberlegenheit der Russen, noch die numerische Überlegenheit der Angelsachsen sind ausreichende Entschuldigungen. Vielmehr sind die Gründe der Fehlschläge: Überheblichkeit, Leichtfertigkeit, mangelnde Organisation, kurz Unfähigkeit der deutschen (oder italienischen) Führung. In einem autoritären Staat gibt es nur eine Verantwortung: nach oben und von oben. Es ist seit Clausewitz anerkannter Grundsatz aller Kriegsführung, daß man die ungünstigsten Möglichkeiten nicht nur einkalkuliert, sondern auch mit dem äußersten Krafteinsatz und rechtzeitig vorbereitet.

8. Die Propaganda hat nicht nur das Recht sondern die Pflicht, die eigene Politik u. Kriegsführung zu erklären und zu rechtfertigen und den Mut und die Siegeszuversicht des eigenen Volkes anzufachen. Sie hat nicht die Pflicht und nicht das Recht, den Haß zumal gegen ganze Völker zu predigen oder zu fordern, eigene Rückschläge zu bagatellisieren, zu lügen und zu fälschen; vielmehr ist das alles sehr gefährlich, weil es den Widerstandswillen nicht nährt sondern höchstens stimuliert und d. h. in die Gefahr des Umkippens bringt. Sie

soll sich hüten vor falschem Pathos, vor Schaumschlägerei, vor Großmäuligkeit und vor zu frecher Spekulation auf das kurze Gedächtnis der Menschen. Die Propaganda der Deutschen für Katyn [wo die Massengräber von mehreren tausend gefangener Polen, meist Offizieren, entdeckt worden waren, welche die Sowjets 1940 erschossen hatten] ist geschickt, wirkungsvoll und abstoßend zugleich angesichts der deutschen Judenmorde.

9. Die großen Positiva der deutschen Kriegsführung sind: a) Die Erfolge Japans mit ihrer Bindung starker amerikanischer Kräfte und die relative Unangreifbarkeit Japans. b) Der deutsche U-Boot-Krieg. c) Die raumweiten Erfolge Deutschlands im Osten mit dem Besitz der Bodenschätze u. Ernten.

10. Die großen Positiva der Gegenseite sind: a) Die Unerschöpflichkeit Rußlands an Menschen, Raum und Waffen. b) Die relative Unangreifbarkeit Amerikas. c) Der civile Luftkrieg Anglo-Amerikas.

11. Seit dem November 1942, also jetzt seit 8 Monaten,* ist die Initiative auf den europäisch-afrikanischen Kriegsschauplätzen an die Gegenseite übergegangen und sind die Achsenmächte [: Deutschland, Italien] in einer raumverlierenden Defensive. Diese ist im Osten dank der günstigen deutschen Ausgangsstellung bisher nicht von gefährlicher Bedeutung.

* Schreibversehen! Richtig wohl: jetzt seit 4 oder seit 5 Monaten. Nach der Aufgabe von Tripolis Ende Januar 1943 hatte sich die deutsch-italienische Heeresgruppe Afrika Ende Februar in Tunesien zusammengezogen (vgl. Punkt 7, d); sie kapitulierte aber bereits am 13. Mai (was der vorletzte Satz hier im Punkt 11 erst als absehbar bezeichnet). – Diese ›Erkenntnisse im vierten Kriegsjahre‹ (nicht als Kalenderjahr gemeint, sondern bezogen auf den Zeitraum seit dem Kriegsbeginn am 1.9.1939) sind also nicht auf Juli (»jetzt seit 8 Monaten«), sondern wohl auf März oder April 1943 zu datieren.

Ob eine dritte Sommeroffensive gegen Rußland bevorsteht, ist nicht zu erkennen. Die Entscheidung darüber wird Rückschlüsse auf die gewonnenen deutschen Erfahrungen, aber auch auf die deutsche militär. Leistungsfähigkeit erlauben. Die Kriegslage im Mittelmeer zeichnet die Gefahr eines Verlustes von Nordafrika ab. Die weitere Folge wäre eine unmittelbare Bedrohung Italiens, d. h. der Achsensüdflanke.«

Das Ganze ist auf eine fast bestürzende Weise sachlich gehalten, geradezu kaltblütig konstatierend. Hinsichtlich der militärischen Lage erscheinen die meisten strategischen Einschätzungen und prognostischen Erwägungen (etwa die der beiden letzten Sätze) bemerkenswert zutreffend. Immerhin hielt der Verfasser im Punkt 3 einen Sieg oder jedenfalls »eine Selbstbehauptung Deutschlands« in diesem Frühjahr 1943 noch für möglich – freilich »nur denkbar bei innerem Zusammenhalt«, während »eine Austragung politischer Gegensätze innerhalb des deutschen Volkes« (etwa ein Umsturzversuch*), »den Untergang bedeuten« würde. Sehr hellsichtig im Punkt 6 die Prognose einer möglichen »Selbstvernichtung« der »obersten Führung«.

Was im Punkt 1c als »die Ausmerzung« der Juden und am Ende von Punkt 8 als die »deutschen Judenmorde« konstatiert wird, bezieht sich gewiss auf die Mordtaten in den Konzentrationslagern innerhalb des damaligen Deutschen Reiches

* Über das Attentat des Grafen Stauffenberg vom 20. Juli 1944 heißt es am 7.1.1946 in meines Vaters Tagebuchnotizen: »Ich erinnere mich jetzt nur noch, dass ich es für verrückt hielt, weil ich noch an die Möglichkeit eines erträglichen Kriegsausganges und unserer Selbstbehauptung glaubte oder glauben wollte. Ich hielt es für eine zu spät gekommene Adels- und Offiziersrevolte aus reaktionären Gründen – z. T. ja wohl auch mit Recht.«

und auf die Massenerschießungen dann in Polen, in der Ukraine, in Weißrussland. Von den Millionen Opfern in den Vernichtungslagern und ihren Gaskammern, die erst mit dem Ostfeldzug auf polnischem oder weißrussischem Boden installiert und im offiziellen, verharmlosenden Sprachgebrauch gleichfalls als ‚Konzentrationslager' bezeichnet, also als Arbeits- und Umerziehungslager ausgegeben wurden, hatte der Verfasser 1943 offenbar noch keine Kenntnis. Das gilt für ihn bis zum Kriegsende und kann wohl für fast alle Deutschen so gelten.* Denn die aktiven Verbrecher blieben natürlich stumm, und vorsichtshalber sprachen auch die allermeisten Helfershelfer (etwa die mit den Deportationen befassten

* Heinrich Himmler, der Reichsführer-SS und Chef der deutschen Polizei (durch die ›Meldungen aus dem Reich‹ seines Sicherheitsdienstes zweifellos auch über das informiert, was nur getuschelt wurde in der Bevölkerung), bezeichnete in seiner Posener Rede vom 4.10.1943 vor der SS-Generalität »die Ausrottung des jüdischen Volkes« als »ein niemals geschriebenes und niemals zu schreibendes Ruhmesblatt unserer Geschichte«. Eingehender noch erklärte er zwei Tage später den etwa 60 deutschen Reichsleitern und Gauleitern: »Ich bitte Sie, das, was ich Ihnen in diesem Kreise sage, wirklich nur zu hören und nie darüber zu sprechen. Es trat an uns die Frage heran: Wie ist es mit den Frauen und Kindern? – Ich habe mich entschlossen, auch hier eine ganz klare Lösung zu finden. Ich hielt mich nämlich nicht für berechtigt, die Männer auszurotten – sprich also, umzubringen oder umbringen zu lassen – und die Rächer in Gestalt der Kinder für unsere Söhne und Enkel groß werden zu lassen. […] Man wird vielleicht in ganz später Zeit sich einmal überlegen können, ob man dem deutschen Volke etwas mehr darüber sagt. Ich glaube, es ist besser, wir – wir insgesamt – haben das für unser Volk getragen, haben die Verantwortung auf uns genommen (die Verantwortung für eine Tat, nicht nur für eine Idee) und nehmen dann das Geheimnis mit in unser Grab.« (Heinrich Himmler: Geheimreden 1933 bis 1945. Hg. v. Bradley F. Smith und Agnes F. Peterson. Frankfurt a.M. 1974, S. 169ff.).

Eisenbahner) kaum über ihre Dienste. Freilich konnte von diesen Massenmorden auch wissen, wer im Rundfunk gegen striktes Verbot feindliche Sender abhörte und ihnen entgegen dem innerdeutschen propagandistischen Meinungsdruck Glauben schenkte. Aber die Zivilcourage, solche Nachrichten trotz drakonischer Strafandrohungen dann auch noch weiterzuverbreiten, brachten nur wenige auf. Und besser sollte man nicht denken, dass sich die menschliche Duckmäusernatur seither grundlegend verändert habe.

Auch dieses ungeheuerliche Geschehen war aufgedeckt und war mit gemeint, als mein Vater nach dem Kriegsende im Luftwaffen-Lazarett auf Sylt am 22. Mai 1945 in seinem Tagebuch notierte: »Dann kommt das Gespräch auf die Untaten des Systems«, und der Chefarzt sagte: »Über Konz.-Lager [ohne Ortsangaben] hätten seine Patienten, frühere Häftlinge, völlig geschwiegen. Aber die beiden Konz.-Lagerwächter, die er jetzt mit Flecktyphus hier habe, zwei ganz bieder-vertrauenswürdige, anständige Männer, ein pommerscher Fischer u. ein streng katholischer Kumpel von der Ruhr, die erzählten. Und was für Dinge!! [...] – waren wir nicht alle mit verroht, wenn wir 1933–44 über diese, uns allen ja andeutungsweise bekannten Dinge bekümmert schwiegen, stirnrunzelnd seufzten – und für Hitler redeten, kämpften, beteten!!« (was gewiss nicht eigene Gebete meint, aber wohl die im Gottesdienst vom Geistlichen vorgetragenen).

Rücksichtsloser noch in eigener Sache urteilt das Tagebuch am 15. Dezember 1945 über dieses »wir alle«, wenn es um den Brief eines Schwagers geht, der als Parteigenosse und SA-Mann in Erfurt seine Beamtenstellung verloren hatte: »Von den Greueln der K.Z., so schreibt er [Johannes Moeller] in emphat. Verteidigung, habe er nicht nur nichts gewußt, sondern nicht einmal etwas geahnt. Dazu muß man sagen: wirklich? Dann ist er ungewöhnlich ahnungslos gewesen selbst für unsere allgemein-deutschen Verhältnisse. Und weiter: hätte er etwas geahnt, ob er dann mit Aplomb und Protest ausgetreten wäre aus Partei und SA? Schwerlich – und eben diese Mischung aus Verstricktheit und Vogel-Strauß-Feigheit hat uns Deutsche ins Unglück gestürzt. Ich bin mir vollkommen klar darüber, daß die Nicht-Mitgliedschaft bei den meisten, auch bei mir, ein Ergebnis aus allerlei Zufällen und besonderen Umständen gewesen ist, u. daß viele, die sich jetzt groß gebärden, anstelle [: in der damaligen Lage] der jetzt von ihnen Verurteilten selbst zu Hakenkreuz gekrochen wären, wenn sie nicht gerade unglücklich oder übereilt oder eigensinnig in eine Opposition geraten wären, vor der [: vor deren tödlicher Gefahr] ihnen nachträglich selbst bange würde.«

Schließlich gibt es von meinem Vater ein im Januar/Februar 1946 verfasstes Typoskript: ›Adolf Hitler. Versuch einer Charakteristik‹.* »Was diesen Versuch hier angeht«, heißt es eingangs, »so steht dem Schreiber nicht einmal sein Buch [›Mein Kampf‹] und seine Reden im Wortlaut zur Hand sondern nur gedächtnismäßig zu Gebote.** Dennoch soll der Versuch ge-

* Dazu im Tagebuch, 7.1.1946: »wie schade, daß man seine Meinung zu politischen Geschehnissen nicht immer sogleich schriftlich niedergelegt hat! Man hätte seit 1923 [Hitlers Putschversuch in München], spätestens seit 1930 [Reichstagswahlen mit dem Gewinn von 107 Mandaten für die NSDAP] jährlich eine Charakteristik Hitlers schreiben sollen.«

** Hitlers zuerst 1925/26 veröffentlichte Programmschrift ›Mein Kampf‹ war nach 1933 millionenfach verbreitet worden. Man hätte nur ein wenig darin blättern und das Gelesene ernst nehmen müssen, um sehr genau zu wissen, was er vorhatte. Von zahllosen gleich oder ähnlich lautenden Äußerungen will ich hier wenigstens einige anmerken:

Vergleichsweise harmlos noch, eher als ein rabiat formuliertes Geschmacksurteil erscheint beispielsweise sein Hinweis auf »die krankmacht werden, als Unterlage für eine Selbstkontrolle der sich wandelnden Ansichten oder Gedanken und vielleicht als Do-

haften Auswüchse irrsinniger und verkommener Menschen, die wir unter den Sammelbegriffen des Kubismus und Dadaismus kennenlernten« (307.-311. Auflage, München 1938, S. 283). Nur entsprach dem alsbald der landesweit verordnete Umgang mit solch „entarteter" Kunst.

Weit folgenschwerer machte Hitler »in der Rassenschande die Erbsünde der Menschheit« aus (S. 705). »Von Zeit zu Zeit wird in illustrierten Blättern dem deutschen Spießer vor Augen geführt, daß da und dort zum erstenmal ein Neger Advokat, Lehrer, gar Pastor, ja Heldentenor oder dergleichen geworden ist.« Der Jude konstruiere daraus einen »Beweis für die Richtigkeit seiner den Völkern einzutrichternden Theorie von der Gleichheit der Menschen«, obgleich es »ein verbrecherischer Wahnwitz ist, einen geborenen Halbaffen solange zu dressieren, bis man glaubt, aus ihm einen Advokaten gemacht zu haben«. (S. 478 f.)

Der »unerbittliche Weltjude kämpft für eine Herrschaft über die Völker. Kein Volk entfernt diese Faust anders von seiner Gurgel als durch das Schwert. Nur die gesammelte, konzentrierte Stärke einer kraftvoll sich aufbäumenden nationalen Leidenschaft vermag der internationalen Völkerversklavung zu trotzen. Ein solcher Vorgang ist und bleibt aber ein blutiger.« (S. 738) – In dem auf die Lehre des Juden Karl Marx gegründeten »russischen Bolschewismus haben wir den im zwanzigsten Jahrhundert unternommenen Versuch des Judentums zu erblicken, sich die Weltherrschaft anzueignen«. (S. 751)

»Für Deutschland lag demnach die einzige Möglichkeit zur Durchführung einer gesunden Bodenpolitik nur in der Erweiterung von neuem Lande in Europa [...]. Man hatte sich Klarheit zu verschaffen, daß dieses Ziel nur unter Kampf zu erreichen war« (S. 153), und könne »die Aufgabe der Vorbereitung eines kommenden Waffenganges zur späteren Sicherung des Staates nicht der Entschlußkraft einer Majorität von parlamentarischen Dummköpfen oder Taugenichtsen anvertrauen.« (S. 690) – Und so in Hitlers ›Schlußwort‹: »Ein Staat, der im Zeitalter der Rassenvergiftung sich der Pflege seiner besten rassischen Elemente widmet, muß eines Tages zum Herrn der Erde werden.« (S. 782).

kument für die jüngere Generation.« Neun Schreibmaschinenseiten umfasst dieser Text. Er unterscheidet sich sehr von den damals in Deutschland noch vorherrschenden Einsichten und Urteilen, entspricht aber so weitgehend dem, was man heute weiß und denkt, dass ich hier nur einige Passagen anführe, ohne Kommentar.

Seite 3 f.: »Es kann nach den jüngsten dokumentarischen Enthüllungen wohl heute nicht mehr bezweifelt werden, daß Hitler vom ersten Tage seines Machtkampfes an den Krieg gegen das Versailler Diktat, und zwar den militärischen Krieg und den Krieg gegen das Judentum, und zwar den Ausrottungskrieg, fest ins Auge gefaßt hat, nicht etwa von einer Lawine unvorhergesehener und ungewollter Entwicklung überrollt und mit fortgerissen wurde. [...] Die eigene Politik und Machtstellung zu sanieren oder zu konservieren, haben ja schon viele Machthaber Kriege entfesselt. Aber in seinen Ausführungen über Präventiv- und Angriffskriege verteidigt und fordert Hitler unverhüllt den Krieg aus freiem Entschluß für die Zukunft eines Staates und Volkes, wie ihn der junge Friedrich II. geführt und später bereut, Bismarck abgelehnt hat. Hitler erklärt in diesem Zusammenhange, daß man das Lebensrecht eines natürlich wachsenden Volkes in Deutschlands Lage durch einen Präventivkrieg im Osten sichern müsse. [...] Niemals aber finden wir ein Wort oder eine Andeutung darüber, daß diese Gewaltanwendung zugunsten einer späteren [anwachsenden deutschen] Bevölkerung irgendwie beschränkt, sittlich begrenzt sei durch das Lebensrecht andrer benachbarter Völker. Viel mehr, da Hitler den größeren Volksdruck, die größere Fruchtbarkeit der slawischen Nachbarn kannte, gestand er ihnen theoretisch ohne Zweifel das gleiche moralische Recht auf den Angriffskrieg zu, will ihnen nur zuvorkommen, zumal eine solche Aggression von dem bolschewistischen Rußland aus ideologischen

Gründen befürchtet werden müsse. Es mag dahingestellt sein, ob er einen Angriff der Sowjet-Union wirklich für die nächste Zukunft oder für eine spätere, doch absehbare, erwartete, oder ob das alles Propagandalüge zur Tarnung eigener Überfallsabsichten gewesen ist. Zumindest darf nach den erfolgreichen Verhandlungen mit Russland zu Anfang des Krieges für möglich gehalten werden, daß Hitler die bolschewistischen Angriffspläne verschoben glaubte. [...] Das Lebensrecht alles Lebenden verwandelte sich ihm folgerecht in das Recht des Stärkeren. Eine ungewöhnlich ausgeprägte Menschenverachtung empfand er nicht nur gegen Juden, Slawen und Fremdrassige, sondern auch gegen alle Deutschen, die dem Evangelium der Gewalt gegenüber Bedenken und Hemmungen zeigten, sei es durch Widerspruch, sei es durch Fügsamkeit – woran ihn die Rassentheorie der Verherrlichung des Ariers durchaus nicht hinderte.«

Seite 5: »Offenbare Halunken, Mörder, Verbrecher und Schweinehunde [unter seinen führenden Gefolgsleuten] hat er nicht trotz, sondern wegen dieser Eigenschaften solange gehalten, als sie seiner Innen- oder Außenpolitik mit ihnen förderlich waren oder zu sein schienen. Denn Gut und Böse gab es für ihn nur in Hinsicht auf seine Politik der Gewalt. Sittliche Verfehlungen auf irgend welchen Gebieten waren ihm völlig gleichgiltig an sich, bekamen aber erhebliches Gewicht, sobald sie seine Politik störten.«

Seite 8 (über die im Rundfunk anzuhörenden öffentlichen Reden Hitlers): »immer wirkte diese Stimme, jahrelang die bekannteste Stimme der Welt, aufreizend in ihrer apodiktischen Rechthaberei, verletzend wie die eines Drohenden, Anklagenden, Unersättlichen, Hungrigen, Räuberischen: wie die eines wilden Tieres. Es war nicht leicht für den nicht intuitiv- oder instinktsicheren Hörer, die Unwahrhaftigkeit seiner Tiraden, den falschen Klang zu erkennen; ich glaube einmal, weil man

Hitler, Redeposen einubend
Atelieraufnahme von Heinrich Hoffmann, 1927
(nur als Postkarte veröffentlicht)

gewöhnt war, politische Reden mit dem stillschweigenden Vorbehalt aufzunehmen, der sich etwa in die Worte fassen läßt: es ist erlaubt, stark aufzutragen; wer auf dem Podium steht, muss schreien; zweitens weil die Unwahrhaftigkeit, nicht so sehr als einzelne offenbare Lüge wie als Grundbass, dem Redner selbst nicht mehr bewusst, mitklang. [...] Man wußte von dem Führer, daß er kein Säufer, kein Hurenjäger, kein Kleidernarr war. Aber ist es nicht jämmerlich und beschämend, daß das so vielen genügte? Ach, man glaubte nur zu gerne der höfischen Legende sein Asketentum, seine Integrität, seine Selbstlosigkeit, die sich im Dienste des Volkes verzehre, aus jenem Bedürfnis nach Anbetung heraus, nach Heldenverehrung, das so tief in der menschlichen Natur liegt und das man nicht verächtlich abtun sondern bemitleiden und bewundern sollte.«

Seite 9: »Hitler hat [...] den Bestand des Volkes, für den nach seiner Theorie alles einzusetzen war, nicht nur selbst eingesetzt, sondern auf alle erdenkliche Weise mit dem eigenen Untergang, dem seines Werkes und seiner Person, unzerreißbar zu verkoppeln versucht. Ein anderes Deutschland, als das er konstituierte, sollte nicht leben, und wie er sich das Recht über Leben und Tod anderer Völker angemaßt [hat], so maßte er sich ohne Besinnen das gleiche Recht über sein Volk an.

Wie ist diese Verleugnung seiner Grundthese von der Ewigkeit und Heiligkeit des Volksbestandes zu erklären? Sie wird nur, aber dann auch sofort verständlich, wenn man die ganze Rederei und Schreiberei von der Heiligkeit, Unsterblichkeit und Alleingültigkeit des Volkslebens als das nimmt, was sie ist: eine Seifenblase, aufgetrieben von dem unersättlichen Machttrieb, dem Willen zur Gewalt; er allein bleibt noch übrig in der schwelenden Asche des zerstörten Gebäudes: er ist Hitlers letztes Wort, sein Vermächtnis.«

Ein Haus im Riesengebirge Immerhin als »bedeutungsvoller Knotenpunkt«, als förderliche Bahnstation gilt in meines Vaters Versen beim ›Abschied von Naumburg‹ die »Perle der Altmark« (hier Seite 48). Mit dem Zug konnte man von Stendal rasch nach Berlin kommen. Wir machten viele Tagesbesuche dort, bestaunten die Löwen, Elefanten oder Giraffen im Zoologischen Garten und wurden von den Eltern oft auch in die großen Museen mitgenommen. Um seine eher überdrüssigen Kinder dabei etwas aufzumuntern, hat mein Vater uns regelmäßig gebeten, auf der Rückreise genau zu erklären, welches der vielen Bilder wir am liebsten hätten mitnehmen wollen. Dieser Appell an unsere Diebstahlsgelüste führte dazu, dass wir nach rascher Durchsicht der Bestände alles Infragekommende einer sehr aufmerksamen, wiederholt vergleichenden Betrachtung unterzogen, bevor wir uns entschieden und dann ausführlich über unser Beutestück berichteten. Das hat sich mir eingeprägt, ist fast eine Zwangshandlung geworden. Noch immer ertappe ich mich dabei, dass ich in Bilder- und Skulpturensammlungen überlege, was ich am liebsten entführen würde.

Einfügen will ich hier, dass ich einmal auch allein eine Bahnfahrt nach Berlin unternahm. In der Stendaler Garnison war ein junger Leutnant stationiert, der sich mit mir befreundete und oft auch in unser Elternhaus kam. Als er später versetzt wurde, lud er mich nach Berlin ein, arrangierte dort eine Übernachtung in einem Doppelzimmer und wurde auf erschreckende Weise zudringlich. Ich war wohl 12 oder 13 Jahre alt und völlig unbelehrt über Homosexualität – wehrte mich aber heftig, zog mich an, flüchtete aus dem Hotel und verbrachte die Nacht auf dem Bahnhof, bis der erste Frühzug kam. Mein Vater erklärte mir, dieser Leutnant würde sich ganz sicher nie mehr bei uns sehen lassen; ich solle aber keinesfalls irgendjemandem von diesem Vorfall erzählen, weil er dann sehr viel schwerer bestraft werden könnte, als uns recht wäre (in der Tat drohte in solchen Fällen nicht nur eine Gefängnis- oder Zuchthausstrafe, sondern auch die Einweisung in eines der frühen Konzentrationslager). Daran habe ich mich glücklicherweise gehalten.

Auch an die Ostsee ging es manchmal in den großen Ferien. Nie aber in die winterlichen Berge; im Flachland aufgewachsen, habe ich das Skilaufen erst spät und nicht gut gelernt. Nach Naumburg, wo meine sehr liebevolle, verwitwete Großmutter Moeller, eine immer schwarz gekleidete, zierlich-kleine Dame, in ihren letzten Jahren lebte, sind wir Kinder selten zurückgekommen. In ihrer Wohnung war wenig Platz für uns. Anders als wir zu Haus, besaß sie schon ein Rundfunkgerät. Ohne Lautsprecher noch, mit riesigen Kopfhörern. Wenn man die abnahm, wenn der gerade Sprechende also verstummte, dachte ich damals, er höre mitten im Text auf zu reden und spräche erst weiter, wenn man sich die Gummimuscheln wieder über die Ohren stülpte. Schade eigentlich, dass das so nicht einzurichten ist! Außerdem konnte diese Großmutter wunderbar Täubchen braten, die wir mit ihr zusammen vom Wochenmarkt holten, ungerupft, an den Füßchen bündelweise zusammengeschnürt. Und ich weiß noch genau: Die Spitzen ihrer eigenen Füße, die in hohen Schnürstiefelchen steckten, setzte sie ganz eigenartig weit nach außen. Angeblich hatte man ihr das in einem Internat beigebracht, weil man bei dieser Gangart die Knie züchtig dicht beieinanderhält. Mit dem Mörike-Vers »Zierlich ist des Vogels Tritt im Schnee« hat mein Vater sie deshalb geneckt.

Oft aber sind wir von Stendal aus ins schlesische Riesengebirge gefahren: in das Haus unserer Großmutter Schöne. Das lag am Fuß des Scholzenberges in Herischdorf, zwischen Hirschberg und Bad Warmbrunn, und hatte Platz für viele Besucher, Kinder und Enkelkinder. Dieser alte Familienbesitz verdankte sich unserem Vorfahren Nicolaus Hinrich Burmester (1762–1843), einem reichen Hamburger Kattunfabrikanten und Handelsherrn, der an der Alster ein großes Anwesen besaß. Sechzehn Kutschpferde soll es in den Stallungen gegeben haben, und so geräumig war das Ganze, dass zur ‚Franzosenzeit' Napoleons Marschall Bernadotte mit seinem Stab darin Quartier bezog. Freilich hat unser Burmester 1842 durch den großen Hamburger Brand fast alle Besitztümer verloren. Doch so viel blieb immerhin zurück, dass seine Enkeltochter Elisabeth, die den schlesischen Pfarrer Albrecht Eduard Schöne geheiratet hatte, als Witwe von ihrem Erbe in Herischdorf ein Grundstück kaufen und ein Haus darauf bauen konnte, ganz für sich gelegen, mit einem großen Garten.

Großmutters Haus
Nach einer Fotografie gemalt von Friedrich Schöne 1941

Das wurde im weiteren Erbgang schließlich meinem Vater und seinen Geschwistern übereignet. Unter den sechs Brüdern aber erhob sich ein heftiger Streit, ob es anteilig verkauft oder doch gemeinsam erhalten werden sollte, und wie man es dann renovieren, etwa mit modernen Spülklosetts versehen, teilweise auch vermieten könnte. In einer Folge von siebzehn Epigrammen unter dem Titel ›Das Herischdorfer Haus‹ hat sich mein Vater darüber ausgelassen. Prolegomenon:

Unter allen Brüdern Bruch und Brüche!
Angebrannter Eintracht Wohlgerüche
Qualmen lustig aus des Teufels Küche –
Über allen Türen Bibelsprüche.

Die waren auf kleinen Tafeln über den Eingangstüren der meisten Zimmer zu lesen. Und aus dem biblischen Reservoir bedienen sich in Rede und Gegenrede auch diese Verse. Einen der Wohnräume nannte man aus mir unbekanntem Grund die Apostelstube. Dazu:

Nicht mehr heißt es hier „Apostelstube“,
Sondern „eine kleine Mördergrube“.
Ich hebe meine Augen auf zu den Bergen
Von welchen mir Hilfe kommt.

Andreas Schöne, der älteste der Brüder, hatte als Missionar in Deutsch-Ostafrika gelebt, bis ihn nach dem ersten Weltkrieg die Engländer wieder nach Deutschland auswiesen. Er wollte mit einem anteiligen Verkauf des Herischdorfer Hauses seine Pfarrwohnung in Arpke durch die Bausparkasse Wüstenrot finanzieren. Das erklärt hier die ›Stimme aus Afrika‹:

Fern im Urwaldhain von Mamba
Baut man mit Bananenblättern –
Wär ich doch bei schwarzen Christen,
Meinen Brüdern, meinen Vettern!

Lieber am Kilimandscharo
Haust ich, als am Scholzenberge,
Lieber in Massai-Kraalen,
Als im Reich der deutschen Zwerge.
Doch die Wüstenrother Freunde
Helfen mir zu eignen Linsen.
Darum zahlt mir bald, ihr Brüder,
Hypotheken oder Zinsen!

Die Brüder Martin Schöne, Pfarrer in Fürth, und der renovierungsfreudige Mediziner Christian(us) Schöne wurden unter der Überschrift ›Alte und neue Heilige‹ mit ihren frommen Namenspatronen konfrontiert:

Martin von Tours:
  Meinen Mantel teilt ich mit dem armen
  Nackten Bettler, als mit meinem Bruder.
Martin von Fürth:
  Das beweist Dich nur als dummes Luder!
  Wieviel Zinsen trug Dir Dein Erbarmen?
Martin von Tours:
  Etliches trug Frucht, so steht geschrieben,
  Dreißig-, sechzig- oder hundertfältig!
Martin von Fürth:
  Solche Sprüche sind ganz hinterhältig.
  Beim Geschäft wird beim Geschäft geblieben!

Christopherus:
  Durch Sturm und Flut das heilge Kind zu tragen!
  Wie spült um meine Knie des Stroms Getose!
Christianus:
  Das ist noch gar nichts Freundchen, laß Dir sagen:
  Wir bauen Spülklosetts durch Arbeitslose!

Die alten Heiligen:
Komm Bruder, besser gehn wir aus dem Hause!
Nur die Apostelstube wär uns Klause!
Die neuen Herren:
Ne, diese Stube muß vermietet werden!
Sucht Euch ein andres Plätzchen auf der Erden.

Schließlich, auf ihre in Herischdorf beheimatete Schwester bezogen:

Unter diesen Brüdern tun der Dorothe
Galle, Bauch und Ohren samt dem Herzen weh.
Mit dem einen hausen wäre ihr zur Qual,
Mit dem andern rechnen: ständiger Skandal.
Gott bescher' der Ärmsten, wenn es ihm gefällt,
Liebenswertre Brüder in der besseren Welt.

Aber die rauften sich am Ende doch zusammen und erhielten uns so die gastliche Herberge im Riesengebirge. Seit 1937 hat Tante Dorothe, die unverheiratete Schwester meines Vaters, dort gewohnt, drei Jahre lang noch zusammen mit ihrer pflegebedürftigen Mutter, meiner Großmutter, und nach deren Tod dann allein – bis Schlesien verloren ging und sie 1946 vertrieben wurde. Herischdorf mit dem alten Haus, von dem mein Vater schrieb, dass es »unsere Kinderspiele, unsere Träume und unser Herz so fest gefangen hält«, heißt heute Malinnik, ist ein Ortsteil von Cieplice Śląskie-Zdrój.

Bei einer Bibliotheks- und Vortragsreise nach Polen konnten wir im Herbst 1988 im eigenen Auto von Wrocław aus auch ins Riesengebirge fahren. Wir fanden das Haus in einem schrecklich heruntergekommenen Zustand und vollgepfercht mit kinderreichen Familien aus den von der Sowjetunion annektierten früheren Ostgebieten Polens. Als einer der neuen Bewohner, der etwas mehr Deutsch verstand als wir Polnisch, begriffen und den anderen erklärt hatte, dass unsere babulénka hier früher zuhause war, brach ein Sturm von Anteilnahme aus. Gegen alle Abwehrversuche kochte man Kaffee nur für uns, schüttete ungefragt Massen von ebenso kostbarem Zucker hinein und nötigte uns schon am Nachmittag vor übervolle Essensteller. Es waren sehr einfache, eher ärmliche Leute und selber doch Vertriebene, die uns da ein unvergessliches Beispiel polnischer Gastfreundschaft schenkten.

Großmutter Caroline Schöne, die in ihren letzten Jahren dort wohnte, hatte als Kind nur auf eine Dorfschule gehen können, lernte aber bei ihrem Großvater Latein, Englisch, Französisch und nicht nur das. Bei ihrem Tod 1940 hat mein Vater mir geschrieben, sie habe ihm »die Augen aufgetan für große und schöne Dinge; sie verstand mehr von Shakespeare und Goethe als die meisten Gelehrten, und die Bibel hat sie uns täglich ins Herz gelesen«. Sie »erzog uns streng und fest, aber sie hat mir auch mal gesagt: „Du könntest das Schlimmste tun, ich müßte Dich doch immer lieb behalten." [...] obwohl sie bei weitem die klügste Frau war, die ich kenne, lebte sie aus der Tiefe eines Gefühls, von dem sie kaum etwas zeigte. Sie war viel mehr zurückhaltend und herb, als zärtlich. Sie konnte kleinliche und gemeine Menschen mit Härte und mit stolzem Spott ablehnen, aber sie hat sich nie geschämt, mit armseligen und einfältigen Menschen liebevoll und achtungsvoll umzugehen.«

Dabei hat sie es schwer gehabt im Leben. Um vierunddreißig Jahre musste sie ihren Mann, den Pfarrer Paul Albrecht Schöne, überleben. Eine ziemlich kärgliche Witwenrente bezog sie da nur und brachte es doch fertig, dass alle Kinder studieren konnten. Drei ihrer Söhne wurden Geistliche, zwei Mediziner, einer ein Philologe und die unverheiratet bleibende Tochter Dorothe Lehrerin an einer gymnasialen ‚Höheren Mädchenschule'. Vier von ihnen gingen noch zur Schule, als mein Großvater starb. Wohl haben die älteren Geschwister für deren Ausbildung nach Kräften mit gesorgt. Selber aber unterhielt sie, um das nötigste Geld zu beschaffen, einen Mittags- und Abendbrottisch für auswärtige Schüler des Ohlauer Gymnasiums und nahm einige von ihnen auch als zahlende Pensionäre bei sich auf; Werner Simonson aus dem nahen Breslau gehörte zu ihnen, der Schulfreund meines Vaters, von dem später noch die Rede sein wird.

Nach siebzig Lebensjahren nahmen ihre Körperkräfte ab, später auch ihr geistiges Vermögen. Dabei wurde sie doch zweiundachtzig Jahre alt. Kurz vor ihrem Tod ist das nebenstehende Bild entstanden. Aber da bemerkte sie nicht einmal mehr, dass sie fotografiert wurde, war sie wie abwesend, wie entrückt – oder richtiger vielleicht: da war sie ganz bei sich selbst. Nur so habe ich sie in Erinnerung. In diesen Jahren, auch das hat mein Vater mir bei ihrem Tod geschrieben, »löschte Gottes Hand langsam das helle Licht aus, das uns so strahlend geleuchtet hatte. Er verdunkelte ihr gnädig den jammervollen Verfall ihres tapferen Körpers, der uns alle getragen und genährt hatte. Er machte sie wieder zum hilflosen Kinde; sie kannte uns nicht mehr, aber sie nannte ihre eigene Tochter „Mama“. Und so sanft, wie ein Kind einschläft, ist sie endlich eingeschlafen. Nun liegt sie in der schönen großen Grabstelle, die Onkel Christian gekauft hat, zu Füßen der Berge, die sie schon als 16jähriges Kind gesehen hat als ein Sinnbild der Berge, von denen uns Hilfe kommt.« (– und: »heb diesen Brief gut auf!«).

Caroline Schöne

Der Reichsjugendverwahrloste Im altmärkischen Stendal ging ich noch ein Jahr lang in die Grundschule und kam dann 1935 auf das städtische Gymnasium (das wenig später nach dem hier geborenen Johann Joachim Winckelmann benannt wurde). In dessen altsprachlichem Zweig hatten wir von Anfang an Lateinunterricht, bald kam noch Griechisch hinzu, spät erst Englisch, eine Feindsprache in diesen Kriegsjahren, von der mir erbärmlich wenig beigebracht worden ist. Das habe ich später für mich selber nachholen müssen, konnte es schließlich auch ohne Wörterbuch ziemlich glatt lesen, kann es im mündlichen Umgang aber bis heute nur mangelhaft verstehen und sprechen. Um mein Französisch oder Italienisch ist es leider noch weniger gut bestellt. Sehr anders doch als jetzt junge Leute kam ich in fremdsprachige Länder erst lange nach dem Krieg – vorher nur für kurze Zeit als ein Soldat, der dort weder vom Dänischen noch gar vom Russischen etwas lernte.

Von meinen Gymnasiallehrern muss hier vorab der Musiklehrer erwähnt werden. Dieser ‚Papi Hilker' hatte neben dem Schulchor ein großes Schülerorchester zusammengestellt und dirigierte in der Aula unseres Gymnasiums sogar öffentliche Konzerte. Ich war wohl vierzehn Jahre alt, als er mir eröffnete, dass eines der schuleigenen Celli verwaist sei und künftig von mir übernommen werden solle. Herr Koltze, ein Primaner, unser erster Cellist, musste mir Unterricht geben, und wenig später schon durfte ich das Schulorchester bei einem Symphoniekonzert vervollständigen – sollte dabei die linke Hand an den Saitengriffen möglichst genauso bewegen, wie ein danebensitzender anderer Cellospieler es machte, und musste den Bogen so führen, dass er keinesfalls die Saiten berührte. So bin ich frühzeitig zum Hochstapler ausgebildet worden. Ernstlich zu üben, hatte ich leider wenig Lust; der nötige Elterndruck blieb aus, und das Instrument ging schließlich an einen Mitschüler. Trotzdem oder gerade deshalb sind mir Cellokonzerte lebenslang besonders lieb geblieben.

Von meinen Stendaler Klassenkameraden haben nur wenige den Krieg überlebt. Wir standen immer in lockerer Verbindung, trafen uns mehrfach auch mit denen, die in der DDR wohnen blieben. Siegfried Bose war einer dieser frühen Freunde. Er wurde in Bad Salzuflen landwirtschaftlicher Auktionator wie sein Vater (der, als ich in Münster studierte, auch mich ein wenig an ihrem Familienunternehmen beteiligt hat; von dieser Hochstapelei werde ich noch erzählen). Im Juli 1936 erklärte mir mein Schulfreund Siggi, dass wir beide im August zum ersten Mal würden rauchen können. Bei ihm zu Hause. Da gäbe es Zigaretten, und seine Eltern würden zu der damals in Deutschland veranstalteten Olympiade nach Berlin fahren. Wochenlang fieberten wir diesem Abenteuer entgegen. Dann kam ich am frühen Nachmittag in die Bismarckstraße. Zweiter Stock links! Wir begaben uns ins Herrenzimmer und ließen die Jalousien herunter, damit man uns über die breite Straße hinweg ganz sicher nicht von drüben beobachten konnte. Vater Bose war ein Anhänger der Gall'schen Schädellehre. So stand im Halbdunkel ein tönerner Totenkopf mit den Markierungen der verschiedenen Hirnregionen auf seinem Schreibtisch, aus dessen Schublade Siggi eine angebrochene Zigarettenschachtel holte. In zwei Ledersesseln nahmen wir Platz. Noch jetzt kann ich nachfühlen, wie kalt mich unterhalb meiner kurzen Hose das Sitzleder berührte. Wir steckten uns jeder eine Zigarette in den Mund, zündeten sie an und erwarteten das Jüngste Gericht. Schon nach wenigen unbeholfen-vorsichtigen Zügen erfolgte tatsächlich ein lauter Donnerschlag, gleich ein zweiter noch, und zum letzten Mal im Leben machte ich mir in die Hose, mit elf Jahren, ausgerechnet auf dem Ledersessel von Herrn Bose (die kleinen Knallkörper, die in unseren Zigaretten steckten, stammten wohl von einer Silvesterparty mit rauchenden Freunden).

Als ein vergleichsweise harmloser Seitensprung kann auch das schon gelten. Aber wenn der als »Nazi«-Bruder meines Vaters schon erwähnte ärgerliche Onkel Christian, der einen gründlichen politischen Sinneswandel durchgemacht hat, mich später ständig den »Reichsjugendverwahrlosten mit Neigung zu Seitensprüngen« nannte oder so von mir redete, war anderes gemeint.

Unter meinen Gymnasiallehrern gab es in diesen frühen Jahren des Hitler-Regimes nur zwei entschiedene Nationalsozialisten: ‚Hänschen Runge', einen jähzornigen Prügeler, der gelegentlich als uniformierter SS-Mann auftrat, und den schleimig-unangenehmen ‚Atze Dietrich', der angeblich sogar für die Geheime Staatspolizei tätig war. Aber soweit ich mich erinnern kann, spielte unsere politische Erziehung selbst in deren Unterrichtsstunden eine eher beiläufige Rolle. ‚Ottchen Wiener', ein bewunderter junger Deutschlehrer, brachte uns keine Naziverse bei, nötigte uns jedoch, viele ältere Gedichte zu lernen, gelegentlich sogar eine ganze Druckseite Kleist'scher Prosa – auswendig! Was das fürs eigene Sprachvermögen bedeuten kann, habe ich erst sehr viel später eingesehen. Zeichenlehrer war seit 1942 Erwin Hahs, ein von der Kunstgewerbeschule Burg Giebichenstein in Halle als ‚entartet' vertriebener Professor, der zu expressionistischen und formalistischen Experimenten neigte. Neben unserem Zeichensaal hatte er sich hinter einem Vorhang ein eigenes kleines Atelier eingerichtet, und wer da heimlich einmal hineinschauen konnte, bestaunte ein sonderbares, wildfarbiges Gemälde, das sehr anders aussah als alles, was wir unter seiner Aufsicht selber angefertigt haben. Der freundlich vertrottelte Studienrat schließlich, der uns Religionsunterricht erteilte, ‚Markus Tetzner' genannt, vollführte zwar bei jedem

Unterrichtsbeginn mit ausgestrecktem Arm die obligatorische Begrüßung, sagte dazu aber mit sanfter Stimme: »Heil Hitler, Ihr jungen christlichen Männer!« – Die waren freilich schon Mitglieder einer nationalsozialistischen Nachwuchsorganisation, in der es nicht sonderlich christlich zuging.

1936 war gesetzlich verfügt worden: »Die gesamte deutsche Jugend innerhalb des Reichsgebietes ist in der Hitlerjugend zusammengefaßt.« Dass die Dienstpflicht im Deutschen Jungvolk (oder im Jungmädelbund) für alle Zehn- bis Vierzehnjährigen und anschließend bis zum 18. Lebensjahr in der eigentlichen Hitlerjugend (oder im Bund Deutscher Mädel) notfalls auch polizeilich und gerichtlich durchgesetzt würde, erklärte freilich erst eine Durchführungsverordnung des Gesetzes vom März 1939. Aber 1935, gerade alt genug dafür, zog ich das Braunhemd der Jungvolk-‚Pimpfe' an, das meine etwas älteren Klassenkameraden alle schon tragen durften. Am Mittwochnachmittag und dem deshalb schulfrei bleibenden Samstagvormittag gingen wir ‚zum Dienst'. Da lernten wir in Reih und Glied zu marschieren und zu singen, wurden sportlich ‚ertüchtigt' und veranstalteten mit Begeisterung ‚Geländespiele' außerhalb der Stadt. An unseren ‚Heimabenden' wurden Lieder eingeübt, germanische Heldengeschichten aus der ›Edda‹ oder Tapferkeitsberichte aus dem ersten Weltkrieg vorgelesen und Einzelheiten aus der parteiamtlichen Lebensgeschichte Adolf Hitlers memoriert. Wohl wurde uns eingetrichtert, dass der Führer verlangt hatte, wir deutschen Jungen müssten »flink wie Windhunde, zäh wie Leder und hart wie Kruppstahl« werden. Aber wörtlich genommen glückte das denn doch nicht ganz. Die vormilitärische Ausbildung, eine erklärte Aufgabe der gesamten Hitlerjugend, beschränkte sich bei uns Kleineren neben den Exerzierübungen ohnehin noch aufs Luftgewehrschießen. Während der sommerlichen Schulferien fuhren wir oft und mit Freude in ein Pimpfenlager nah beim Arendsee, wohnten dort in Zelten, schwammen, turnten, machten unsere Geländespiele in den Wäldern und saßen abends zusammen am Lagerfeuer. Das ähnelte noch den Unternehmungen der alten Wandervogelbewegung. Auch deren Lieder sangen wir. Doch was wir an neueren Marschgesängen hinzulernten, lautete weit martialischer: »Ein junges Volk steht auf, zum Sturm bereit ...« – mit dem Kehrreim

Vor uns marschieren mit sturmzerfetzten Fahnen
Die toten Helden der jungen Nation,
Und über uns die Heldenahnen.
Deutschland, Vaterland, wir kommen schon!

Oder, auch hier nicht ahnend, was wir selber uns herbeisangen, das vom Reichsjugendführer Baldur v. Schirach verfasste ‚Fahnenlied' seiner Hitlerjugend: »Vorwärts, vorwärts schmettern die hellen Fanfaren ...«, in dessen Refrain es hieß:

Wir marschieren für Hitler
Durch Nacht und durch Not
Mit der Fahne der Jugend
Für Freiheit und Brot.
Unsre Fahne flattert uns voran,
Unsre Fahne ist die neue Zeit.
Und die Fahne führt uns in die Ewigkeit!
Ja die Fahne ist mehr als der Tod!

Vierzehnjährig, inzwischen zu einem Hordenführer befördert (so passend war dieser unterste Dienstgrad tatsächlich benannt) und danach zum Jungenschaftsführer aufgestiegen, wurde ich befragt, ob ich nun entweder pflichtgemäß in die eigentliche Hitlerjugend eintreten, oder aber weiter beim Jungvolk bleiben wolle, wo ich dann ein höherer Führer werden könnte. Meinem eigenen Jungvolk-Wunsch hat unser

Hitlers Jungvolkführer, wohl 1941

Vater nachdrücklich zugestimmt. Er dachte dabei wohl weiter als ich, begründete das mir gegenüber aber allein mit dem Sonntagsdienst der Hitlerjugend: Da gingen wir doch oft zusammen in die Petrikirche, wo Pastor Irrgang predigte (wenn er, der widerständigen ‚Bekennenden Kirche' zugehörig, nicht für eine Weile in Haft saß). Hinsichtlich der politischen Indoktrination, die sich beim Jungvolk in altersbedingten Grenzen hielt, war das immerhin die glimpflichere Entscheidung.

Während der ersten Kriegsjahre blieb ich also noch im Deutschen Jungvolk, wurde dort am Ende, siebzehnjährig, zum Dienstrang eines ‚bestätigten' Fähnleinführers befördert und in der ‚Dienststellung' des Stendaler Jungstammführers eingesetzt. Mit eigenen, auch weltanschaulich schulenden ‚Heimabenden' hatte ich mich da nicht zu befassen. Massenappelle gab es gelegentlich, die ich einigermaßen hochstaplerisch dirigieren und ‚abnehmen' konnte, oder Umzüge durch die Stadt, bei denen ich in jugendlichem Ehrgeiz und mit beträchtlichem Imponiergehabe an der Spitze marschierte. Zumeist aber stand auf der Tagesordnung ein eher langweiliger Bürodienst zur Organisation der oben erwähnten Aktivitäten dieser Pimpfe. Eine zunehmende Rolle spielte dabei unsere kriegsbedingte Aushilfe in der altmärkischen Landwirtschaft, etwa beim Rübenverziehen im Frühjahr, bei der Erntehilfe im Herbst.

Die Eltern hatten keinen mäßigenden Einfluss mehr auf meine nationalsozialistische Karriere. Unser Vater war seit dem Kriegsbeginn beim Militär; wir sahen ihn nur noch besuchsweise, und er sprach dann wohl kaum mit mir über politische Dinge. Unsere liebevoll besorgte Mutter blieb still. Und mich selber befielen auch nicht die leisesten Skrupel. Wie denn auch? Mit unglaublich raschen, innen- wie außenpolitischen Anfangserfolgen hatte Hitler das vom ersten Weltkrieg niedergedrückte und in der Weltwirtschaftskrise verelendete Deutschland zu neuem Selbstbewusstsein aufgerichtet. Nicht zuletzt durch eine militärische Aufrüstung, für die sich der Staat durch geheim gehaltene Kreditaufnahmen tief verschuldete, hatten sich die wirtschaftlichen Verhältnisse zusehends gebessert. Als 1938 der weithin bejubelte ‚Anschluss' Österreichs erfolgte oder als 1940 der vermeintlich uns aufgezwungene Krieg zum Sieg über Frankreich führte, hätten in diesem ‚Großdeutschland' die Regimekritiker auch bei freien und geheimen Wahlen nicht die geringste Chance gehabt. Im Wald von Compiègne, an eben der Stelle, wo 1918 der Waffenstillstand geschlossen worden war, der dem ‚Schandvertrag' von Versailles vorausging, wurde jetzt das Waffenstillstandsabkommen geschlossen, mit dem Frankreich kapitulierte; selbst mein Vater, der dem Nationalsozialismus wahrhaftig abgeneigt war, hat damals eine Flasche Sekt aufgemacht und mich daheim ein bisschen mittrinken lassen.

Ich zweifelte nicht an dem Bild des Führers, das die Goebbels-Propaganda errichtete, und hörte allenfalls von bedenklichen oder unrechten Handlungen, die man nachgeordneten Machthabern zurechnete. »Wenn das der Führer wüßte!« war eine geläufige Redeweise. Selbst von den unter der Hand verbreiteten Hitler-Witzen kam mir wohl nur ein einziger zu Ohren und machte mich keineswegs nachdenklich. Da ließ sich unser Retter und Erlöser vom Marschall Göring und dem Minister Goebbels aufs Meer hinausrudern: »Kann man uns vom Ufer aus noch sehen? Ja, mein Führer! – Noch immer? Nicht mehr, mein Führer! – Dann haltet an. Ich werde versuchen, auf dem Wasser zu wandeln.« Gewiss verstand ich, dass dem der Bericht der Jünger zugrunde lag, die von ihrem Schiff aus zu sehen meinten, wie Jesus über das Wasser vom See Genezareth ging. Aber mich amüsierte dabei wohl nur die freche kleine Ungehörigkeit dieser parodistischen Nacherzählung, die doch mehr war als nur ein Scherz.

In den ersten Kriegsjahren veranstalteten die jungen Leute auf Stendals Schadewachten-Straße noch immer ihren gewohnten abendlichen ‚Bummel': nicht schon paarweise lustwandelnd, sondern nach den Geschlechtern getrennt, auf und ab in kleinen Gruppen, die einander musterten. Da zogen nun die Urlauber in ihren Soldatenuniformen und mit Ordenszeichen alle Blicke der Mädchen auf sich. Weil mich das wurmte, wollte ich meinen etwas älteren und schon zur Wehrmacht einberufenen Klassengenossen so bald als möglich nacheifern. Überdies fürchtete ich, sonst als einzig Zurückgebliebener noch ein regelrechtes Abitur ablegen zu müssen, und sah mich völlig zufriedengestellt mit dem ohne Examen erteilten, üblichen ‚Reifevermerk'. Also bemühte ich mich kriegsfreiwillig um eine vorzeitige Einberufung zum Wehrdienst. Dazu bedurfte es keiner elterlichen Erlaubnis. Zur Waffen-SS wollte ich nicht, obgleich deren verbrecherische Aktionen kaum schon ruchbar geworden waren. Ich wusste, dass meine Eltern damit nicht einverstanden sein würden. Aber ich glaube, um endlich ein Soldatenheld zu werden, wäre selbst dieser Weg mir recht gewesen.

Zu meinem Glück gelangte ich im Frühsommer 1943, also noch siebzehnjährig, in ein brandenburgisches Panzerregiment des Heeres. Um diese Zeit oder wenig später war absehbar, dass Hitlers Eroberungskrieg verloren ging. Was meinen Jahrgängen in den jetzt anstehenden Rückzugskämpfen abgefordert wurde, hat in Wahrheit allein dazu gedient, das sichere Ende hinauszuzögern. Im Klartext späterer Einsicht heißt das: Unwillentlich verlängerten wir die todbringende Zerstörung der von Bomben getroffenen deutschen Städte, mit der die Alliierten damals den Durchhaltewillen der Bevölkerung meinten brechen zu können. Unwissend trugen wir dazu bei, die Verbrechen zu ermöglichen, die besonders noch in diesen beiden letzten Jahren des Krieges hinter unserer weichenden Front in den durch sie abgeschirmten Gaskammern der Vernichtungslager verübt worden sind.

Mein Schutzpatron In Stendal, lese ich, hatten 1932 annähernd achtzig Menschen jüdischen Glaubens gelebt. 1937, nach den Verwüstungen und Enteignungen jüdischer Geschäfte, hat der Magistrat noch einundsechzig angeführt. 1938, bei den deutschlandweiten Novemberpogromen, wurde auch ihre Synagoge in Brand gesteckt. Die Feuerwehr löschte, so dass das Gebäude stehen blieb, und auf diesem Grundstück hat man die Verbliebenen in ein ‚Judenhaus' gesperrt. 1939 lebten noch etwa zwanzig von ihnen. Die Letzten wurden 1942 deportiert. Ich erinnere mich nicht, von diesen Vorgängen damals etwas gehört zu haben, weiß nicht einmal mehr, dass ich auf der Straße dem seit 1941 verordneten öffentlichen Brandmarkungszeichen des gelben Judensterns begegnet bin.

Zweifellos ist mir die nationalsozialistische Judenhetze im Schulunterricht und beim Dienst im Deutschen Jungvolk oft zu Ohren oder vor Augen gekommen. Vielleicht weil das ziemlich alltäglich war, ist mir von solchen Reden, Schriften oder Bildern nichts Näheres mehr erinnerlich. Ein außergewöhnlicher Fall aber blieb haften. In einem mit Drahtgeflecht abgesicherten Werbekasten hatte man Julius Streichers berüchtigte Wochenzeitung ›Der Stürmer‹ öffentlich ausgehängt. Ich war neugierig, aber so klein noch, dass ich mich auf ein davor befindliches Metallgatter stellen musste, um die bösartig satirischen, pornographisch akzentuierten Zeichnungen zu besehen, mit denen die von den Juden betriebene »Rassenschande« angeprangert wurde.* Zu Hause erzählte ich von

* Über den Geschlechtsverkehr mit Juden urteilte gegen Ende des 14. Jahrhunderts ein bischöflicher Richter in Paris, der den Delinquenten auf dem Scheiterhaufen verbrennen ließ: »rem habere cum Judea est rem habere cum cane« (mit einer Jüdin ist es wie mit einem Hund). – Dem aber folgte damals die Richtigstellung des Pariser Juristen Johannes Gallus: »rem habere cum Judea est rem habere

diesem Abenteuer, und mein Vater verbot mir eine Wiederholung mit so nachdrücklichem Ernst, dass ich die Sache nicht vergaß.

Doch traf die Judenhetze der offiziellen Propaganda bei mir wohl überhaupt auf einigermaßen taube Ohren, weil ein enger Familienfreund mich gegen diesen rassistischen Antisemitismus immunisierte. Er und mein Vater kannten sich schon seit ihrer Schülerzeit im schlesischen Ohlau, wo Werner Simonson als einer der zahlenden Pensionäre im Haus meiner verwitweten Großmutter wohnte. Er kam aus einer angesehenen jüdischen Familie im nahen Breslau. Seine Eltern waren zum lutherischen Christentum konvertiert, sein Vater war seit 1909 Richter am Reichsgericht in Leipzig gewesen. Er selber, gleichfalls Jurist und Richter, zuletzt am Landgericht in Forst a.d. Neiße, wurde 1935 amtsenthoben, kurz vor einer schon angekündigten Berufung an ein Oberlandesgericht. Im ersten Weltkrieg mit dem Eisernen Kreuz ausgezeichnet und mit einer ‚arischen' Frau verheiratet, blieb er zunächst noch einigermaßen unbehelligt – bis zu den Pogromen von 1938. Aber kurz vor dem dann folgenden allgemeinen Ausreiseverbot für Juden, diesem mörderischen Torschluss, mit dem die bisherige Vertreibungspolitik von Vernichtungsplänen abgelöst wurde, hat er sich nach England retten können. Um Abschied zu nehmen, kam er im März 1939 noch einmal zu uns nach Stendal. Ins Gästebuch meiner Eltern hat er damals geschrieben, er freue sich, dass er vor dieser »Fahrt ins Ungewisse« ein letztes Mal mit dem »treuesten Freunde« und seiner Frau zusammen sein und das Lachen ihrer Kinder hören konnte; er danke ihm »für die Jahrzehnte dauernde Freundschaft.«

cum muliere a Deo creata« (wie mit einer von Gott erschaffenen Frau). In: Abhandlungen der Akademie der Wissenschaften zu Göttingen. NF Bd. 4/I, 2009, S. 259.

Reisepasss für *Dr. Simonson* zur Ausreise nach England 1939
mit dem obligatorischen Zusatz-Vornamen *Israel*
und dem großen J-Stempel für einen Juden
(gestrichen: BEGLEITET VON SEINER EHEFRAU)

Seine Frau, Tante Leonie, und ihr Sohn Jürgen konnten erst nach dem Krieg wieder zu ihm nach England kommen. Seine Mutter, gleichfalls daheimgeblieben, war in einem Konzentrationslager verendet, und eine seiner Schwestern war in Auschwitz umgebracht worden. Er selber hatte als deutscher Jurist im Ausland kaum etwas anfangen können. 50jährig begann er ein Theologiestudium in Cambridge. 1942, also mitten im Krieg, war in der englischen Presse sein Bild zu sehen und die Nachricht zu lesen: »A FORMER High Court judge in Germany is to be ordained into the Church of England by the

Bishop of London.«* – 1989, an seinem hundertsten Geburtstag, hat der bereits Erblindete in seiner anglikanischen Diözese Stanmore ein letztes Mal gepredigt. Im Februar 1991 ist er dort gestorben.

Am 8. November 1952 hatte er mir zum Tod unseres Vaters geschrieben, dass er mit ihm seinen besten, bewunderten und geliebten Freund verloren habe. Zurückdenkend an »die mehr als vier Jahrzehnte, die wir mit einander verbunden gewesen sind«, an die Ohlauer Schulzeit, die gemeinsame Studentenzeit in Leipzig, die »Ferien im Riesengebirge in den 30er Jahren und die letzte Nacht, die ich bei Euch in Stendal und für mich in Deutschland verbrachte«, werde er »ihm immer dankbar bleiben für alles, was er mir gewesen ist, viel mehr als Worte sagen können; er hat mich vielleicht mehr beeinflusst, als wir beide ahnten«.

Mich selber hat dieser Schutzpatron auf andere Weise beeinflusst. Aber auch das mehr, als uns beiden damals bewusst war. Der Name »Amtsgerichtsrat Dr. Simonson« steht in meiner Taufurkunde: Er war mein Patenonkel. Bis er Deutschland verließ, bin ich bei wechselseitigen Familienbesuchen und auf gemeinsamen Ferienreisen oft mit ihm zusammen gewesen. Ich mochte diesen fröhlichen und liebevollen, warmherzigen Menschen sehr, habe an ihm gehangen. So hat die antisemitisch rassistische Hetzpropaganda des Nationalsozialismus mich nie wirklich irreführen können. Ich kannte doch selber einen Juden, sehr genau kannte ich ihn, und wusste es besser.

* Werner Simonson: The Last Judgement | an autobiography. Colin Smythe, Buckinghamshire 1969, p. 96/97. – Auf Deutsch (ohne diesen Zeitungsausschnitt, auch ohne die dort abgebildete Reisepass-Seite): Das letzte Urteil. Vom preußischen Richter zum anglikanischen Pfarrer. Neuendettelsau 2003.

Kriegsfreiwillig Noch 17jährig, kurze Zeit vor einer regulären Einberufung, wurde ich im Mai 1943 Hitlers Soldat. Weshalb ich mich darum bemüht hatte, habe ich schon erzählt (hier auf Seite 83 f.). Die eigentlich dem Wehrdienst vorangehende halbjährige Tätigkeit in dem nur mit Spaten bewaffneten ‚Reichsarbeitsdienst' blieb mir also erspart. Meiner Bewerbung entsprechend kam ich sogleich zum Ersatztruppenteil des 6. Panzerregiments in die brandenburgische Garnisonsstadt Neuruppin. Dieses zur 3. Panzerdivision des Heeres gehörige Regiment war aus einem früheren Kavallerieregiment hervorgegangen und gefiel sich noch immer in dessen Tradition. Der Feldwebel, den wir unter uns als ‚Spieß' bezeichneten, wurde als ‚Herr Wachtmeister' angeredet, ein Hauptmann hieß immer noch ‚Rittmeister'. Nur die zugehörigen Pferde gab es leider nicht mehr. In unserer Neuruppiner Kaserne und auf den sonstigen Übungsplätzen erfolgte lediglich eine infanteristische Rekrutenausbildung mit ihrem Exerzierreglement, den auf Handfeuerwaffen beschränkten Schießübungen, angestrengtem Marschtraining bei Tag und Nacht und Übungen im Gelände. Wenigstens das ›Lied der Panzersoldaten‹ lernten wir schon singen, in dem es anfangs wohlgemut hieß:

> Bestaubt sind die Gesichter, doch froh ist unser Sinn.
> Es braust unser Panzer im Sturmwind dahin.

Erst die letzte Strophe machte Ernst:

> Und läßt uns im Stich einst das treulose Glück,
> Und kehren wir nicht mehr zur Heimat zurück,
> Trifft uns die Todeskugel, ruft uns das Schicksal ab,
> Dann wird unser Panzer ein ehernes Grab.

Aber wir waren noch unbekümmert, oder gaben uns so.

Im Herbst 1943 wurden wir ins dänische Jütland verlegt, nach Viborg, in die Nähe eines großen militärischen Übungsplatzes, wo wir nun Panzerwagen zu fahren und mit Panzerkanonen zu schießen lernten. Nach der fußläufigen Rekrutenmühsal in Neuruppin war das für uns alle eine aufgeregte Freude. Anhaltend litt sie bei mir nicht einmal unter einem bedrohlichen Zwischenfall.

Der nach dem siegreichen Frankreichfeldzug geplante Angriff deutscher Landetruppen auf die englische Insel war auch in den Panzerregimentern vorbereitet worden. Bei flachen Küsten hätten ihre Kampffahrzeuge die letzte Strecke vom Transportschiff zum Land unter Wasser zurücklegen müssen. Dafür wurden ihre durchlässigen Öffnungen abgedichtet, die Turmluken mit einem durch Sprengschnüre zu beseitigenden Gummiüberzug versehen und Luftschläuche installiert, die auf der Wasseroberfläche an Schwimmbojen hingen. Im Sommer 1940 erprobte und übte man das vor allem an der Küste von Sylt. Diese Operation ‚Seelöwe' wurde immer wieder verschoben und kam schließlich nicht mehr zustande. Aber ihre Planung wurde nie endgültig aufgegeben, und noch zu Beginn des Russlandfeldzugs sind solche Tauchpanzer von meiner späteren Division bei Flussüberquerungen eingesetzt worden. Damit hing wohl zusammen, dass auch in meiner Viborger Zeit noch Übungsfahrten unter Wasser an der dänischen Küste veranstaltet wurden. Einmal war ich selber daran beteiligt, und dabei geriet unser Panzer unversehens in eine Absenkung am Meeresboden, aus der er mit eigener Kraft nicht mehr freikam. Die Schwimmboje mit dem Luftschlauch war mit heruntergerissen worden, Wasser schoss zu uns herein, und die freigesprengten Luken ließen sich unter dem Außendruck nicht aufstemmen. Wir müssen in Todesangst gewesen sein. Ich weiß nicht mehr, wie hoch das Wasser im Inneren stieg und wie lang es dauerte, bis der Druckausgleich die Luken plötzlich wieder öffnen ließ. Aber ich erinnere mich genau daran, wie ich aus diesem »ehernen Grab« herausglitt und in wenigen Augenblicken wieder zur besonnten Meeresoberfläche aufstieg, sie über mir schon leuchten sah.

Das neutrale Dänemark war zur Sicherung der Nachschubwege nach Norwegen im April 1940 nahezu kampflos von deutschen Truppen besetzt worden. Unter entsprechendem Druck kollaborierte die Regierung mit dem Besatzungsregime; der König hatte sein Land nicht verlassen, und dessen territoriale und staatliche Integrität blieb zunächst noch weitgehend unangetastet. Erst im August 1943, nach allmählich zunehmenden Widerstandsaktionen, wurde ein Ausnahmezustand verfügt, Dänemarks Militär entwaffnet und die Deportation seiner zuvor fast unbehelligten Juden angeordnet. Gerade noch rechtzeitig konnte der deutsche Diplomat Georg Ferdinand Duckwitz in einem bewundernswerten Alleingang bewirken, dass im Oktober dänische Fischkutter und Kleinboote mit Nacht-und-Nebel-Aktionen nahezu 8000 Juden nach Schweden retteten (nur 481 konnten noch ergriffen und deportiert werden). Damals war ich wohl schon in Viborg. Nur haben wir von diesen Vorgängen nie etwas gehört – auch nicht, wenn wir abends oder an den Wochenenden durch die Stadt bummelten und dabei jedenfalls flüchtige Kontakte mit der Bevölkerung hatten.

Auf der Straße und an benachbarten Tischen einer Gaststätte nickte man sich zu, benahm sich höflich, gab sich auch auf dänischer Seite durchaus freundlich. Obenhin ging es dem kleinen ‚germanischen' Königreich ja auch gut, unvergleichlich besser als anderen eroberten Ländern. Die deutschen Machthaber sahen es wohl schon als Teil eines künftigen SS-Europa, und Churchill nannte Dänemark damals geradezu „Hitlers Schoßhündchen". Im deutschen Reich selber bemühten sich die Machthaber, eingedenk der Hungerzeiten von 1918/19, die erwünschte kriegswillige Siegeszuversicht der Bevölkerung nicht durch Versorgungsmängel zu dämpfen. Freilich waren Lebensmittel und viele Gebrauchsgüter bei uns daheim schon zu Beginn des Krieges durch die Ausgabe von Bezugsscheinen rationiert worden, und was wir in Viborgs Schaufenstern oder auf den Theken seiner Geschäfte zu sehen bekamen, war mit den heimatlichen Verhältnissen gar nicht zu vergleichen. Dänisches Geld hatten wir nicht, aber wir konnten auch mit der deutschen Reichsmark unseres Wehrsolds einkaufen. So stand ich am 26. Dezember 1943 morgens um drei Uhr zu einem kurzen Weihnachtsurlaub schwer beladen vor unserer Haustür in Stendal. Tagebuchnotiz meiner Mutter: »Großer Jubel, Baum anzünden, bescheren, Albr. bringt mit: 1 Gans, Mehl, Speck, Schmalz, Backpulver, Haferfl., Kakao, Butter, Milchpulver, Käse, Pudding. ¾ 6 erst wieder zu Bett.«

Mit meinem als Abitur geltenden ‚Reifevermerk' war ich inzwischen ein Reserveoffiziers-Anwärter geworden und bewohnte mit etwa zwölf solchen Fahnenjunkern monatelang die gleiche Stube unserer Viborger Kaserne. Zwei Ältere gehörten zu uns jungen Leuten, der österreichische Staatsanwalt Mensi v. Klarbach und ein Ingenieur. Der ließ uns, als wir miteinander vertraut waren und uns abends auch ‚von früher' erzählten, etwas ganz Unglaubliches hören. Er war zunächst vom Wehrdienst freigestellt worden, weil er im ‚Generalgouvernement für die besetzten polnischen Gebiete' nahe bei Krakau in einer Waffenfabrik gebraucht wurde. Man stellte dort Maschinengewehre her, war wohl auch um verbesserte Modelle bemüht, stand jedenfalls in enger Verbindung mit einer Einrichtung der Waffen-SS, auf deren Schießplatz diese Waffen erprobt wurden. Eines Abends also hätten die SS-

Offiziere ihn und andere leitende Herren seiner Fabrik mit ihren Damen zum Essen und zu einem anschließenden Tanzvergnügen eingeladen. Völlig unerwartet sei diese schon ziemlich angetrunkene Gesellschaft dann spät in der Nacht ins freie Gelände zu einer Grube gefahren worden, an deren Rand eine Reihe von Polen, vielleicht auch polnischen Juden, aufgestellt wurde. Im Scheinwerferlicht hätten sie durch die Autofenster sehen können und hätte er selber mit ansehen müssen, wie diese Wehrlosen durch Soldaten der Waffen-SS mit Maschinenpistolen niedergeschossen wurden.

Wir bezweifelten nicht, was er uns erzählte. Ahnten aber auch nicht, dass es sich bei diesem Massaker keineswegs nur um einen schauerlichen Einzel- und Ausnahmefall handelte. Immerhin war uns bewusst, wie gefährlich es war, darüber zu sprechen und dergleichen zu verbreiten. Unser Staatsanwalt, väterlich besorgt um das Wohl seiner jungen Stubengenossen, mahnte so nachdrücklich zur Verschwiegenheit, dass wir uns daran hielten. Konsequenzen für unser eigenes Verhalten kamen uns nicht in den Sinn. Welche denn auch? Aber vergessen hat das sicher keiner von uns.

Im Mai 1944 wurde ich als Fahnenjunker-Unteroffizier abkommandiert an die zurückweichende russisch-rumänische Front. Die Panzer, in denen wir fuhren, waren eigentlich Angriffswaffen. In starken Stoßkeilen die gegnerischen Linien durchbrechend und weit ins Hinterland vordringend, hatten sie die raschen deutschen Erfolge der ersten Kriegsjahre ermöglicht. Dann aber machte sich im Osten bei langen offenen Flanken und überdehnten Versorgungswegen der zunehmende militärische Widerstand Russlands geltend, taten der hinderliche Schlamm des Herbstregens und vor allem der lähmend hereinbrechende strenge Winter ein Übriges. Auch die deutschen Panzertruppen kämpften fortan in der Defensive, wur-

Panzer ins Gefecht fahrend, wohl im Mai 1944

den bei feindlichen Großoffensiven zu nur mehr hinhaltendem Widerstand in Stellung gebracht oder für kurzatmige örtliche Gegenangriffe eingesetzt, mussten dazu als militärische Feuerwehr hin und her geworfen und verzettelt werden.

Bei solchen Rückzugskämpfen an der Südfront war die II. Abteilung meines Regiments seit dem 10. Mai an den Kämpfen gegen einen russischen Brückenkopf über den Dnjestr beteiligt, dessen beherrschende Hügelkette, die sogenannte Stahlhelmhöhe, auch vorübergehend zurückerobert werden konnte.* Nach schweren Verlusten musste sie für einige Tage zurückgezogen und mit neuen Panzern und Besatzungen ausgerüstet werden. Am 23. Mai dann wurde sie wieder zum Angriff befohlen: zu einem vergeblichen Versuch, die gegnerische

* Einzelheiten auch zum Folgenden in: Geschichte der 3. Panzerdivision | Berlin-Brandenburg 1935–1945. Hg. vom Traditionsverband der Division. Berlin 1967, S. 429–434.

Übermacht aus dem letzten Teil dieses gefährlichen Butor-Brückenkopfs zu verdrängen. Diesmal war ich schon dabei, wurde zunächst als Richtschütze eingesetzt, am gleichen Tag noch ersatzweise als Kommandant eines Panzers vom Typ IV mit der 7,5 cm-Langrohrkanone im Drehturm.

Solche Panzergeschütze schossen im Fahren nur mit geringer Treffsicherheit; genauer, vor allem auf weite Entfernung, wenn sie standen. Oft erblickten weder der Kommandant noch der zielende und abdrückende Richtschütze die hinter einem getarnten Panzerabwehrgeschütz kauernden Menschen, nie sahen sie auch die Insassen eines Feindpanzers. Meist töteten sie blindlings, wie Bomberbesatzungen. So habe ich geschossen oder kommandierend schießen lassen.

Seinerseits gefährdet wird ein solches Kriegsfahrzeug etwa durch Landminen, die jedenfalls Kettenschäden bewirken konnten; ernsthafter wird es bedroht durch die panzerbrechenden Waffen infanteristischer Einzelkämpfer, durch Tiefflieger oder bereits aus weitem Abstand von feindlicher Artillerie, vor allem eben durch verdeckte Panzerabwehrkanonen und durch die Panzer der Gegenseite. Die russischen Kampfwagen vom Typ T-34, die völlig überraschend schon 1941 auftauchten, waren durch ihre Frontpanzerung, Feuerkraft und Geländegängigkeit den deutschen Panzern zunächst weit überlegen. Vor allem aber konnten sie dann in unvergleichlich höherer Zahl hergestellt werden als etwa die seit 1942/43 gegen sie eingesetzten, technisch komplizierten und anfälligen deutschen Tiger- oder Panther-Modelle (mit denen ich nie zu tun hatte).

Zweimal wurde ein Kampfpanzer, in dem ich saß, von einem Hohlladungsgeschoss getroffen, das den Stahlschutz durchbohrt und im Innenraum explodiert, dort auch noch den Treibstoff entzünden oder die eigene Munition detonieren lassen kann. Beim ersten Mal, gleich am 23. Mai, gelangte ich als Einziger der fünfköpfigen Besatzung unverletzt ins Freie. Mehr herausgeschleudert wohl, als selber ausgestiegen. Neben unserem qualmenden Kriegsfahrzeug lag ich da lange Zeit allein im Schlamm, wie betäubt noch von der ungeheuren Detonation. Aber die gegnerischen Kampffahrzeuge waren von Infanterie begleitet. So kamen am Ende Rotarmisten in meine Nähe, und ehe noch eigene Panzer mir Schutz geben konnten, lief einer von ihnen auf mich los. Es ging erbarmungslos zu. Was er vorhatte, war abzusehen. Meine einzige Abwehrmöglichkeit war eine Eierhandgranate in der Hosentasche. Liegend fingerte ich sie heraus und zog ihren Zeitzünder, wartete auch noch einige Sekunden, damit sie explodierte, bevor sie auf mich zurückgeworfen werden konnte. Den schon ganz nahen Russen hat sie verwundet und zu Boden gerissen, aber nicht ums Leben gebracht. Ich selber wurde dabei nur leicht verletzt und bald geborgen; einige kleine Metallsplitter, die oberflächlich in der rechten Taille saßen, konnten gleich auf einem Verbandsplatz herausgeschnitten werden. Die Narben kann man noch erkennen. – Ich hatte »das Weiße im Auge des Feindes« gesehen* und habe spät erst verstanden, wie dieser heroisierende Sprachgebrauch den Unterschied einebnete zwischen Notwehr und Untat.

Tags darauf schon wurde unsere schwer angeschlagene Division von der Abwehrfront abgezogen und innerhalb des damaligen Rumänien zurückverlegt in die Nähe von Kischinew, Hauptstadt heute der Republik Moldau. Wir bekamen neue Panzer und Personalersatz für unsere Verwundeten und Toten, lagen zur Einübung dort zwei Monate lang in Reserve.

Noch in diese Zeit fiel der Versuch eines Staatsstreichs und Stauffenbergs misslungenes Attentat vom 20. Juli. Ich stand

* Hitlers Stiftungsverordnung für die sogenannte Nahkampfspange vom 25.11.1942 (Bestimmungen 4.a).

mit einigen anderen zusammen, als durch einen tragbaren kleinen Radioapparat Hitlers Worte über diese »ganz kleine Clique ehrgeiziger, gewissenloser und zugleich verbrecherischer dummer Offiziere« zu vernehmen waren. Wir blieben stumm. Dann aber, unvergesslich, sagte der Regimentskommandeur, er habe einen oder zwei von ihnen gekannt: es seien fabelhafte Leute (gewesen). So etwas unter uns auszusprechen, war freilich nicht sonderlich riskant. Bei kritischen Berichten über die braunen Bonzen der heimatlichen Etappe wurde ganz offen und entschieden abschätzig von den ‚Goldfasanen' geredet, denen man es später schon besorgen werde. Ich denke, wenn das Nazi-Regime den Krieg auf irgendeine Weise überdauert hätte, wäre die Mehrzahl intakt heimkehrender Wehrmachtstruppen im Zweifelsfall nicht den Anordnungen von Kreisleitern oder Gauleitern gefolgt, sondern den Befehlen ihrer Kompaniechefs oder Regimentskommandeure. Ein müßiger Gedanke. Wohl aber lag es in der Hand der kommandierenden Generäle, das Ruder herumzureißen, als sie den Krieg verloren wussten. Nahezu ausnahmslos und bis zuletzt besaßen sie nicht die selbstlose Zivilcourage, sich über die jahrelangen mörderischen Durchhaltebefehle eines Führers hinwegzusetzen, dem sie mit dem Fahneneid aller Hitlersoldaten »unbedingten Gehorsam« geschworen hatten. – Auf dem Grabstein eines preußischen Generals, der sich 1760 einem Plünderungsbefehl Friedrichs des Großen widersetzt haben soll, stand es anders: Johann Friedrich Adolf von der Marwitz »Wählte Ungnade, wo Gehorsam nicht Ehre brachte.«

Unser eigener militärischer Gehorsam hat gewiss keine Ehre gebracht. Soweit meine eigene Erfahrung und Einsicht reicht, gründete sich der Zusammenhalt der Truppe und ihre anhaltende Kampfbereitschaft am Ende des Krieges nicht mehr auf Siegeszuversicht und kaum auf nationalsozialistische Überzeugungstreue. Weil man das eigene Überleben abhängig wusste von denen, die im gleichen Panzer saßen, und darüber hinaus doch von allen, die der gleichen Kompanie, dem gleichen Regiment angehörten, dachte wohl keiner von uns an eine Desertion. Wir konnten und wollten einander nicht im Stich lassen.

Anders als erwartet, wurden wir von unserer rumänischen Reservestellung aus nicht wieder in der Nähe eingesetzt. Ganz plötzlich mussten wir Ende Juli unsere Panzer auf Eisenbahnwaggons verladen. In acht gemütlichen Trödeltagen fuhren wir erst nach Süden bis an die Donau, dann über die Karpaten durch das schöne sommerliche Siebenbürgen und an Budapest vorbei durch die Slowakei – bis wir in der Nähe von Krakau abgesetzt wurden. Kaum vier Wochen nach unserem Abtransport aber begann in dem von uns verlassenen Raum eine gewaltige russische Operation, die in wenigen Tagen die Heeresgruppe Südukraine nahezu vollständig vernichtete und weite Teile Rumäniens eroberte (gleichzeitig stürzte dort ein die deutsche Seite überraschender Staatsstreich die hitlertreue, juden- und zigeunermordende Militärdiktatur des Marschalls Antonescu und überführte das alsbald gründlich bolschewisierte Land in den sowjetischen Machtbereich). In die große Kesselschlacht bei Jassy/Kischinew, deren Ausgang und strategische Bedeutung der Stalingrad-Katastrophe nahe kamen, wäre damals gewiss auch mein Regiment geraten: Zu den vielen Tausenden, die in diesen Kämpfen oder dann in der Gefangenschaft umkamen, hätten auch wir gehören können.

Stattdessen also gelangten wir in den Mittelabschnitt der Ostfront. Kurz nach der Landung alliierter Invasionsverbände in Frankreich war Ende Juni 1944 im großen Weichselbogen eine russische Sommeroffensive eröffnet worden, zu deren Abwehr wir jetzt beitragen sollten. Vom 11. August an griffen unsere Panzer dort ein. Sechs Tage lang war ich daran beteiligt. Nordostwärts von Krakau ist das gewesen, zeitweise wohl in der Nähe von Baranów, wo es gegen einen gegnerischen Brückenkopf an der Weichsel ging. Aber aus dieser von Angst und Schrecken erfüllten Zeit habe ich keine Erinnerungen mehr an bestimmte Örtlichkeiten, nur sehr schemenhafte noch an einzelne Vorgänge. Wir hatten schwere Verluste. Am 16. August wurde auch mein Panzer abgeschossen, offenbar durch eine Panzerabwehrkanone hinter einem Getreidehocken. Diesmal trafen mich zwei größere Granatsplitter im Rücken, rechts und links ganz dicht an der Wirbelsäule. Wieder kam ich lebend davon. Man konnte mich bergen und in einen vorgeschobenen Verbandsplatz schaffen, wo viele Verwundete notdürftig versorgt werden mussten, manche von ihnen auch starben. Unsägliche Zustände herrschten da. Gleich neben mir lag blutüberströmt ein Mann, dem mit der rechten Schulter der Arm aus dem Leib gerissen war. Noch auf den eigenen Füßen kam taumelnd einer hinzu, der mit beiden Händen die Eingeweide festhielt, die ihm aus der offenen Bauchdecke quollen. Um mich her ein wildes Geschrei, hemmungsloses Heulen oder lautes Schluchzen, noch unter Betäubungsmitteln Röcheln und Stöhnen. Im Tagebuch meiner Mutter heißt es am 22. August: »Telefon v. Fr[iedrich], daß Albr. verwundet, aus schweren Kämpfen gerettet!« Was für ein Ausrufungszeichen –.

Bis Ende September lag ich in einem Lazarett im südpolnischen Kurort Zakopane am Fuß der Tatra, kam danach von unserer Neuruppiner Garnison aus im Oktober zu einem langen Genesungsurlaub nach Hause. Dann wurde ich abkommandiert auf eine Waffenschule in der Nähe von Brünn im besetzten ‚Protektorat Böhmen und Mähren‘, also im heutigen Tschechien, wo künftige Offiziere der Panzertruppen in ihrem operativen Kriegshandwerk unterrichtet wurden.

Zuvor hatte ich einen kurzen Urlaub, wollte mir von daheim etwas zum Lesen mitnehmen und war neugierig geworden auf ein flüchtig angeblättertes Buch in der väterlichen Bibliothek. Gebunden in braunes Leinen wie in ein SA-Hemd: Konrad Heiden, ›Geschichte des Nationalsozialismus‹, verlegt von Rowohlt, Berlin 1932. Das packte ich mir ein. Jahrzehnte später gab es ein Wiedersehen mit jemandem, der in der Waffenschule mit mir und einigen anderen Oberfähnrichen die gleiche Stube bewohnt hatte und sich noch genauer als ich erinnerte: Spätabends, wenn wir in unseren Doppelstockbetten lagen, hätte ich im Schein eines kleinen ‚Hindenburglichts' aus diesem Buch vorgelesen, fortsetzungsweise. Mit leiser Stimme, denn wir wussten sehr wohl, welch heißes Eisen ich da in der Hand hatte.

Der Verfasser Konrad Heiden war 1933 in die Schweiz emigriert und 1940 in ein französisches Internierungslager geraten, dem er entkommen konnte, bevor man ihn den Deutschen auslieferte; 1960 ist er in New York gestorben. Was er in diesem Buch mit eindrucksvoller Sachkenntnis beschrieb, waren »Hitlers dunkler Lebensweg« und die von wilden Machtkämpfen, von wüstem Terrorismus erfüllte Frühzeit seiner Partei – bis hin zur Septemberwahl von 1930, bei der die Zahl ihrer Reichstagsmandate von zuvor 12 auf 107 eskalierte. Noch nichts also von der Machtübergabe und den ihr folgenden Rechtsbrüchen und Mordtaten, nichts von den deutschen Angriffskriegen dann, nichts vom Holocaust. Aber am Ende zitierte Heiden eine Absichtserklärung Hitlers von 1930 über die »Auswahl der neuen Herrenschicht«, die »auf Grund ihrer besseren Rasse das Recht hat, zu herrschen, und die diese Herrschaft über die breite Masse rücksichtslos aufrechterhält und sichert« – und dann den ungeheuerlichen Satz unseres obersten Kriegsherrn (wir hatten das von Heiden beschriebene »hysterische Schäumen« seiner »heiseren, von Leidenschaft gepeitschten Trompetenstimme« gewiss im Ohr): »Glauben Sie mir, der ganze Nationalsozialismus wäre nichts wert, wenn er sich nur auf Deutschland beschränkte und nicht mindestens ein- bis zweitausend Jahre lang die Herrschaft der hochwertigen Rasse über die ganze Welt besiegelte.« Da fingen wir wohl an, zu begreifen, in wessen Dienst wir standen und welchem Wahnsinn wir folgten. Anderthalb Jahrhunderte zuvor hat Lichtenberg in sein Sudelbuch geschrieben: »Ich möchte was darum geben, genau zu wissen, für wen eigentlich die Taten getan worden sind, von denen man öffentlich sagt, sie wären für das Vaterland getan worden.«

Als wir Ende März die Waffenschule verließen – von den letzten Kriegswochen erzähle ich später –, wickelte ich dieses Buch in schmutzige Wäsche und schickte es, bodenlos leichtsinnig, an die heimatliche Adresse. Dort ist es nie angekommen.* Vielleicht hat ein alliierter Bombenangriff auf die Bahnstrecke dafür gesorgt. Aber für lange Zeit war ich in Angst, eine Feldpostprüfstelle hätte es abgefangen und mein Vater als Buchbesitzer würde durch die Geheime Staatspolizei in Bedrängnis geraten. Sein jüngster Bruder Konrad wurde nach dem Fall von Stalingrad vermisst. Dem nachforschend war ihr älterer Bruder Christian unter dem Vorwurf von Landesverrat und Wehrkraftzersetzung festgenommen worden, und gerade jetzt hatte mein Vater (vergeblich) um Sprecherlaubnis bei der Gerichtsverhandlung gebeten. Von diesen Vorgängen soll zunächst berichtet werden.

* So habe ich aus Konrad Heidens ›Geschichte des Nationalsozialismus‹ hier anhand eines Exemplars zitiert, das der Übersetzer Michael Walter mir später geschenkt hat. Früherer Besitzerstempel: »Studienrat theol. Hans Katzenmayer. Hamburg 22. Richard-Str. 52a. Ruf 235435«. Dazu eine Bleistiftnotiz: »gekauft Herbst 1932, gleich nach dem Erscheinen, eines der ersten Exemplare in Hamburg, wie mir mein Buchbinder versicherte. Alle die Jahre 1933–1945 hindurch gerettet.«

dum spiro spero Der Chirurg Konrad Schöne, im Krieg als Oberstabsarzt der Reserve eingezogen, war der jüngste Bruder meines Vaters. Verheiratet mit Tante Barbara, der sehr eleganten Tochter eines richtigen Generals, die ich schon als kleiner Junge angeschwärmt habe. Nur ungenau und ungern erinnere ich mich daher an ein familiäres Geraune, dass Onkel Konrad, als er einmal unverhofft auf Urlaub kam, seine Frau in den Armen eines SS-Offiziers überraschte. Er ließ sich sogleich scheiden und soll sich dann zur Versetzung in die seit November 1942 bei Stalingrad eingeschlossene 6. Armee gemeldet haben, wo es nicht mehr genügend Militärärzte gab. Es hieß damals, mit einem der Flugzeuge, welche die deutschen Truppen und ihre Verbündeten zunächst noch aus der Luft versorgen konnten, sei er eingeflogen worden in den Kessel. In Wahrheit ging es doch wohl etwas weniger heroisch zu. Vieleicht gehörte er ohnehin schon zu diesem Verband. Jedenfalls ist er dort als Chef des Feldlazaretts 1/542 tätig gewesen.

Nach dem Fall von Stalingrad Ende Januar / Anfang Februar 1943 gab es auch von ihm keinerlei Überlebensnachricht. Die hat er erst lange nach dem Kriegsende an seine Geschwister schicken dürfen. Jeder in seinem sowjetischen Gefangenenlager, erzählte er später, konnte damals ein Telegramm aufgeben, das mitsamt dem Absendernamen nicht mehr als vier Worte enthalten durfte. Was hätte man da schon mitteilen können – Bin am Leben? Wohlbehalten in Gefangenschaft? Warte auf Heimkehr? Cicero, ad Atticum 9,11 zitierend, telegrafierte er, was viel mehr besagte und in der gebotenen Kürze doch gar nicht besser gesagt werden konnte: »dum spiro spero Konrad«. Die Übersetzung aus dem Lateinischen (‚Solange ich atme, hoffe ich‘) hätte schon zwei Worte zu viel gebraucht.

Sieben Jahre hat er in russischen Gefangenenlagern zugebracht und muss dort eine geradezu legendenhafte Figur gewesen sein. Zweimal habe ich später etwas aus dieser Zeit

Nach dem Fall von Stalingrad
Gefangene, nach Osten ziehend

über ihn gehört. Mein eigener Stendaler Schulfreund Hans-Joachim Seidenschnur (Gärtner dann in Kläden in der DDR) war bald nach dem Kriegsende als Gefangener eine Weile mit ihm zusammen und erzählte mir, dass ein Unteroffizier, der fürchterlich an Hämorrhoiden litt, ihn damals um medizinische Hilfe gebeten habe. Der noch gar nicht als Lagerarzt eingesetzte Chirurg wehrte ab; er besitze weder ein Operationsbesteck, noch verfüge er über Desinfektions- und Betäubungsmedikamente, könne daher gar nichts unternehmen. Anhaltend bedrängt, wollte er weiter darüber nachdenken. Schließlich erklärte er, am Rand des Lagers befinde sich ja ein Birkenwäldchen, auch wären ein kleines Beil und Streichhölzer zur Hand. Allenfalls könnte man also ein dünnes Stämmchen fällen und zuspitzen, es im Feuer anglühen und ihm ins Hinterteil bohren. Er selber würde sich das unter keinen Umständen antun lassen. Der Gequälte aber bestand darauf. Mit einigen anderen hat mein Freund selber ihn festgehalten, als der Doktor ihm den Birkenstamm hineintrieb, als der Schmerz ihn ohnmächtig werden ließ und auf diese Weise betäubte, als das glühende Instrument ihn dabei wohl auch noch desinfizierte – und er zulanglich geheilt wurde.

Später, bei einer Bahnfahrt, hat ein Unbekannter, dem ich im Gespräch meinen Namen genannt hatte, gefragt, ob ich etwa mit einem Doktor Konrad Schöne verwandt sei. In der sowjetischen Kriegsgefangenschaft wäre er ihm begegnet. In seinem eigenen großen Wohnzelt habe er abends häufig mit angehört, was in dem nebenstehenden, nur durch Stoffwände getrennten kleinen Behandlungszelt dieses Lagerarztes vor sich ging. Einmal, als sie alle schon still auf den Pritschen lagen, sei nebenan zur Abschlussuntersuchung ein Rotarmist erschienen. Einer seiner Genossen hatte ihn bei einer Messerstecherei verletzt. Nachdem die Operationsfäden gezogen waren und ihm radebrechend erklärt worden war, dass die Sache nun in Ordnung sei, hätte der Geheilte gesagt, er habe zum Dank für den deutschen Doktor ein Lied gelernt, das er jetzt vorsingen wolle. Und dann habe dieser Russe das Deutschlandlied gesungen. Alle Strophen. Noch während des Krieges. In atemloser Stille hätten sie das mit angehört, unter Tränen.

Der im Dezember 1949 heimgekehrte, über Friedland in die Bundesrepublik entlassene Onkel Konrad erzählte nichts von solchen Dingen. Auf meine Nachfragen hat er eher abwehrend reagiert und nur einmal erklärt, weshalb er nicht mehr als Chirurg arbeiten könne: Die aufkommenden Erinnerungen an das, was er in den Gefangenenlagern tun musste, ließen ihn schon nach einer einfachen Blinddarmoperation nicht mehr schlafen. So ist er dann als ‚Vertrauensarzt' im Wolfsburger Volkswagenwerk angestellt worden, wo er nur noch untersuchte und begutachtete.

Wohl aber sagte er mir andeutend, dass er als Kriegsgefangener zu dem im September 1943 begründeten (im November 1945 von den Sowjets wieder aufgelösten) ‚Bund Deutscher Offiziere' gehörte, dem der General v. Seydlitz-Kurzbach vorstand, dem später auch der Generalfeldmarschall Paulus beitrat, welcher in Stalingrad das Oberkommando geführt und sich Hitlers strikten Durchhaltebefehlen gefügt hatte. Zu Recht hielten diese gründlich Bekehrten Deutschlands militärische Niederlage für unabwendbar. Aus der Gefangenschaft versuchten sie, die oberste Wehrmachtsführung zur Einstellung der Kampfhandlungen, also zur Gehorsamsverweigerung gegenüber dem Diktator zu bewegen, und hofften dabei auf den Erhalt eines deutschen Reiches in den Grenzen von 1937 (was Stalin ihnen tatsächlich in Aussicht stellen ließ, falls sie Hitlers Sturz und ein Kriegsende herbeiführten, bevor unsere Armeen über die sowjetische Grenze zurückgeworfen werden könnten). Das misslang vollständig. Seydlitz und die ihm Gleichgesinnten wurden als Verbrecher verfemt, die der Volksgemeinschaft und ihren Soldaten mit einem an 1918 gemahnenden, landesverräterischen »Dolchstoß« in den Rücken fallen wollten. Auch ihre Versuche, durch Rundfunksendungen, mit Flugblättern und Lautsprecherdurchsagen deutsche Truppen der Ostfront zur Befehlsverweigerung und Waffenruhe zu ermutigen oder sie gar zur Fahnenflucht zu bewegen, blieben ohne nennenswerten Erfolg. Dieser selbst durchaus nicht kommunistisch orientierte ‚Bund Deutscher Offiziere' hatte sich dem ‚Nationalkomitee Freies Deutschland' angeschlossen, das von sowjettreuen deutschen Emigranten angeführt wurde, und Onkel Konrad erwähnte beiläufig, dass er damals in der Nähe von Moskau auch Wilhelm Pieck, dem späteren Präsidenten der DDR, und Walter Ulbricht, dem dann dominierenden Generalsekretär des Zentralkomitees der SED, begegnet war.

Schreiben konnte er wahrhaftig, und ich habe ihn davon zu überzeugen versucht, dass seine Erinnerungen an diese Gefangenschaftsjahre nicht verlorengehen dürften, dass er sie schriftlich niederlegen und weitergeben müsse. Was für ein Buch hätte das werden können – statt meines dürftigen Kapitels hier! Nach seiner Pensionierung hatte er sich schließlich dazu bereit erklärt. Aber bevor er noch recht beginnen konnte, entdeckte man bei ihm eine fortgeschrittene Leberzirrhose, an der er sehr bald gestorben ist. Kurz zuvor hat er mir noch geschrieben, man führe diese Erkrankung oft auf übermäßigen Alkoholkonsum zurück, den er sich doch immer versagt habe. Er bedauerte es sehr, im Leben nicht viel mehr Rotwein getrunken zu haben.

Dass er in den Kessel von Stalingrad geraten war, löste die Vorgänge um seinen Bruder Christian Schöne aus, von denen ich jetzt zu berichten habe.

Der Wehrkraftzersetzer Wer heute in Deutschland lebt, also über nahezu uneingeschränkte Informationsmöglichkeiten verfügt und ohne nennenswerte Zivilcourage von seiner politischen Meinungs- und Redefreiheit Gebrauch machen kann, wird kaum mehr begreifen können, dass mit der Mehrzahl der Bevölkerung meist auch die eigenen Eltern, Großeltern oder Urgroßeltern anfangs billigend unterstützt und später jedenfalls widerstandslos hingenommen haben, was in finsteren Zeiten hier vor sich ging. So öffentlich wurden Juden diskriminiert und drangsaliert, dass alle halbwegs Erwachsenen davon wissen konnten. Auch die mit dem Krieg im Osten einsetzenden Massenerschießungen jüdischer und polnischer Zivilisten wurden keineswegs nur von einigen wenigen Missetätern im Verborgenen veranstaltet. Es gab viele Augenzeugen. Nur waren sie meist nicht waghalsig genug, ihr Wissen um diese Verbrechen zu verbreiten.

»Gedenkt | Wenn ihr von unsern Schwächen sprecht | Auch der finsteren Zeit | Der ihr entronnen seid«, lautete Brechts Bitte ›An die Nachgeborenen‹, als er 1939 im dänischen Exil schon ein »Gespräch über Bäume fast ein Verbrechen« nannte, weil es »ein Schweigen über so viele Untaten einschließt!« –

Ihr aber, wenn es soweit sein wird
Daß der Mensch dem Menschen ein Helfer ist
Gedenkt unsrer
Mit Nachsicht.

Diese Nachsicht der Nachgeborenen setzt wohl voraus, dass sie die Schwächen, die ihnen vorgelebt wurden, ja die in der Natur des Menschen lauernde Unmenschlichkeit auch als mögliche eigene begreifen. »Ich habe nie von einem Verbrechen gehört, das ich nicht hätte begehen können«, sagt in Thomas Manns Roman der alte Goethe seiner ›Lotte in Weimar‹. Authentisch ist das nicht, überzogen ohnehin. Aber einer Einsicht in das, was man wahrhaftig unsere Erbsünde nennen könnte, verdankte sich das Humanitätspostulat, das einmal von Weimar ausgegangen ist und in Weimars Buchenwald-KZ erstickt wurde. »Edel sei der Mensch, | Hülfreich und gut!« heißt es eingangs in Goethes Gedicht über ›Das Göttliche‹.

An Vorbildern, die dazu anleiten könnten – sogar dann dazu ermutigen könnten, wenn die Verhältnisse den Hilfreichen und Guten selber in Gefahr bringen, hat es selbst in unserer finstersten Zeit nicht gefehlt. Wenn es um die Rettung von Verfolgten ging, haben auch im Land der Täter manche so gehandelt, dass die Nachgeborenen hoffen sollten, sie hätten sich in gleicher Lage ähnlich verhalten und würden in einem künftigen Ernstfall selber so handeln. Dabei wäre, wer nicht geradewegs mit Todesmut ausgerüstet ist, durch das Vorbild der misslungenen Versuche eines Tyrannenmordes gewiss überfordert. Die Widerstandshandlung, um die es im Folgenden geht, steht denn auch weit zurück hinter den Attentaten heldenhafter Einzeltäter, etwa dem des Schreinergesellen Georg Elser, der schon vor dem Kriegsbeginn Hitler und die nationalsozialistische Führung beseitigen wollte, oder ganzer Verschwörergruppen von Offizieren, wie der um den Oberst Claus Schenk Graf v. Stauffenberg, der das versuchte, als Deutschlands militärische Niederlage besiegelt war. Andererseits ging es hier nicht nur um eine flüsternde Verbreitung regimekritischer Witze, um die vertrauliche Weitergabe von Rundfunknachrichten heimlich abgehörter ‚Feindsender' oder um defätistische Äußerungen hinter vorgehaltener Hand. Das Corpus delicti waren auch nicht etwa aufrührerische Flugblätter oder Klebzettel, deren Urheber und Verteiler im Schutz der Anonymität zu agieren suchten. Um Rundbriefe handelte es sich, die ausdrücklich zu öffentlicher Verbreitung bestimmt waren und deren Verfasser selber seinen Namen und seine

Adresse angab. Christian Schöne (der 1933 »als Nazi« seinen jüngeren Bruder, meinen Vater, noch »verhöhnt und verwarnt« hatte: dazu hier Seite 44) operierte dabei am Rand einer systemimmanenten Legalität und hoffte – verzweifelt mutig, freilich entschieden wirklichkeitsfremd und jedenfalls ganz vergeblich –, eine Protestwelle auszulösen, bei der sich alle Beteiligten im Schutz des offenen Visiers glauben mochten.

Aus dem Führerhauptquartier hatte das Oberkommando der Wehrmacht am 3. Februar 1943 den Fall von Stalingrad und den Untergang der dort eingekesselten 6. Armee bekannt gegeben: »Generale, Offiziere, Unteroffiziere und Mannschaften fochten Schulter an Schulter bis zur letzten Patrone. Sie starben, damit Deutschland lebe.« Schon die dröhnende Totenrede des Reichsmarschalls Göring am 30. Januar, ebenso dann die berüchtigte Inszenierung des Reichspropagandaministers Goebbels, der am 18. Februar im Berliner Sportpalast zum »totalen Krieg« aufrief, unterstellte stillschweigend, dass es keine Überlebenden gab.

Am 17. Dezember 1943 informierte eine als »Streng vertraulich!« überschriebene ›Meldung wichtiger staatspolitischer Ereignisse‹ des Reichssicherheitshauptamtes* die nachgeordneten Dienststellen der Geheimen Staatspolizei und Kriminalpolizei über drei »mit Schreibmaschine durchgeschlagene« Rundschreiben des Oberstabsarztes Dr. Christian Schöne aus Fürstenwalde an der Spree. Sie seien an Angehörige von Stalingradkämpfern gerichtet und würden »in der Form von 3 Kettenbriefen durch Postversand verbreitet. Die Briefe gingen einem großen Personenkreis zu und geben Kenntnis von der umfangreichen Nachforschungs-Tätigkeit des Briefschreibers

* Bundesarchiv Koblenz: Dok/K 917/7, S. 7 f.

über das Schicksal der bei den Kämpfen um Stalingrad vermißten deutschen Soldaten. Dabei wird z.T. auf angebliche Unterlagen oder Aussagen von Wehrmachtsstellen bzw. Offizieren hingewiesen. Der Rundbrief Nr. 3 enthält außerdem Angriffe gegen den Staat, grobe Versuche zur Untergrabung des Vertrauens gegen die Führung und übt u.a. staatsfeindliche Kritik wegen der Behandlung von Juden durch Deutschland.« Man habe den Urheber festgenommen; gegen ihn »schwebt ein Verfahren wegen Zersetzung der Wehrkraft beim Gericht der Wehrmachtskommandantur Berlin«. – »Die Weitergabe der Rundbriefe durch Dritte ist zu unterbinden und zu verfolgen.«

Am 17. Oktober 1943 war der Briefschreiber verhaftet worden. Was sich danach zwischen politischen und militärischen Instanzen abgespielt hat, lässt sich nicht mehr feststellen. Zuständig für die ihm vorgeworfene Wehrkraftzersetzung (die, wenn sie »öffentlich« erfolgte, unweigerlich mit der Todesstrafe geahndet wurde) war seit Januar 1943 der Volksgerichtshof unter Roland Freisler. Aber um ihn dessen Gerichtsbarkeit zu überantworten, musste der Delinquent zuvor aus der Wehrmacht ausgestoßen werden. Aus unersichtlichen Gründen ist das hier nicht geschehen. Das Zentralgericht des Heeres wahrte in diesem Fall seine Zuständigkeit.* Am 22. November wurde der Oberstabsarzt also vor ein militärisches Feldgericht gestellt.

* Nur die ›Ersatz-Handakten Oberreichsanwalt beim Volksgerichtshof‹ enthalten noch zwei Erkundigungen vom 30.11.43 und 14.1.44 beim Präsidenten des Reichskriegsgerichts nach der Übernahme des »Landesverrats«-Verfahrens gegen Dr. Chr. Schöne und gleichlautende Antworten vom 31.12.43 und 14.1.44 darüber, dass diese »Vorgänge« zur Weiterverfolgung an das Gericht der Wehrmachtskommandantur Berlin abgegeben wurden (Bundesarchiv Abt. III Berlin, 2 J 464/43g).

Keines seiner drei dort zur Rede stehenden Rundscheiben hat sich nach dem Krieg mehr ausfindig machen lassen. Sie aufzubewahren, ohne den Verfasser anzuzeigen, wäre in der Tat höchst gefährlich gewesen. Doch selbst nach Erhalt des dritten, verfänglichsten Schreibens hat niemand damals Anzeige erstattet – keiner unter den zahlreichen ersten Empfängern der von Christian Schöne gleichlautend vervielfältigten Texte*, kein einziger auch aus dem »großen Personenkreis«, dem sie dann als »Kettenbriefe« zugegangen sind, weil der Verfasser gebeten hatte, seine Mitteilungen abzuschreiben und weiter zu verbreiten. Vielmehr wurde ein vom Erstempfänger weitergeschicktes Exemplar seines dritten Rundschreibens abgefangen, wohl durch eine Feldpostprüfstelle, die dann den Zugriff der Geheimen Staatspolizei herbeiführte. Ein großer Teil wenigstens dieses letzten Briefes, der sich am weitesten vorwagte, ist überliefert: Er wird wörtlich angeführt in dem am 22.11.1943 gefällten ›Feldurteil‹ (zur Vollstreckung bestätigt am 11.2.1944: »Der Oberbefehlshaber des Heeres | Im Auftrage | gez. Keitel Generalfeldmarschall«). Zwar blieb auch das mit umfangreichen Anlagen versehene Original dieser Urteilsschrift nicht erhalten.** Aber im Nachlass von Christian

* Das im Folgenden angeführte ›Feldurteil‹ vermerkt im Abschnitt III, der Angeklagte habe erklärt, dass lediglich »zwei Empfänger des Rundschreibens 3 dieses zurücksandten mit dem Bemerken, daß sie sich mit dem Inhalt nicht einverstanden erklären könnten«.

** Das Bundesarchiv (Militärarchiv Freiburg i. Breisgau) hat mir am 23.11.1995 mitgeteilt, »daß diese Akte [Gericht der Wehrmachtskommandantur Berlin (später: Zentralgericht des Heeres) St.L.X. 2077/43a] als verloren angesehen werden muß, wie insgesamt nicht mehr als fünf Prozent der Gerichtsakten erhalten geblieben sind.«

Auf Seite 5 dieser Abschrift, im Abschnitt IV, heißt es mitten im Satz: »(hier müssen Teile im vorliegenden Exemplar fehlen, welches mir von Herrn Rechtsanwalt Dr. Alfons Sack zugeschickt worden

Schöne fand sich dessen eigene, offensichtlich wortgetreue 6-seitige Schreibmaschinen-Abschrift – ohne die Anlagen und mit einer aufschlussreichen Lücke im Text.

Im Abschnitt I der richterlichen Urteils-»Gründe« wird entschieden wohlwollend über den Lebensgang des Angeklagten berichtet. Der Abschnitt II dann beschreibt seine Erkundigungen »bei den Gesandtschaften neutraler Staaten« nach dem »Verbleib der vermißten Stalingradkämpfer« – weil »als Chefarzt eines Feldlazaretts« zu ihnen sein Bruder Konrad Schöne gehörte, dem er sich »ganz besonders verbunden fühlte«. Bei seiner Korrespondenz darüber hätten ihn zahlreiche »Mitteilungen und Anfragen der Angehörigen von Stalingradkämpfern« erreicht, die er schließlich »nicht mehr einzeln, sondern in einzelnen Rundschreiben« beantwortete, und für deren weitere Verbreitung durch Abschriften der ersten Empfänger er einen genauen Organisations- und Verteilerplan mitteilte. Auch heißt es dort, am 14. April 1943 habe er in einem Brief an das Auswärtige Amt vorgeschlagen, »daß den in Deutschland befindlichen russischen Kriegsgefangenen Schriftverkehr mit der Heimat gestattet werde. Dabei gäbe er der Erwartung Ausdruck, daß die Sowjetregierung möglicherweise dann ein Gleiches gestatten werde.« Schließlich wird hier ausführlich der dritte »Kettenbrief« zitiert (verfasst am Geburtstag seines Bruders, dessen Schicksal ihn an diesem 3. Mai 1943 »besonders beschäftigte und quälte«). Dort also hatte Christian Schöne geschrieben:

ist)«. Der Genannte, der als Christian Schönes Verteidiger amtierte, ist 1944 bei einem Bombenangriff in Braunschweig umgekommen; das von ihm übersandte Exemplar der Urteilsschrift selber ist nicht mehr aufzufinden. – Vollständig abgedruckt und eingehender erläutert, findet man das ›Feldurteil‹ im ›Insel-Almanach auf das Jahr 2000‹. Frankfurt a.M. und Leipzig 1999, S. 228–251.

»Nun komme ich zu einem sehr ernsten und heiklen Kapitel, das ich nur zögernd zu Papier bringe, aber um unserer Verschollenen und Vermißten willen anpacken muß, die Frage der Erschießung der Juden. Ich habe den Vorschlag gehört, man solle die Moskauer jüdischen Machthaber wissen lassen, wenn unseren Gefangenen ein Leid angetan würde, so würden es die 6–7 Millionen Juden, die in unserer Hand sind, büßen müssen. 3 Millionen im ehemaligen Polen, je eine Million in Frankreich, Ungarn und Rumänien, der Rest in Deutschland. Die Westjuden wären ohne den Zuzug der Ostjuden rassisch dem Untergang geweiht und würden es auf eine Vernichtung derselben [ausgelassen: nicht] ankommen lassen.* Ich bin der Meinung, daß den New Yorker und Londoner Juden die Ostjuden verhältnismäßig gleichgiltig sind, daß aber dagegen die Moskauer Juden ohne Zweifel mit den Kiewer, Odessaer u.s.w. Juden nahe verwandt und verschwägert ... waren. Aber diese Kiewer, Odessaer u.s.w. Juden sind ja von uns bereits in ungeheuren Massen, für die die Gruben von Katyn nicht ausreichen würden, erschossen worden.** Mein nun in Stalingrad

* Dieser »Vorschlag«, der offenbar von anderen, mit Christian Schöne korrespondierenden Angehörigen der Stalingrad-Soldaten stammte, hält sich an die gängige nationalsozialistische Darstellung des Bolschewismus als jüdisch inspirierte und gesteuerte Weltverschwörung. Der Rundbriefverfasser nimmt das auf (nur aus taktischen Gründen?), erklärt einen solchen Erpressungsversuch aber sogleich für aussichtslos und schreibt sich dann vollends um Kopf und Kragen.

** Die erste Tötungswelle auf russischem Boden im Herbst 1941 durch die von deutschem und rumänischem Militär unterstützten Mordkommandos der SS und der Polizei hat in der Tat Kiew und Odessa mit ihren zahlreichen jüdischen Bewohnern besonders betroffen. – Bei Katyn in der Nähe von Smolensk waren im Frühjahr 1940 über 4000 polnische Gefangene, meist Offiziere, durch Truppen des sowjetischen Volkskommissariats für Innere Angelegenhei-

vermißter Bruder hat mir gerade vor einem Jahr Andeutungen hiervon gemacht, aber gesagt, das meiste sei so grauenhaft, daß er nicht davon sprechen möchte. Stalin habe seinerzeit gesagt, nach der Einnahme von Kiew durch die Deutschen seien von diesen 50000 Juden erschossen worden. Mein Bruder wisse aber aus guter Quelle, daß es 64000 gewesen seien. Und zwar nicht nur Männer, sondern Frauen und Kinder. Die Scenen dabei seien grauenerregend gewesen. Die Leute von den Kommandos hätten gesagt, die humanste Art sei noch … der Genickschuß. Die Beseitigung der Leichen sei unüberlegt und so gewesen, daß Berge von Leichen nach der Schneeschmelze wieder zu Tage gekommen seien. Ich habe keine ausländischen Zeitungen gelesen oder Sender gehört, aber es ist doch undenkbar, daß man das im feindlichen Ausland nicht weiß und daß man den Ermordeten von Katyn nicht die mehrfache Zahl von ermordeten Juden seitens der Deutschen entgegenhalten wird. Schließlich wird Priorität und absolute Zahl die Kremljuden mehr belasten, aber wird das unsern Stalingrader Vermißten etwas nutzen?

Ich weiß, daß diese Erschießungen noch fortgesetzt werden, denn vor wenigen Tagen klagte mir ein SS-Mann über Angstträume und Herzbeklemmungen, die wohl von den 150 Erschießungen am Tage herkämen, das sei wohl zuviel. Ob das Juden gewesen seien? Nein, da waren nur wenige Juden dabei, für die gibt es besondere Kommandos.

Ich bin der Meinung, daß diese Tatsachen dazu führen können, daß unsere Gefangenen das eines Tages büßen müssen, und daß wir aus Gründen der Moral und der Ehrenhaftigkeit diese Erschießungen verurteilen müssen. Den Einwand, daß

ten erschossen worden. Die Goebbels-Propaganda, auf Entzweiung der Alliierten bedacht, gab mehr als 12000 Tote an, nachdem man diese Massengräber im Februar 1943 entdeckt hatte.

wir uns nicht in fremde Befugnisse einmischen dürfen und daß außerdem eine Beendigung der Judenmassakers uns nichts nützen würde, kann ich absolut nicht anerkennen. Eine moralisch verwerfliche Handlungsweise abzubrechen, ist nie zu spät. Dazu beitragen, kann nur ehrenvoll sein.

Wenn 98000 Gefangene gemacht worden sind,* so besteht kein Zweifel, daß in den oberen und obersten Kommandostellen schwere Fehler gemacht worden sind. Wenn wir in einem parlamentarischen Staate lebten, so würden wir uns an die Abgeordneten unseres Vertrauens wenden, in unserem autoritär regierten Staate haben wir dafür Partei und Behörden. An diese und zwar an möglichst hohe Vertreter derselben sollten wir uns alle wenden und zwei Wünsche vorbringen: daß verantwortliche Fachmänner an die Spitze der Operationen gestellt werden und daß mit den Erschießungen der Juden aufgehört wird. Zu diesen beiden Forderungen haben wir, die wir unsere Angehörigen verloren haben und einem Schicksal verfallen sehen, wie es in den Kriegen unserer deutschen zivilisierten Geschichte noch nicht dagewesen ist, gewiß ein Recht. Jeder möge sich diejenige höhere Stelle aussuchen, die ihm geeignet erscheint, z.B. den zuständigen Gauleiter, einen Minister, einen der Generäle an besonders verantwortlicher Stelle. Ich bin der Meinung, daß man besonders bei diesen an ihren

* Diese Anzahl der in den amtlichen deutschen Verlautbarungen gar nicht erwähnten Stalingrad-Gefangenen deckt sich mit sowjetrussischen Angaben, die der englische Rundfunk damals verbreitete. Heute schätzt man, dass von den wenigstens 195000 eingekesselten deutschen und verbündeten Soldaten noch 25000 oder mehr als Verwundete ausgeflogen werden konnten; annähernd 60000 sind gefallen, verhungert oder erfroren. So gerieten wohl noch 110000 in Gefangenschaft. Die meisten von ihnen verendeten auf dem Fußmarsch nach Osten und später in den russischen Lagern. Nur etwa 5000 oder 6000 Überlebende kehrten schließlich heim.

Mut zur Offenheit appellieren könnte. Ich erinnere auch daran, daß in der letzten Nummer der Wochenschrift „Das Reich“ in einem Artikel ausgeführt wurde, daß Briefe an den Führer grundsätzlich dem Schreiber keinen Nachteil brächten, soweit nicht nachweisbare Verleumdungen o.ä. vorlägen. Über meine persönlichen Erfahrungen mit einem Briefe an die Kanzlei des Führers bin ich gern bereit, Auskunft im privaten Schreiben zu geben.«

Die beiden ersten Rundschreiben von Christian Schöne, die der Urteilsakte beilagen und mit ihr verloren gingen, sind in den Urteils-»Gründen« nur beiläufig erwähnt worden. Sie hätten, heißt es, von eigenmächtigen Erkundigungen des Angeklagten nach dem Schicksal der Stalingrad-Gefangenen bei Schweizer Diplomaten und der schwedischen Gesandtschaft berichtet. Aber man urteilte, das sei »als unbedenklich anzusprechen«. Erstaunlicher noch: Die Mitteilungen des dritten Kettenbriefs über die »von uns bereits in ungeheuren Massen« ermordeten ostjüdischen Männer, Frauen und Kinder und über fortgesetzte Erschießungen haben diese Richter mit keinem Wort beanstandet.

Aus diesem letzten Rundschreiben zitieren sie am Ende ihrer Urteilsbegründung (Abschnitt IV) noch einmal Christian Schönes Sätze über die deutschen Mordtaten als eine »moralisch verwerfliche Handlungsweise«, die abzubrechen es »nie zu spät« sei, und ebenso seine Äußerung, dass bei Stalingrad »in den oberen und obersten Kommandostellen schwere Fehler gemacht worden sind« – womit er die unmissverständlich gegen Hitler als persönlichen Oberbefehlshaber des Heeres gerichtete Forderung begründete, »daß verantwortliche Fachmänner an die Spitze der Operationen gestellt werden«. Völlig zu Recht urteilten sie, es sei dieses Schreiben geeignet, »den Willen des Deutschen Volkes zur wehrhaften Selbstbehauptung zu lähmen und zu zersetzen«. Damit zitierten sie wortwörtlich den einschlägigen Paragraphen der ›Kriegssonderstrafrechtsverordnung‹. Nur ließen sie unerwähnt und unberücksichtigt das dort vorausgehende und für Christian Schönes Kettenbriefe zweifellos geltende eine Wort »öffentlich« – an dem die Todesstrafe hing.*

Eingangs hatten die Richter vermerkt, der Angeklagte sei 1940 in die NSDAP eingetreten**, wegen des gegenwärtigen Strafverfahrens aber »vor kurzem aus der Partei ausgeschlossen« worden. Jetzt am Ende unterstellten sie, »daß er dem Führer treu ergeben ist«, konnten dafür freilich nur seine »Briefe an den Bruder« anführen (die nicht als »Anlage« zur Urteilsschrift ausgewiesen werden, also dem Gericht wohl gar nicht vorlagen – wenn sie überhaupt als Beweismittel taugten). Sichtlich auf Entlastungen bedacht, hatten sie (in riskanter Verbindung mit dieser Bescheinigung nationalsozialistischer Gesinnungstreue) zuvor mitgeteilt, dass der Kommandeur der zuständigen Sanitäts-Abteilung »Zweifel an seinem Geisteszustand« geäußert habe; hatten sie erklärt, dass es sich

* § 5/1: »Wegen Zersetzung der Wehrkraft wird mit dem Tode bestraft«, wer (Ziffer 1:) »öffentlich den Willen des deutschen oder verbündeten Volkes zur wehrhaften Selbstbehauptung zu lähmen oder zu zersetzen sucht« (Reichsgesetzblatt I vom 26.8.1939, S. 1455). – Die Gesamtzahl der durch die Wehrmachtsjustiz selber verfügten Verurteilungen wegen Wehrkraftzersetzung berechnet man jetzt auf wenigstens 30000: davon auch durch deren eigene Instanzen 5- bis 6000 Todesurteile.

** In einer eidesstattlichen Erklärung vom 24.7.1945 hat er erklärt, als Chefarzt am Stadtkrankenhaus von Fürstenwalde sei er damals, offenbar aus politischen Gründen, zu einer Vertragsänderung »mit einjähriger Kündigung gezwungen« worden: »Darauf trat ich in die Partei ein, mit der erklärten Absicht, freier meine Meinung äußern zu können.«

nach dem Urteil des Wehrkreisarztes »um einen schwärmerischen, wirklichkeitsfremden Menschen handelt, und gerade in diesem Umstand ist letzten Endes die Grundlage für das Verhalten des Angeklagten gegeben.« Schließlich heißt es da: »Die Tatsache, daß er den Empfängern des Schreibens empfohlen habe, sich mit ihren Anregungen an Gauleiter, Minister oder Generale als besonders verantwortliche Stellen zu wenden, beweise am besten, daß er nichts Unrechtes beabsichtigt habe.« Vielmehr sei ihm eine »hochanständige Gesinnung« zu eigen.

So lautete ihr Urteil: »Er hat gefehlt, aber aus einem Motiv, das an sich ehrenhaft ist [in Sorge nämlich um »das Schicksal des vermißten Bruders«]. Eine Gefängnisstrafe von einem Jahr erschien daher als ausreichende, aber auch als erforderliche Sühne.«

Es gab wahrhaftig furchtbare Juristen in dieser finsteren Zeit. Der hier als Verhandlungsleiter unterzeichnende Oberkriegsgerichtsrat Dr. Bethke aber, der Oberst Forst und der Oberstabsarzt Dr. Rosevelt als beisitzende Richter, wohl auch der Oberkriegsgerichtsrat Dr. Schmitt als Vertreter der Anklage wahrten das Recht, indem sie sich über geltendes Gesetz hinwegsetzten. So haben sie 1943 den zum Sanitätssoldaten degradierten Oberstabsarzt vor dem Todesurteil des Volksgerichtshofes in das Wehrmachtsgefängnis Berlin-Tegel gerettet. Eines Herzleidens wegen wurde er am 21. Februar 1945 in dessen Krankenabteilung Berlin-Buch eingeliefert. Dort haben die Russen ihn zwei Monate später befreit.

Als ich den Abgemagerten und besorgniserregend Veränderten wiedersah, war er mit der schlotternden Zivilbekleidung des Leiters seiner Gefangenenklinik ausgestattet worden, der sich erhängt hatte. Von seinem »Selbstmörderanzug« redete er da. Schwer herzkrank ist er am 31. März 1947 zu

Entwurf

Wehrmachtuntersuchungsgefängnis
(Standortarrestanstalt)
B e r l i n
Krankenabteilung Berlin-Buch
An Zentralgericht des Heeres
Berlin-Charlottenburg 5
Witzlebenstraße 4–10
Az.: St. L. I 2077/43 a.
Der San.-Soldat Christian Schöne
wurde am 21.2.1945 aus dem WUG
~~Lehrterstr. 3 – 64~~ - Berlin-Tegel
~~von~~
~~Truppenteil~~:
.hier eingeliefert.
~~Um Übersendung eines Annahmebefehls wird gebeten!~~

Berlin-Buch, den
Lindenbergerweg Haus 13
Fernruf: 56 89 64/5 App. 23

Rittmeister und Zweigstellenleiter

Tode gekommen. Es blieb ungewiss, ob das durch Suizid geschah. Er hat noch erfahren können, dass sein bei Stalingrad vermisster Bruder aus dem Gefangenenlager telegrafierte »Dum spiro spero Konrad«. Aber für ihn selber galt das nicht mehr. Seiner ironischen Bemerkungen und sarkastischen Veranstaltungen wegen haben wir diesen Onkel Christian als Kinder gar nicht gemocht. Irgendwann in den späten dreißiger Jahren waren wir zu Besuch in Fürstenwalde; da ließ er seinen Jungen beim Abendessen anstelle des familienüblichen Tischgebets aufsagen: »Ich schieße zu kurz, ich schieße zu weit, aber ich schieße! – Göring«, und seine kleine Tochter dann, mit ihrer Piepsstimme: »Wer fällt, den soll man auch noch stoßen! – Goebbels«. Er lächelte dazu, und wir begriffen natürlich nicht, was das sollte. Als wir zu dieser Zeit in seinem offenen Fiat einmal mitfuhren auf der neuen Reichsautobahn, mussten wir drei Kinder bei jedem der noch ziemlich vereinzelt entgegenkommenden Fahrzeuge auf sein Kommando hin mit einem Ruck aufstehen und über den noch nicht bewachsenen Grünstreifen hinweg den Hitler-Gruß entbieten. Das immerhin vollführten wir mit großer Freude.

Aber wenn er mich, seinen zum Jungvolkführer aufgestiegenen Neffen, später (anspielend auf Baldur v. Schirachs Titulatur als ›Reichsjugendführer‹) als den »Reichsjugendverwahrlosten mit Neigung zu Seitensprüngen« bezeichnete und mich oft auch so anredete, war das unmissverständlich und hat mich keineswegs mehr gefreut.

Jetzt wünschte ich, er wüsste wenigstens, was ich hier von ihm aufgeschrieben habe.

Come on! Im März 1945, als die amerikanischen Invasionstruppen schon den Rhein überschritten hatten und nach Osten vorrückten, der von dort angreifenden Roten Armee entgegen, war mein Lehrgang an der Waffenschule zu Ende gegangen. Ich wurde nach Brandenburg in die Neuruppiner Kaserne unseres Regiments zurückbeordert. Dort gab es freilich keine Panzer mehr. Wochenlang wurde auf sie gewartet und hielt man uns dafür in Bereitschaft, unterwarf uns inzwischen dem sinnlosen Trott des Garnisonsdienstes. Manchmal an sonnigen Tagen sahen wir hoch über uns als silberne Punkte im Himmelsblau die britischen Luftgeschwader, die ihre Bombenlast unbehelligt nach Berlin trugen, vernahmen den Donner der Motoren nur als leises Brausen, hörten nichts von den Detonationen, die am Ziel ganze Stadtviertel todbringend in Schutt und Asche legten. Wir lebten in einer gespenstischen Normalität.

Schließlich bekamen wir doch noch Kriegsgeräte. Ich war zum Leutnant der Reserve befördert worden und wurde gegen Ende April einer kleinen motorisierten Kampftruppe zugeteilt. Da hockten wir freilich nur mehr in offenen Blechkisten. Ursprünglich ferngelenkt und mit Sprengstoff beladen, waren diese kleinen Kettenfahrzeuge für Angriffe auf feindliche Bunkerstellungen gedacht. Jetzt hatte man sie umgebaut jeweils für einen Fahrer und einen Schützen und sie mit einer Abschussvorrichtung für raketenartige Panzerabwehrgeschosse von sehr geringer Reichweite ausgerüstet. So sollten sie aus versteckter Position an Straßenrändern lauern und russische Panzerspitzen beschießen.

Unter dem Befehl eines Oberleutnants operierten wir völlig selbstständig, hatten keine Verbindung mehr zu übergeordneten Gefechtsständen. Denn die militärischen Kommandostrukturen lösten sich auf. Natürlich wussten wir, dass man auf die für uns vorgesehene Weise den russischen Vormarsch allenfalls an vereinzelten Stellen ein wenig würde behindern können – zu kurzem Zeitgewinn vielleicht für einige der vielen hunderttausend Frauen, Kinder und alten Leute, deren Flüchtlingszüge sich über die Elbe zu den Amerikanern zu retten suchten. Von der rächenden Wut der Russen, von Erschießungen und Vergewaltigungsexzessen kursierten schauerliche Gerüchte. So hätten wir im Ernstfall wohl auch noch geschossen, mit geringen Überlebens-Chancen. Doch im chaotischen Strudel der Rückzugsmanöver kamen wir gar nicht mehr zu solch kurzfristigen Hinhalteversuchen. Der gewaltige Sog des Fluchtstroms schwemmte uns mit nach Westen. Wir bildeten immer noch einen geschlossenen militärischen Verband, suchten aber eigentlich nur noch davonzukommen.

Einmal an einer Straßenkreuzung sah ich im Halbdunkel drei oder vier deutsche Soldaten in einem kahlen Baum hängen. Sie hatten sich wohl einzeln davongemacht, waren von den ‚Kettenhunden' der Feldgendarmerie oder den durch SS-Offiziere befehligten mobilen Standgerichten aufgegriffen und als Deserteure erschossen worden. Warnschilder aus Pappe hatte man ihnen umgehängt. Ihr Anblick hat sich eingeätzt in mein Bildergedächtnis. Wie große, schreckliche Früchte hingen sie da an ihrem Leichenbaum.

Sonst weiß ich nur wenig noch von diesen Tagen, habe auch keine genaueren Daten in Erinnerung. Eines Abends gelangten wir an das verlassene Ziethen-Schloss in Wustrau-Fehrbellin und wollten über Nacht dort bleiben. Der alte Kastellan machte noch einmal Feuer im Kamin, holte uns sogar noch Wein aus dem Keller. Sehr nah schon das Donnergrollen russischer Artillerie. Die beiden Betten des Zimmers, in dem ich dann mit meinem Oberleutnant übernachtete, waren nicht frisch bezogen, aber halt lang entbehrt und hoch willkommen. Als ich wach wurde, entdeckte ich auf dem Nachttisch eine Dose und las auf ihrem Etikett: »Körperpuder. Aus der Apotheke des Reichsführers-SS«. Beim Abfahren habe ich den Kastellan danach gefragt. Der meinte, vor ein paar Tagen sei Himmler selber doch hier gewesen, habe auch mit einem Adjutanten in unserem Zimmer geschlafen. Nein, wer in welchem Bett, das wisse er nicht. Der Alte schien ein bisschen verwirrt und täuschte sich vielleicht. Aber der Gedanke an mein Wustrauer Nachtlager hat mich verfolgt.

So habe ich mich jetzt über die letzten Tage dieses Apothekenbesitzers zu informieren versucht. Nach der deutschen Kapitulation hat sich der Reichsführer-SS, Chef der Polizei und Oberbefehlshaber des deutschen Ersatzheeres, maskiert mit einer Augenklappe, unter dem Namen Heinrich Hitzinger als Wehrmachts-Feldwebel ausgegeben. Als eine alliierte Militärstreife ihn zufällig aufgriff und man ihn identifiziert hatte, konnte er am 23. Mai 1945 eine im Mund versteckte Giftkapsel zerbeißen. Vorher, vom März bis spät im April, hielt er sich zumeist nördlich von Berlin im SS-Sanatorium von Hohenlychen auf, kam auch zum Geburtstag seines Führers noch einmal in dessen unterirdischen Bunker und bezog schließlich Quartier in einer Lübecker Polizeikaserne (über den schwedischen Grafen Bernadotte versuchte er damals, einen Sonderfrieden mit den Westmächten auszuhandeln und sich dem Großadmiral Dönitz, der in Hitlers ›Politischem Testament‹ zum Reichspräsidenten eingesetzt worden war, als Innenminister anzudienen). Im Hin und Her dieser letzten Apriltage könnte er tatsächlich einmal im Wustrauer Ziethen-Schloss übernachtet haben, wo die SS vorübergehend ihre ›Zentrale Führungsdienststelle‹ eingerichtet hatte und sich für kurze Zeit Himmlers eigener Befehlsstand befand. Womöglich hat das Ungeheuer dort wirklich in meinem Bett gelegen. Vielmehr: ich in seiner Bettwäsche. Ausgeschlossen ist das nicht. Und ganz unverdient erschien es mir später auch nicht.

Hitler selbst hat sich am 30. April umgebracht. Wir wussten nicht, dass er sich, damals nur etwa 50 km von uns entfernt, in einen Bunker neben der Berliner Reichskanzlei verkrochen hatte, wohl 7 ½ Meter tief unter die Erde, mit einer 3 ½ Meter dicken Eisenbetondecke über sich. Als sich die sowjetischen Sturmtruppen nah herangekämpft hatten, machte er sich mit einem Kopfschuss aus dem Staub (und hatte in der Nacht zuvor wahrhaftig noch seine Konkubine geheiratet, standesamtlich sogar). Am 2. Mai 1945 wurde im Rundfunk der Wehrmachtsbericht vom heroischen Ende unseres obersten Befehlshabers verbreitet: »An der Spitze der heldenmütigen Verteidiger der Reichshauptstadt ist der Führer gefallen« – um Deutschland »vor der Vernichtung durch den Bolschewismus zu erretten, hat er sein Leben geopfert«. So belog man uns bis zuletzt. Durch ein transportables kleines Radiogerät vernahmen wir diesen Bericht. Auch ein fremder Militärgeistlicher stand zufällig dabei. Der nahm seine Kopfbedeckung ab und sang mit halblauter Stimme eine Kirchenliedstrophe: »Fürsten sind Menschen, vom Weib geboren, und kehren um zu ihrem Staub; ihre Anschläge sind auch verloren, wenn nun das Grab nimmt seinen Raub. Weil denn kein Mensch uns helfen kann, rufe man Gott um Hilfe an. Halleluja!« Ich kannte diese Verse, hatte sie im Konfirmandenunterricht gelernt. Mitgesungen habe ich gewiss nicht. Aber zum Grinsen war uns auch nicht zumute. Da ging doch zu Ende, was gut zweihundert Jahre zuvor, zu Preußens Gloria, mit dem ›Choral von Leuthen‹ begonnen hatte – als nach Friedrichs des Großen siegreicher Schlacht gegen die österreichische Übermacht seine 25000 Grenadiere sangen: »Nun danket alle Gott mit Herzen Mund und Händen, der große Dinge tut an uns und allen Enden …«. Unser Feldkaplan, ganz allein, zelebrierte den Abgesang.

Am Ende erreichten wir die Elbe. Südlich von Wittenberge muss das gewesen sein, vielleicht in der Nähe von Hasselberg.

Jedenfalls nicht an einer der von den Amerikanern zugelassenen großen Übergangsstellen bei Tangermünde oder Ferchland, wo vom 5. bis zum 7. Mai noch etwa hunderttausend Soldaten der vom General Wenck befehligten 12. Armee und Reste einer 9. Armee über die Elbe gekommen sein sollen – mit ihnen wenigstens einige zehntausend Zivilisten.

Wir waren möglichst abseits der großen Flüchtlingsströme, auf kleineren Straßen oder Seitenwegen gefahren. Auch dort nur langsam vorankommend, erreichten wir schließlich den Fluss, sahen amerikanische Soldaten drüben und winkten ihnen zu. Die kamen, wie erhofft, tatsächlich mit einem Schlauchboot zu uns herüber und brachten, gewiss ohne höheren Befehl, unsere kleine Truppe schubweise auf die Westseite der Elbe. Nur fehlten zwei von uns, weil ihr Fahrzeug einen Motorschaden hatte. Mit einem Unteroffizier, der mich nicht allein lassen wollte, blieb ich deshalb am Ostufer zurück. Denn die hilfreichen Fährleute erklärten, am frühen Morgen würden sie noch einmal kommen, um uns zu holen. Ungebeten sagten sie das.

Doch als es hell zu werden begann, hörten wir, wie in einiger Ferne geschossen wurde. Rotarmisten waren weiter nördlich an den Fluss gekommen und durchkämmten offenbar das Ufergebüsch. Da gingen wir beide ins kalte Wasser, wurden aber von der starken Strömung abgetrieben und kamen unter Beschuss von der Ostseite her. Ich hielt mich unter Wasser, solang ich irgend konnte, und als ich auftauchen musste, um Luft zu holen, gab es keine Schüsse mehr. Mein Begleiter hat es nicht geschafft. Ich war allein. So erschöpft freilich, dass ich das rettende Westufer wohl nicht mehr erreicht hätte, wenn mir die Amerikaner nicht zu Hilfe gekommen wären. Als ich schon aufgeben wollte oder musste, sah ich auf dem Weg am Ufer einen Jeep. Er fuhr ganz langsam, auf gleicher Höhe mit mir, der im Wasser hintrieb. Und die darin saßen, winkten und riefen laut: »Come on! Come on!« Nur das, glaube ich, gab mir den Rest an Kraft zurück, den ich für ein paar Schwimmbewegungen noch brauchte. An Land bin ich hingefallen. Und sie hielten an, halfen mir auf. Sie zogen mir meine triefende Jacke aus, gaben mir etwas von sich zum Überziehen und holten mich in ihren Jeep. Ich meine, sie hätten mir sogar Schnaps eingetrichtert. Wie einen Sportshelden haben sie den behandelt, der eben noch, auf Tod und Leben, ihr Gegner war.

Come on!-Rufe habe ich später oft noch gehört, wenn man unsere träge Gefangenenkolonne anzutreiben suchte. Für mich behielten sie immer diese lebensrettende Bedeutung.

Man transportierte uns an den nahen Arendsee, wo wir für einige Tage auf freiem Feld kampierten, wenig bewacht, nur von Koppelzäunen umgeben. Ich wusste, dass ganz in der Nähe ein anderes Camp gelegen hatte, im Wald, mit Zelten und abendlichen Lagerfeuern. Vom heimatlichen Stendal aus, als Pimpf und später als Jungvolkführer, hatte ich ganze Sommerwochen dort zugebracht mit den kleinen Braunhemden. Aber ich dachte nicht darüber nach, was beides miteinander zu tun hatte – begriff noch nicht, dass ich in meinem Hitlerjugendlager eigentlich ein Eingefangener gewesen war, jetzt im Gefangenenlager in Wahrheit doch frei.

Einer hatte dort Spielkarten bei sich, und wir vertrieben uns, wenn es nicht zu sehr regnete, die Zeit mit ‚Siebzehn und Vier', dem kurzen Kartenspiel der schnellen Truppen. Ein Oberzahlmeister, der später die Norddeutsche Klassenlotterie betrieb, hatte seine Regimentskasse mitgebracht: einen ganzen Stapel frisch gedruckter, gewiss mit einem Hakenkreuz versehener Banknoten, von denen wir meinten, sie würden alsbald schon wertlos sein. Als bloßes Spielgeld gingen diese Scheine zwischen uns hin und her, rasch und in hohen Beträgen. Als man uns schließlich auf Lastwagen verfrachtete und abtransportierte, hatte ich gerade eine Gewinnsträhne gehabt und hielt 3500 Reichsmark in Händen. In unserem endgültigen Gefangenenlager, bei der Registrierung, war das abzuliefern. Aber ich bekam es wieder ausgehändigt, als ich im Januar 1946 entlassen wurde. Bis zur Währungsreform 1948 blieben diese Banknoten gültig. Noch zu Beginn meines Studiums in Freiburg habe ich leben können von dem, was ich als Gefangener im Glücksspiel eingenommen hatte.

Auf dem Transport dann weiter nach Westen warfen wir, wo immer möglich, Zettel ab mit unseren heimatlichen Adressen und der Bitte an den Finder, dorthin Nachricht zu geben, dass wir am Leben waren. Bei meiner Mutter und den beiden jüngeren Geschwistern in Stendal wurde in diesen Tagen abends einmal so lang und laut an die Haustür gepocht, dass sie in großer Angst schließlich öffneten. Zwei Männer standen da und reichten ihnen einen solchen Zettel hinein: seit langem das erste und für lange Zeit auch das einzige Lebenszeichen von mir. Ehe die Empfänger noch recht begriffen, was ihnen geschah, und die Überbringer etwa hereinbitten konnten, zogen die beiden schon wieder ab, hatten es wohl eilig oder wünschten keine weitere Annäherung. In einem Heftchen mit kargen Tagesnotizen meiner Mutter steht am 17. Mai: »Besorg.[ungen], die Banken öffnen wieder, jeder kriegt M 100,–. Waschen. Nachts bringen mir 2 aus dem KZlager entlassene eine Nachricht von Albrecht, daß er lebt u in amer. Gefangenschaft ist. Wie bin ich glücklich!« Es ist kaum zu fassen: mein Bruder glaubt damals gehört zu haben, dass die Überbringer aus Bergen-Belsen kamen. Meine Schwester meint sich zu erinnern, dass sie kahlgeschoren waren und Sträflingskleider trugen.

Wir wurden in ein großes Sammellager auf den Rheinwiesen verbracht, von dem ich nichts mehr weiß, kamen dann

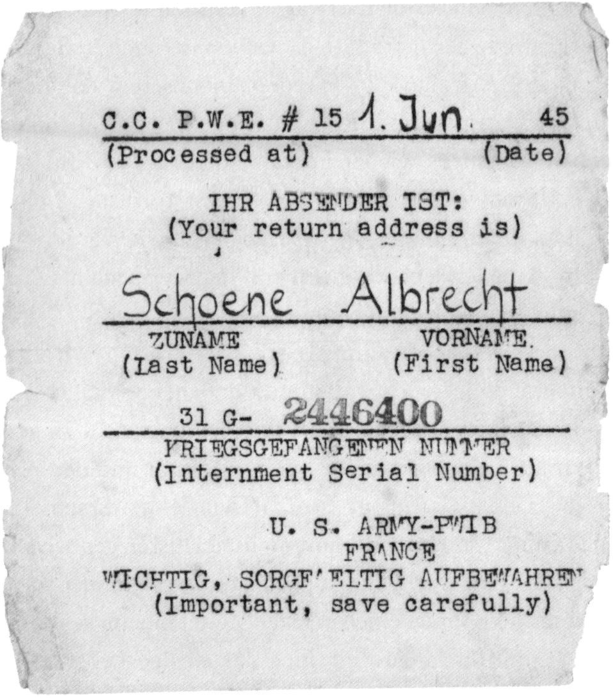

C.C. P.W.E. # 15 1. Jun. 45
(Processed at) (Date)

IHR ABSENDER IST:
(Your return address is)

Schoene Albrecht
ZUNAME VORNAME.
(Last Name) (First Name)

31 G- 2446400
KRIEGSGEFANGENEN NUMMER
(Internment Serial Number)

U. S. ARMY-PWIB
FRANCE
WICHTIG, SORGFAELTIG AUFBEWAHREN
(Important, save carefully)

Kriegsgefangenen-Ausweis Attichy vom 1.6.1945

endgültig in ein amerikanisches Prison camp, nordostwärts von Paris bei Attichy gelegen und nach diesem Ort benannt. Zu jeweils vielleicht fünfzig Gefangenen waren wir dort in Zelten untergebracht, quälend eng nebeneinanderliegend auf niemals mehr ausgewechseltem, bald zerfallendem Stroh. Und wir hungerten sehr. Tagsüber hockten oder lagen wir im Freien, bei zunehmender Schwäche meist wortlos vor uns hin dösend, rasch abmagernd, infektionsanfällig. Vor allem unter den Älteren gab es deshalb auch Tote. Als ich gegen Ende dieser Hungerzeit bei hohem Fieber eine Sanitätseinrichtung aufsuchen musste, wog ich noch etwa 45 Kilogramm.

Jedenfalls ein paar tausend Offiziere in unserem gesonderten, innerhalb des Lagers noch einmal mit Stacheldraht eingezäunten ‚Cage' haben damals gelernt, was Hungern und Dürsten heißt. Wasser, um das man mühsam anstehen musste, war knapp bemessen; für lange Zeit haben wir uns nicht mehr waschen können. Über längere Zeit hin hatte ich zuvor auch nie gehungert. Jetzt gab es dreimal am Tag eine dünne Suppe für jeden und zweimal dazu ein lockeres, oft zusammengequetschtes Weißbrot, das mehrere sich teilen mussten. Mit der Kante eines Konservendosendeckels wurden diese Brotlaibe zerschnitten. Auf einem aus Draht und Blechdeckeln selbst gebastelten Gerät wurden dann alle Stücke gegeneinander abgewogen und durch kleinere Schnipsel austariert. Endlich wurde einer ausgelost, der sich umdrehen und für jedes Brothäufchen den Namen des Empfängers nennen musste. Alle überwachten diese Prozedur und passten auf, dass keiner mehr bekam als er selber. Jeder fürchtete doch vom anderen, was der Oberzahlmeister, an dessen Regimentsgeldern ich mich bereichert hatte, mir einmal zuknurrte: »Sie haben wieder das meiste bekommen!« – Hungerleider fühlen sich für kurze Zeit etwas gesättigter, wenn sie ihre Ration nicht gleich gierig herunterschlingen, sondern möglichst lange kauen. Wir lernten, dass das vorübergehend selbst mit Wassersuppen gelingt. Später, als es uns besser ging, haben wir aus den geleerten papiernen Brotsäcken Notizbücher gebastelt und für zu Hause Kochrezepte aufgeschrieben, die ein Küchenkundiger diktierte. Je mehr an Eiern, Butter, Speck und Schinken vorkam in dieser fiktionalen Literatur, desto begeisterter waren wir. Aber daheim hat wohl kaum einer praktischen Gebrauch gemacht von seinem Kochbuch aus Attichy.

Einen Major habe ich damals gesehen, der einem Mitgefangenen Brot gestohlen hatte. Neben dem Sitzbalken der offenen Kloake musste er stehen, und eine Papptafel hatte man ihm umgehängt mit der aberwitzigen Aufschrift »Ich bin ein Kameradendieb!« Aber in Attichy traf ich zu meinem Glück auch auf einen Leidensgenossen, der nicht für sich selber, sondern nur meinetwegen Essensdiebstähle verübte. Ich kannte Karl-Otto Böttcher noch aus Stendal. Zu meiner Sextanerzeit ging er als Primaner auf unser Gymnasium. Jetzt im Gefangenenlager gehörte er zu den wenigen Glücklichen, die vom Spätsommer an in einem abgegrenzten Küchenzelt die Suppenkessel reinigen durften. Sie aßen auf, was sie dort abkratzen mussten, und fanden freundliche amerikanische Köche, die ihnen auch sonst etwas zusteckten. Von dort hat er mir gegen striktes Verbot, also auf die Gefahr hin, dass ihm selber diese rettende Futterkrippe versperrt wurde, Tag für Tag ein paar im Mantelfutter versteckte kleine Essbarkeiten mitgebracht – durch eine Leibesvisitation geschmuggelt, die ich am Eingang zu unserem Cage in gieriger Angst verfolgte.

Überdies hatte mein Ernährer einen Onkel in Nienburg an der Weser, von dem er meinte, als Pächter des Ratskellers würde er uns beide dort anstellen, wenn sich daheim nichts anderes für uns fände. Auch in unserem abgelegenen und abgeschirmten Lager wurde damals von zunehmenden Spannungen zwischen Sowjetrussland und den westlichen Alliierten geredet. Man sprach darüber, dass es wohl bald einen neuen Krieg geben könnte, und manche erwarteten allen Ernstes, dass dabei auch deutsche Offiziere wieder gebraucht würden. Solche Wünsche hatten wir beide nicht. Lieber stellten wir uns unsere Zukunft als Nienburger Kellner vor und malten uns aus, wie nah an einer sicheren Nahrungsquelle wir da tätig sein und bleiben dürften. Es kam ja anders. Aber wir haben uns niemals mehr aus den Augen verloren, sind lebenslang Freunde geblieben.

Im Herbst 1945 ging unsere Hungersnot mit einem Schlag zu Ende, gerüchtweise aufgrund eines Berichts in Frankreichs kommunistischer Zeitung L'Humanité und einer dadurch ausgelösten Intervention des Schweizer Roten Kreuzes. Überhaupt haben sich die Zustände in unserem Straflager damals gründlich geändert. Es durften Vorträge von Mitgefangenen abgehalten werden. Wir bekamen Bücher zu lesen; eines davon habe ich sogar behalten können.* Mit meinem Freund Böttcher spielte ich Schach auf dem dafür hergerichteten Holzdeckel einer Konservenkiste und mit Figuren, die ich aus dem gleichen Brett geschnitzt hatte; auch dieses Schachspiel konnte ich mitnehmen aus Attichy, das gibt es noch. Einige Male durften wir jetzt sogar eine Nachricht nach Hause schreiben – freilich ohne selber etwas von dort zu erfahren; neun Monate lang wusste ich nicht, ob meine Eltern und Geschwister die letzten Kriegswochen überlebt hatten und wie es ihnen ging.

Als ich Anfang Januar 1946 freigelassen wurde und das »Come on!« der Amerikaner dem Abmarsch zum Heimtransport galt, war ich also wieder ganz bei Kräften, jedenfalls körperlich.

* Gebhardts Handbuch der Deutschen Geschichte Bd. 1. Hg. v. Robert Holtzmann (1930). Nachgedruckt auf Veranlassung der Kriegsgefangenenhilfe des Weltkomitees der Christlichen Vereine junger Maenner, Genf, Schweiz. Printed in United States of America. – Gestempelt: ›Censored Camp Forrest Internment Camp‹.

Heimkehr Schon in dieser Frühzeit des ‚Kalten Krieges' wurden wir aus unserer amerikanischen Gefangenschaft nur in eine der drei westlichen Besatzungszonen Deutschlands entlassen, nicht in den sowjetrussischen Machtbereich. Zu meinem Glück konnte ich also gar nicht nach Stendal zurückkehren, von wo ich meiner Nazi-Karriere wegen und als Hitlers Offizier wahrscheinlich nach Sibirien gekommen wäre. Als Heimatadresse hatte ich daher das ländliche Schwenningdorf in Westfalen angegeben, wo Johannes Schöne, ein Bruder meines Vaters, als altlutherischer Pfarrer lebte. Dort, dachte ich, waren wohl keine Zerstörungen, keine Todesopfer oder Vertreibungen zu befürchten; ich würde hoffentlich alles so wiederfinden, wie ich's von früher kannte, und könnte von da aus dann weitersehen.

Mein für die britische Zone bestimmter Heimkehrertransport wurde in Minden englischem Militär übergeben, mit Fahrkarten versehen und freigelassen. Für mich allein stieg ich am 9. Januar 1946 nachmittags in einen Bummelzug. Der fuhr über Herford und Bünde zu der für Schwenningdorf am Wiehengebirge zuständigen, einsam abgelegenen Bahnstation Neumühle. Im Waggon für ‚Reisende mit Traglasten' fand ich einen Sitzplatz. Bänke nur an den Seiten und freier Raum in der Mitte, wo sich alsbald viele Stehende drängten. Es wurde früh dunkel, und in den Abteilen gab es kein Licht mehr. Selbst die Bahnhöfe waren kaum beleuchtet. So konnte man auch beim Zwischenhalt in Bünde nicht erkennen, wer neu hinzustieg. Beim Anfahren aber warfen vereinzelte Lichtmasten von draußen einen flüchtigen Schimmer ins Wageninnere. Als mir dabei lange Stiefel und die Uniformhose eines Luftwaffenoffiziers auffielen, der sich dicht vor meine Knie gestellt hatte, schaute ich beim nächsten Lichtschein nach oben – stand auf und sagte: »Vater!« Und legte meine beiden Arme um ihn.

In Neumühle stiegen wir aus. Gingen dann langsam bergan zum Schwenningdorfer Pfarrhaus. Damals noch auf einem schmalen Feldweg, wohl fast eine Stunde lang. Unten war es schon ganz dunkel. Oben, ich weiß es genau, leuchteten die Sterne.

Ich wusste bis dahin nicht, wie es meinen Eltern und Geschwistern, wenn sie überhaupt noch lebten, am Ende des Krieges ergangen war. Mein Vater aber hatte, noch als Gefangener im Luftwaffenlazarett auf Sylt, am 27. August 1945 mit sichtlich bebender Hand in sein Tagebuch schreiben können: »Ich komme zu Mittag in den Speiseraum – da liegt Post für mich. Ich sehe 3 Karten, greife zu und kann es kaum glauben: Die erste Karte von Angelein!! Ach ist es möglich?! Dicht beschrieben, auf beiden Seiten, aber die Absendestelle leer, Poststempel anscheinend vom 12.8. Ort unleserlich. Text vom 3.8. Die erste Nachricht seit dem April, seit welchen Ereignissen! O Gott. Alle leben und sind gesund, Hanna arbeitet auf dem Lande, Jobst ist zu Hause. Die Wohnung durch Bombenangriff am 8.4. beschädigt aber bewohnbar, sie hätten zu essen – und Albrecht lebt! Ach ist es möglich?! Unverwundet in amerikanischer Gefangenschaft, erst in einem ‚Hungerlager' westl. Wesel, seit Ende Mai wahrscheinl. in SüdDeutschl. hat schon 4mal [an] Angel. Nachricht geben können.« Ende Oktober 1945 dann war er aus seinem Lazarett in Westerland entlassen worden, auch er nach Schwenningdorf, wo er jetzt vom Verkauf seiner Aquarelle und Ölbilder lebte und Geld nach Stendal schicken konnte.

Auf die letzte Seite dieses Sylter Tagebuchs hat er am 9. Januar 1946 geschrieben: »Vormittags gemalt (Christrosen) … um 14.20 nach Bünde. Ergebnislos bei Schünemann [einer Buch- und Kunsthandlung, die seine Bilder verkaufte] … Da [für die Rückfahrt] der Arbeiterzug schon weg ist, warte ich auf dem Bahnsteig bis der Herforder Zug 18.11 einläuft. Bei der Ankunft hab ich, natürlich umsonst, im Wartesaal nach

Albrecht ausgesehen. – Ich steige ein und suche Platz im Kriegsbeschädigten-Abteil. Da das schon besetzt ist, gehe ich suchend durch den nächsten Wagen weiter. Es ist fast dunkel im Wagen. – Albrecht!! – Ein langer Soldat im Ledermantel stand vor mir auf und sagte: Vater! Ich hatte ihn im Schatten nicht sehen können. – Gemeinsamer langer Heimweg. Ich weiß gar nicht mehr, ob die Sterne schienen.«

Am Sonntag danach blies in der Kirche der kleine Posaunenchor, und Onkel Johannes ließ seine Gemeinde aus dem 126. Psalm singen: »Wenn der Herr die Gefangenen Zions erlösen wird, so werden wir sein wie die Träumenden.« Zu den Gefangenen Zions gehörte ich wahrhaftig nicht. Aber die anderen Worte waren richtig.

Und wirklich habe ich in Schwenningdorf fast alles so wiedergefunden wie früher. Während der Schulferien war ich zum Konfirmandenunterricht dort gewesen, war 1940 dort auch konfirmiert worden und später manchmal zu Besuch gekommen. So kannte ich beinahe die ganze kleine Gemeinde. Unter meinen Mitkonfirmanden hatte ich mich immer schon besonders mit Walter Bergmann und Georg Stockebrandt zusammengetan, zwei Kleinbauernjungen, die immer noch oder schon wieder dort wohnten, als ich aus der Gefangenschaft freikam, und lebenslang mit mir befreundet blieben. Jetzt lernte ich Trompeteblasen und gehörte zusammen mit diesen beiden bald selber zum Posaunenchor. Wir musizierten schlecht und recht bei den Gottesdiensten in unserer Dorfkirche, wo immer noch die Männer und Jungen auf der einen, Frauen und Mädchen aber auf der anderen Seite saßen, gehörig getrennt durch einen breiten Mittelgang.* Auch an Be-

* Andreas Schöne, der älteste Bruder meines Vaters, verfasste für seine Beerdigung als altlutherischer Pastor in Arpke 1967 einen

Die Schwenningdorfer Kirche

erdigungen waren wir beteiligt. Da gingen wir zu einem der meist weit verstreuten Gehöfte, wo man den Sarg auf ein offenes Pferdefuhrwerk stellte, und zogen dann langsam vor ihm her über die Feldwege zur Kirche und dem nahe gelegenen Friedhof: Melodien blasend, die zu einem Trauerfall passten.

›Lebenslauf‹, in dem für seine Jugendjahre um 1890 im schlesischen Reinswalde erwähnt wird »der selbstverständliche sonntägliche Kirchenbesuch, in dem die Männer drei Emporen füllten, die Frauen das Kirchenschiff, die Schuljugend die Orgel-Empore. Dazu kam die christliche Sitte des Alltags, wie das Gebet bei der Glocke mit den 3 × 3 Endschlägen, das die Menschen auch im Gehen oder Stehen auf den Dorfstraßen, die Männer mit Abziehen der Kopfbedeckung vollzogen.« – So war das einmal.

Wie von alters her gab es in dieser ersten Nachkriegszeit noch immer zwei unterschiedliche Bestattungsweisen. Entweder ging es gleich auf den Friedhof und nach der Beisetzung dann zum Trauergottesdienst in die Kirche – oder aber zunächst in die Kirche, wo der Sarg hineingetragen und aufgebahrt wurde vor dem Altar, danach erst zur Bestattung auf den Gottesacker. Diese zweite Behandlung wurde zuteil: Frauen, die ein Kind geboren hatten, und Männern, die im Krieg gewesen waren. 1946 ist das gewesen! – Meine gottesdienstliche Trompete konnte ich später auch noch in Bünde verwenden. Oft, wenn ich in den Semesterferien zu Hause war, habe ich dort abends in der Bachstraße aus dem geöffneten Fenster eine kleine Choralmelodie in die Stadt geblasen. Ohne irgendein Motorengeräusch war es zu dieser Zeit am Abend noch so still auf den Straßen, dass man das weithin hören und sich daran freuen konnte.

In Schwenningdorf standen an vielen Häusern auch noch die alten frommen Bibelsprüche. Nur las ich sie jetzt aufmerksamer und lachte mit meinem Vater darüber, wie passend sich manche auf die Bewohner beziehen ließen. Nicht weit vom Pfarrhaus lag ein größeres Gebäude, das man seiner etwas anrüchigen Insassen wegen das Diebshaus nannte; für dessen Aus- und Eingang hatte man einen Vers aus dem 23. Psalm entwendet: »Der Herr ist mein Hirte, mir wird nichts mangeln.« Ich bin nicht sicher, ob am Zahnarzthaus im nahen Rödinghausen damals wirklich der Vers aus dem Matthäusevangelium stand: »Siehe, ich bin bei euch alle Tage bis an der Welt Ende«, oder ob wir uns diese schauerliche Verheißung nur für ihn ausgedacht haben.

Auch wie früher musste man eingegangene Briefe noch selber abholen beim Metzgermeister Heidemann, der im Nachbardorf Rödinghausen eine kleine Postfiliale betrieb. In meines Vaters Nachlass fanden sich Verse aus dieser Zeit:

Gnädigster Herr Heidemann,
Postmonarch und Herr der Würste,
Sehen Sie mich liebreich an,
Wie ich heut nach Briefen dürste!
Woll'n Sie mir in diesem Leben
Nicht ein kleines Kärtchen geben?
Sehn Sie gütigst doch mal nach,
Oder auch das Fräulein Gretchen.
Ja, dort hinten links das Fach!
Öffnen dann Ihr Schalterlädchen,
Geben drei, vier Briefe raus,
Und ich gehe still nach Haus.
Was? Sie haben wieder nichts?
Vor den Augen wird mir's finster.
Schweinefratze des Gesichts!
Hinter seinem Schalter grinst er.
Geben Sie die Briefe her!
Herr, ich kenne mich nicht mehr!

Die folgenden Beschimpfungen und Drohungen lasse ich beiseite. »Wolltest Du nicht Postmensch sein? | Schlagt ihm doch den Schädel ein!« heißt es am Ende, »Kein Erbarmen! Drauf und dran!« – und dann, ganz sanftmütig wieder, unsere tägliche, sehnsüchtige Erkundigung:

Ha'm Sie Post, Herr Heidemann?

Sie galt vor allem den Nachrichten von meiner Mutter und den Geschwistern. Stendal war anfänglich von Amerikanern besetzt und dann von den Engländern übernommen worden, gehörte seit Juli 1945 aber endgültig zur Sowjetischen Besatzungszone. Aus politischen Gründen mochte mein Vater keinesfalls auf Dauer dahin zurückkehren, wusste ohnehin nicht, wie er die Familie dort hätte durchbringen können, wollte sie vielmehr so bald als möglich in den Westen holen.

Die Stendaler Wohnung in der Prinzenstraße war gegen Ende des Krieges durch eine Sprengbombe verwüstet worden. Wochenlang gab es keinen Strom, kein Gas, kein fließendes Wasser. Tagebuchnotiz meiner Mutter am 22. August: »alle Bankkonten sind gesperrt, ich habe nur noch 100 M!« Durch einen befreundeten Buchhändler konnte sie damals wenigstens vier von meinem Vater gemalte Bilder verkaufen: »an Russen, für zus. 275 Mark.« Alle Einwohner der Stadt mussten vom 14. Lebensjahr an arbeiten, erhielten sonst keine Bezugskarten für Lebensmittel. Jobst also durfte noch zu Haus bleiben. Die ältere Hanna kam zur Feldarbeit auf einen weit entfernten Bauernhof und konnte nur sonntags mit dem Fahrrad heimkommen. Unsere Mutter aber saß Tag für Tag vom frühen Morgen an auf der Straße (Jobsts wegen nur bis zum Mittag) und klopfte mit einem Hammer Zementreste von den noch verwendbaren Steinen der zerbombten Häuser – eine der sogenannten Trümmerfrauen. Bevor die drei noch ausreisen konnten in unsere britische Zone, bekam sie Ende Februar 1946 schwere Kopfschmerzen, litt unter anhaltendem Schwindel und wurde vorübergehend ins Stendaler Krankenhaus gebracht. Zu einem kurzen Besuch bei ihr gingen mein Vater und ich damals schwarz über die Zonengrenze, wurden dabei von Sowjetsoldaten festgenommen, über Nacht in einen Keller gesperrt und dann drüben registriert, sodass wir uns zur Rückkehr nach Schwenningdorf nachts wieder über die noch unbefestigte Grenze davonschleichen mussten. Bald nach diesem ersten Wiedersehen mit meiner Mutter diagnostizierte man bei der Kranken einen offenbar gutartigen Hirntumor. Um wenigstens den dadurch bewirkten Druck zu mildern, wurde ihr in Magdeburg mit einem Trepan das Schädeldach geöffnet. Nur in einem Kohlenkahn, der keine Erschütterungen machte, konnte sie dann auf der Elbe und über die Havel zur Operation nach Berlin transportiert werden, wo man endlich im

August im Charlottenburger Westend-Klinikum den Tumor herauszuschälen suchte. Das gelang nicht mehr vollständig. Jobst schlug sich damals ganz allein nach Schwenningdorf durch. Hanna blieb bei ihrer Mutter in Berlin und umsorgte sie dort, vier Monate lang, bis beide im Januar 1947 endlich zu uns kommen konnten.

Ich selber dachte nicht mehr an eine Tätigkeit als Kellner und später womöglich als Pächter des Nienburger Ratskellers, wie wir das in Attichy erträumt hatten (auch mein Kompagnon Böttcher hatte andere Wege eingeschlagen, brachte sich anfangs mit dem in Deutschland grassierenden Schwarzhandel durch, arbeitete später in einem Verlag, landete schließlich bei dem amerikanischen Remington-Unternehmen, das elektrische Rasierapparate produzierte, und wurde in Wien dessen Bevollmächtigter für Österreich und die Balkanländer; wir blieben in Kontakt, fanden uns 1984 in Göttingen auch wieder zusammen – darüber später). Ohne schon einen späteren Beruf zu bedenken, wollte ich doch gern studieren. Nur hatte ich kein regelrechtes Abitur abgelegt. »Auf Grund der nachgewiesenen Einberufung zum Wehrdienst« war mir 1943 im Abgangszeugnis vom Stendaler Gymnasium »die Reife zuerkannt« worden. Jetzt aber hieß es, dass diese ‚Reifevermerke' für eine Zulassung zum Studium an den nach und nach wieder eröffneten Universitäten nicht mehr genugten. Schon vom Januar 1946 an besuchte ich also neun Monate lang einen ‚Sonderlehrgang zur Erlangung der Hochschulreife', den die Oberschule in Bünde für Kriegsteilnehmer eingerichtet hatte. Von Schwenningdorf aus radelte ich dazu in die gut 10 Kilometer entfernte Stadt. Und immer wenn ich am frühen Nachmittag zurückkam, sah ich von weitem schon, am Ende des langen Feldwegs zum Pfarrhaus, in der alten Luftwaffenuniform mit dem leer herabhängenden rechten Ärmel meinen Vater stehen, der dann ohne viel Worte mit mir ins Haus ging.

Er ließ mich nicht hören, wohl aber Tag für Tag mit eigenen Augen sehen, dass auf mich gewartet wurde. Dass ich heimgekehrt war, ließ er mich wissen.

Im Sommer 1946 übernahm er als Oberstudiendirektor die Leitung der Oberschule für Jungen in Bünde. Wir zogen um, zusammen mit Tante Dorothe, die aus dem schlesischen Herischdorf vertrieben worden war und ihrem Bruder von nun an den Haushalt führte. Da hatte ich nur noch einen kurzen Schulweg, bis ich im Oktober das Abiturientenexamen nachholte. Danach erst konnte man Zulassungsanträge an die Universitäten schreiben, und wenn überhaupt eine positive Antwort erfolgte, dauerte das monatelang. Wer aber nicht mehr zur Schule ging und arbeitslos war, gar schon ein junger früherer Offizier, musste damit rechnen, dass man ihn zwangsverpflichtete für den rheinischen Kohlenbergbau und dort keineswegs sogleich wieder freistellen würde, wenn er ein Studium antreten konnte. Dem zu entgehen, meldete ich mich bei der ›Brennholzbeschaffungsstelle des Landkreises Herford‹ zur Arbeit als Holzfäller, die man nach eigenem Belieben beenden durfte, und kam so in die einsamen Wälder des Sauerlands.

Unter Holzfällern Vom November 1946 bis ins Frühjahr 1947 habe ich im Sauerland Bäume gefällt. Eine Notiz meines Vaters aus dieser Zeit besagt, dass wir 1,50 Reichsmark für jeden Arbeitstag erhielten und, im Akkord entlohnt, dann 5,00 Mark für jeden Raummeter geschlagenes Holz – außerdem zur Verpflegung die »Schwerstarbeiter-Zulage und 5 Kubikmeter Holz als Deputat (= 80 Zentner!). Unterkunft in Gasthofsaal, primitiv, Betten über einander. Alle 14 Tage Wochenende mit Sonderzug nach Bünde für 12 RM [meint wohl: mit besonders verbilligter Fahrkarte].«

Etwas genauer: An den sechs Arbeitstagen jeder Woche wurden wir frühmorgens aus unserer abgelegenen dörflichen Unterkunft auf einem mit Brennholz angetriebenen Lastwagen in den Wald gefahren und mit weiten Abständen dort abgesetzt. Immer zu zweit. Bis zur Rückfahrt, wenn es wieder dunkelte, war ich dann allein mit meinem Arbeitskollegen. Ein älterer Waldarbeiter ist das gewesen. Er lernte mich an, indem er wortlos vormachte, was getan werden sollte; sagte kaum etwas außer Ja! oder Nein! So! und Jetzt!. Auch in der Mittagspause an einem kleinen Feuerchen blieb er wortkarg. Ich erfuhr nur, dass er im Dorf wohnte und eine kinderreiche Familie hatte. Da wir Hand in Hand arbeiten mussten, der Akkordlohn für das gemeinsam gefällte Holz also unter uns geteilt wurde, bestimmte er, was wir zu schaffen hatten: so viel jedenfalls, dass auch ich eine Frau und Kinder hätte durchbringen können. Immerhin sorgte ich für die Familie daheim in Bünde: als dort mein Deputat-Holz angefahren wurde, mit dem die kalte Wohnung gewärmt werden konnte, war das auch für mich ein glücklicher Tag.

Wir arbeiteten in einem alten Buchenbestand, fällten dort zur Brennholzbeschaffung im Kahlschlag die weit auseinander stehenden großen Bäume. Es hieß, englische Truppen hätten am Kriegsende nahe gelegene deutsche Munitionsdepots gesprengt und unter der Baumrinde verborgene Metallsplitter ließen es nicht zu, dass man diese Stämme in ein Sägewerk beförderte und für bessere Zwecke nutzte als nur zum Heizen. Motorsägen gab es noch nicht. Wir hatten eine lange Handsäge mit zwei seitlichen Griffen, außerdem Äxte und Stahlkeile, mit denen der Stamm am Ende zu Fall gebracht und in eine möglichst günstige Richtung gelenkt werden konnte. Trotzdem verfing er sich mitunter in anderen Bäumen, die dann ihrerseits erst gefällt werden mussten, und wenn am Ende zwei oder gar drei gleichzeitig niederzukrachen begannen, rannten wir davon, um uns in Sicherheit zu bringen. Diese mächtigen Stämme mussten dann in meterlange Teile zersägt und mit Keilen und Axthieben mehrfach aufgespalten werden. Stück für Stück schleppten wir schließlich zu einem Stapel, den der Förster am Wochenende ausmessen konnte, um unseren Lohn zu berechnen. Das war ein ungewohntes Geschäft für mich. Jedenfalls in der ersten Zeit hatte ich gewaltigen Muskelkater, konnte mich nach langer Sägearbeit in gebückter Haltung nur mühsam aufrichten, kam abends kaum noch auf den abholenden Lastwagen.

Nein, kein »Gasthofsaal«, sondern ein früheres Schützenhaus diente als Unterkunft für alle, die nicht zu den ortsansässigen Waldarbeitern gehörten. Ein einziger Raum war das, in dem man eine Kochstelle und dürftige Waschgelegenheiten eingerichtet und etwa 20 Betten für uns aufgestellt hatte, immer zwei übereinander. Keine Dusche oder gar Badewanne. Kein Radiogerät selbstverständlich und keine Möglichkeit, Briefe zu erhalten oder gar zu telefonieren. Eine schummrige Beleuchtung nur, bei der man kaum lesen konnte. Wohl 12 Stunden täglich haben wir dort zugebracht und, auch wenn wir müde und dösend auf dem Bettrand hockten, wenig miteinander geredet.

Gelegentlichen Bemerkungen, manchen Gesichtern auch und Bekleidungen konnte ich nach und nach entnehmen, was sich

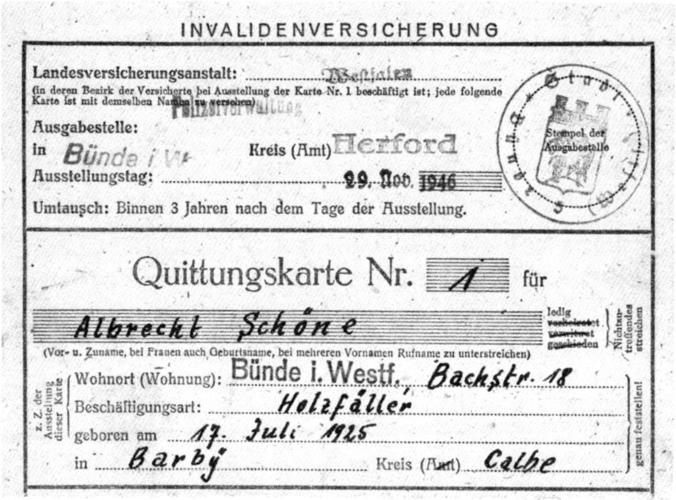
INVALIDENVERSICHERUNG

Landesversicherungsanstalt: Westfalen
(in deren Bezirk der Versicherte bei Ausstellung der Karte Nr. 1 beschäftigt ist; jede folgende Karte ist mit demselben Namen zu versehen)
Polizeiverwaltung
Ausgabestelle:
in Bünde i. W. Kreis (Amt) Herford
Ausstellungstag: 29. Nov. 1946
Umtausch: Binnen 3 Jahren nach dem Tage der Ausstellung.
Stempel der Ausgabestelle

Quittungskarte Nr. 1 für
Albrecht Schöne
ledig / verheiratet / verwitwet / geschieden (Nichtzutreffendes streichen)
(Vor- u. Zuname, bei Frauen auch Geburtsname, bei mehreren Vornamen Rufname zu unterstreichen)
z. Z. der Ausstellung dieser Karte
Wohnort (Wohnung): Bünde i. Westf. Bachstr. 18
Beschäftigungsart: Holzfäller
geboren am 17. Juli 1925
in Barby Kreis (Amt) Calbe
genau feststellen!

da zusammengefunden hatte. Ein paar junge deutsche Soldaten waren unter uns, denen es ähnlich ergangen sein mochte wie mir. Einige Ältere dann, die aus politischen Gründen ihre beruflichen Stellungen oder Ämter verloren hatten, darunter ein früherer Kreisleiter der NSDAP. Vertriebene Deutsche auch aus dem abgebrannten Pommerland und Schlesien. Mehrere ‚Displaced Persons' schließlich, verschleppte Osteuropäer, die sich in ihren sowjetisch besetzten Herkunftsländern bedroht wussten oder glaubten und nicht dorthin zurückgehen mochten. Befreite Häftlinge und Zwangsarbeiter waren das, aber zweifellos gab es auch ‚Hilfswillige' unter ihnen, die sich den Deutschen dienstbar gemacht hatten. – Auf unterschiedliche Weise waren wir alle verstrickt in das, was 1945 sein Ende gefunden hatte. Und mit etwas weniger Zufallsglück hätten die meisten von uns Davongekommenen zu denen gehört, die ums Leben kamen oder umgebracht wurden in den zurückliegenden Jahren.

Man weiß nicht genau, wie viele Tote es in dieser Zeit gegeben hat. Wegen der oft ungesicherten Unterlagen und unterschiedlichen Berechnungsweisen gehen die Schätzungen weit auseinander. Von 50 Millionen ist heute die Rede, und es gibt noch höhere Zahlenangaben. Nur wird damit zusammengerechnet, was man doch unterscheiden muss. Die Gefallenen also auf der einen und auf der anderen Seite. Dann die in unserem Gewahrsam dem Hungertod preisgegebenen russischen Kriegsgefangenen und die in sowjetischer Gefangenschaft verendeten deutschen Soldaten. Die beim deutschen Überfall auf die Sowjetunion und die bei der Bombardierung unserer eigenen Städte zu Tode gebrachten Bewohner. Die von uns umgebrachten polnischen und russischen Zivilisten und die von den siegreichen, rachwütigen Sowjettruppen getöteten deutschen Einwohner im Osten des damaligen Reiches. Die unfassliche Zahl europäischer Juden, die man in den Gaskammern ersticken ließ oder auf andere Weise ermordet hat. Zigeuner auch und Zeugen Jehovas. Hunderttausende geisteskranker Opfer des ‚Euthanasie'-Programms, an dem sich deutsche Ärzte maßgebend beteiligt hatten. Tausende Homosexuelle, die in Konzentrationslagern verendeten. Und dann die dingfest gemachten, außer- wie innerdeutschen politischen Gegner des NS-Regimes. 50 Millionen – unterschiedslos umfasst diese Angabe also verbrecherisch Schuldige, mitschuldige Handlanger, Helfer und Parteigänger, arglose Mitläufer, schuldlos betroffene Opfer und Widerständler.

Was so im großen Ganzen für die gleichmacherisch zusammengezählten Toten gilt, das galt im überschaubar Kleinen ähnlich auch für uns Überlebende und bildete sich mir ab in diesem wie aus lauter Stellvertretern zusammengewürfelten Holzfällertrupp. Gesprochen wurde in unserem Schützenhaus so gut wie nie über das, was hinter uns lag. Aber was ich davon wusste, bis dahin darüber gehört oder gelesen hatte, das stellten meine Arbeitsgenossen mir jetzt leibhaftig vor Augen. So kam in dieser nur zweimal im Monat für einen Tag unterbrochenen Einsamkeit, weitab vom familiären Schwenningdorfer Pfarrhaus und dem Schulbetrieb meines Abiturientenkurses in Bünde, entfernt von allen Bekannten, Nahestehenden oder Befreundeten, das Vergangene über mich mit großer Gewalt.

Im November 1945 hatten die Nürnberger Prozesses gegen die überlebenden Hauptkriegsverbrecher begonnen. Was auch immer man damals einwenden mochte gegen eine ‚Siegerjustiz': Das ungeheuerliche Ausmaß der nationalsozialistischen Untaten war kenntlich geworden. So fehlte es mir nicht an Einsicht in eine unverjährbare Gesamtverantwortung aller Deutschen. Jetzt aber wurde mir zunehmend bewusst, wie wenig eine generalisierende Alternativ-Unterscheidung zwischen Tätern und Opfern dem Einzelfall gerecht wird. An den Untaten, die mit der Machtübergabe an Hitler einsetzten, oder an den Verbrechen, die unseren Angriffskrieg begleiteten, gar an den industriell betriebenen Massenmorden, die während dieser Kriegsjahre im Rücken der Ostfront verübt wurden, hatte sich doch keineswegs jeder Deutsche persönlich schuldig oder zurechenbar mitschuldig gemacht.

Diejenigen Holzfäller, von denen ich wusste, dass sie ihre Heimat in Deutschlands östlichen Provinzen verloren hatten, ließen mich an die Schwester meines Vaters denken, die uns jetzt in Bünde den Haushalt führte. Im schlesischen Herischdorf war die sechzigjährige Dorothe Schöne im Mai 1945 nur um Haaresbreite einer Vergewaltigung durch russische Soldaten entgangen; sie wurde geprügelt, ausgeraubt und aus ihrem Haus verjagt, sammelte in Hungersnot Ähren auf den abgeernteten Feldern und suchte nach Brennholz im Wald, bis man die völlig Verarmte im Sommer 1946 aus der alten Heimat vertrieben hat. Dabei gab es in ihrem eigenen Verhalten während der vorangegangenen Jahre wohl nicht das Geringste, mit dem sie selber sich mitwirkend schuldig gemacht hätte.

Gewiss hat sie bei den frühen Reichstagswahlen ihre Stimme nicht für Hitlers Partei hergegeben. Erst recht ist sie ihr nicht beigetreten. Ohnehin besagt doch selbst ein Parteieintritt nur wenig für den Einzelfall. »Knapp neun Millionen Mitglieder zählte die NSDAP am Kriegsende. Über zehn Prozent der deutschen Bevölkerung des ‚Großdeutschen Reichs' waren folglich Anfang 1945 Parteigenossen. Auf die rund 60 Millionen Wahlberechtigten bezogen waren damals sogar rund 15 Prozent aller infrage kommenden Personen in der Staatspartei des ‚Dritten Reiches' organisiert.«* Ließe man bereits das Parteibuch als Ausweis wissentlicher Duldung oder gar Billigung der deutschen Verbrechen gelten, müsste man jeden achten Deutschen schuldig sprechen.

Umgekehrt: Was ich von einigen Ausländern in unserem Schützenhaus wusste oder argwöhnte, machte mir zunehmend deutlich, dass zu den tätig Schuldigen oder indirekt Mitschuldigen doch keineswegs nur Deutsche gehörten. Davon weiß man heute weit mehr als damals.** In osteuropäischen Ländern, etwa in Polen, Litauen und der Ukraine, in Kroatien, Ungarn, Rumänien oder Bulgarien, hat die eigenmächtige Verfolgung jüdischer Einwohner durch einheimische Täter viele tausend Mordopfer gefordert. In Ländern, die mit Deutschland verbündet waren oder in Abhängigkeit gerieten und

* Jürgen W. Falter (Hg.): Junge Kämpfer, alte Opportunisten. Die Mitglieder der NSDAP 1919–1945. Frankfurt a.M. 2016, S. 9 (diese Angabe aufgrund einer umfangreichen Stichprobe der Mitgliederkartei). – Dabei »sind schätzungsweise eine dreiviertel Million Mitglieder zwischen 1925 und 1945 wieder aus der Partei ausgetreten«, die meisten schon bald nach der ‚Machtergreifung' von 1933, aber Tausende wagten das auch noch 1944 (a.a.O., S. 271 ff.).

** Christian Gerlach: Der Mord an den europäischen Juden. München 2017 (auf Teil III: ›Die europäische Dimension‹, S. 301–437 beruhen meine oben folgenden Angaben).

kollaborierten, haben die nationalen Regierungen durch ihre Polizeikräfte die nationalsozialistischen Ausrottungsverbrechen bei Festnahmen und Deportationen häufig unterstützt, ja oft allererst ermöglicht; das geschah selbst in Norwegen unter dem faschistischen Quisling-Regime oder im Vichy-Frankreich des Marschalls Pétain. Und wie mehrere andere Länder hat sogar die neutrale Schweiz, die während des Krieges wohl 21000 flüchtende Juden aufnahm, viele Tausende zurückgewiesen, von denen man doch wusste, was ihnen angetan wurde oder drohte.

1985, am 40. Jahrestag des Kriegsendes, hat der Bundespräsident Richard v. Weizsäcker vor dem Deutschen Bundestag eine Gedenkrede gehalten, die großes Aufsehen machte. Da sagte er zu Beginn: »Der 8. Mai war ein Tag der Befreiung.« Dieser vielfach isoliert bedachte Satz stieß damals auf mancherlei Unverständnis und Abwehr. Er galt ja zweifellos für alle zuvor Unterdrückten, Verfolgten, Eingekerkerten und tödlich Bedrohten. Auch die deutschen Frontsoldaten und die Bewohner unserer bombardierten Städte konnten sich endlich befreit wissen aus Lebensgefahr und von Todesangst. Aber die meisten Deutschen hatten das Kriegsende zunächst doch nur (oder zugleich doch auch) als eine schreckensvolle Niederlage empfunden, für deren Begleiterscheinungen vor allem im Osten das Wort »Befreiung« wie eine Verhöhnung anmuten mochte. Nur hatte Weizsäcker sogleich erklärt, was gemeint war, als er den Tag der bedingungslosen deutschen Kapitulation einen »Tag der Befreiung« nannte: »Er hat uns alle befreit von dem menschenverachtenden System der nationalsozialistischen Gewaltherrschaft.« Das setzte den Zusammenbruch des Regimes und Deutschlands militärische Niederlage voraus, und sehr wohl hat Weizsäcker auch der damit verbundenen deutschen Opfer gedacht, hat er ein »bitteres Leid und schweres Unrecht« genannt, was damals auch vielen Deutschen angetan wurde. So sagte er am Ende dieser Rede: »Wir lernen aus unserer eigenen Geschichte, wozu der Mensch fähig ist. Deshalb dürfen wir uns nicht einbilden, wir seien nun als Menschen anders und besser geworden.«

Nicht erst durch Weizsäcker bin ich darüber belehrt worden. Sein »wozu der Mensch fähig ist« hat mich schon in meiner Holzfällerzeit umgetrieben. Auf verzweifelte Weise wurde mir unter diesen Davongekommenen die menschliche Verführbarkeit bewusst, nicht zuletzt die eigene, und die in jedem Menschen angelegte, in seiner Natur lauernde Unmenschlichkeit. Ich war bibelkundig genug, um mich an die große Sintflut im Alten Testament zu erinnern, an den davongekommenen Noah und an die Worte des Herrn: »Ich will hinfort nicht mehr die Erde verfluchen um der Menschen willen; denn das Dichten und Trachten des menschlichen Herzens ist böse von Jugend auf.« (1. Mose 8,21).

Wir besitzen eine kleine Taschenausgabe des Neuen Testaments, die noch von meiner Großmutter stammt. Caroline Schöne hatte sie zu Beginn des ersten Weltkriegs ihrem Sohn mitgegeben und ihm hineingeschrieben: »Friedrich Schöne 19. November 1914. Als Du in den Krieg zogest. Röm. 8. Wer will uns scheiden von der Liebe Gottes: Trübsal oder Angst od. Verfolgung od. Hunger od. Blöße oder Fährlichkeit oder Schwert?« Mein Vater hat sie später an mich weitergegeben und mir hinzugeschrieben: »Albrecht Schöne 14. Mai 1943. Als Du in den Krieg zogst. Ev. Joh. 14. Den Frieden lasse ich Euch, meinen Frieden gebe ich Euch, nicht gebe ich Euch, wie die Welt gibt. Euer Herz erschrecke nicht Und fürchte sich nicht!«. Dieses Bändchen, das in unseren Uniformtaschen beide Kriege überdauert hat, kam mir in meiner Holzfällerzeit an einem der Sonntage daheim in Bünde wieder zur

Hand. Und ich geriet an eine Bibelstelle, die ich – abgelöst von ihrem Kontext – als eine Antwort auf meine Menschen- und Weltverzweiflung verstand: Im ersten Brief an die Korinther (7,29 ff.) hat Paulus geschrieben, seine Brüder in dieser Gemeinde sollten »weinen, als weineten sie nicht; und die sich freuen, als freueten sie sich nicht; und die da kaufen, als besäßen sie es nicht; und die diese Welt gebrauchen, als gebrauchten sie sie nicht. Denn das Wesen dieser Welt vergeht. Ich wollte aber, daß ihr ohne Sorge wäret.«

Dieser Konjunktiv vom Haben der Welt, als hätte man nicht, hat mich nie mehr ganz losgelassen. Ich dachte ihn mir in einen Zusammenhang mit Luthers Verwerfung der Werkgerechtigkeit und seiner reformatorischen, auf göttliche Gnade vertrauenden Rechtfertigung des Menschen »allein durch den Glauben« (»sola fide«).* –

Bei solch unbeholfen andeutenden Bemerkungen muss ich es belassen.** Meine Holzfällerzeit liegt weit zurück. Obgleich sehr wichtig für mich war, was mir damals durch den Kopf ging und ins Herz traf, obgleich das in gewisser Hinsicht lebensbestimmend für mich geblieben ist (oder gerade deshalb), wird meine Erinnerung daran von späteren Vorstellun-

* Brief an die Römer 3,28, wo Luthers Übersetzung das »allein« eigenmächtig, aber sinngemäß verdeutlichend hinzufügt.

** Ich will auch nicht darüber spekulieren, ob und wie damit zusammenhängen könnte, dass mich später bei meiner wissenschaftlichen Arbeit auch sehr anders geartete konjunktivische Denkweisen beschäftigt haben. Einschlägig etwa: ›Zum Gebrauch des Konjunktivs bei Robert Musil‹ (Göttinger Antrittsvorlesung 1961: Euphorion 55 u.ö.). – ›Versuch über Goethesche Humanität. Oder zum Gebrauch des Konjunktivs Plusquamperfekt in einem Brief an Johann Friedrich Krafft‹ (1976. Überarbeitet 2015 in: ›Der Briefschreiber Goethe‹). – ›Aufklärung aus dem Geist der Experimentalphysik. Lichtenbergsche Konjunktive‹ (zuerst 1982).

gen überlagert. Es fällt mir schwer, mich dabei verständlich zu machen. Was ich zuletzt hier aufgeschrieben habe, werden Nachgeborene kaum recht nachvollziehen können oder gar sich selbst zu eigen machen wollen. Es ist ja auch nicht ganz leicht, immer nur so zu weinen, als weinte man eigentlich nicht, und so sich zu freuen, als freue man sich gar nicht.

Studentenjahre Aus der Kriegsgefangenschaft entlassen (und mit dem von dort mitgebrachten Glücksspiel-Vermögen ausgestattet, von dem ich erzählt habe), wünschte ich mir sehr, ich könnte studieren – noch ohne bestimmte Berufsabsichten, nur erst weil ich wusste, dass ich vieles Versäumte nachzuholen hätte, und unbekanntes Neues hören, lesen, erfahren wollte; eher deshalb in einer Philosophischen Fakultät als bei den Juristen oder Medizinern und Naturwissenschaftlern. Als ich mein Abiturientenexamen nachgeholt hatte, konnte ich mich um einen Studienplatz bemühen und bewarb mich gleich bei mehreren Hochschulen. Denn wenn sie bei der Fülle solcher Anträge überhaupt reagierten, vergingen darüber mehrere Monate. Deshalb hatte ich mich ja, um nicht in den Bergbau verpflichtet und dort festgehalten zu werden, für die Zwischenzeit bei den Holzfällern verdingt. Im Frühjahr 1947 endlich meldete sich die Göttinger Universität, die als erste in Deutschland schon zum Herbst 1945 wieder eröffnet worden war. Eine mündliche Zulassungsprüfung wurde dort vorgenommen. Der Altgermanist Hans Neumann examinierte mich und ließ mich durchfallen, wahrscheinlich ganz zu Recht (zur Wiedergutmachung bin ich dann 13 Jahre später als Professor in Göttingen sein Fachkollege geworden). Gleich nach dieser Katastrophe kam jedoch ein Zulassungsbescheid aus dem nahen Münster, wo keine Prüfung mehr nötig war. Freilich mussten in der vom Bombenkrieg schwer getroffenen Stadt alle Studienanfänger zunächst drei Monate lang bei der Trümmerbeseitigung helfen, konnte mein Studium also erst mit dem folgenden Wintersemester beginnen. Ich hatte nur wenige Tage dieser Arbeitspflicht abgedient, als mich die Nachricht erreichte, dass ich ohne solch einen Zeitverlust auch in Freiburg zugelassen worden war. So ließ ich Schaufel und Schubkarre in Münster stehen und kehrte nach Bünde zurück, um die Reise in den Breisgau vorzubereiten. Für einen

Grenzübertritt von der englischen in die französische Besatzungszone war zu dieser Zeit die langwierige Beschaffung eines Visums erforderlich.

Noch während ich im Sauerland Bäume fällte, hatte unsere kranke Mutter endlich zu uns kommen können. Für Anfang Januar 1947 erwirkte mein Vater bei einem General der in Bünde stationierten Militärverwaltung der britischen Besatzungszone, dass sie, begleitet von ihrer Tochter Hanna, in einem plombierten englischen Militärzug durch die sowjetische Zone transportiert wurde. Als sie dann bei uns ankam, musste sie freilich sogleich ins Krankenhaus gebracht werden, weil ihr in Berlin nicht vollständig entfernter Hirntumor wieder bedrohlich größer wurde. Aus Bochum herbeigebeten, hat der damals führende Neurochirurg Wilhelm Tönnis sie untersucht und meinem Vater gesagt, wenn es seine Frau wäre, würde er sie keiner neuerlichen Operation mehr aussetzen. Am Tag vor meiner Abreise ins ferne Freiburg saß ich zum letzten Mal an ihrem Krankenbett, ihrem Sterbebett. In wachem Zustand war sie bei vollem Bewusstsein und klarem Verstand, aber unendlich schwach und viel schmaler noch als früher. Ihr langes dunkles Haar, das man für die Operation in Berlin hatte abscheren müssen, war wieder um einige Zentimeter nachgewachsen. Neunundvierzig Jahre alt, sah sie fast mädchenhaft aus, eine sehr zarte und schöne junge Frau. So habe ich sie gesehen, als ich von ihr fortging und wir wohl beide wussten, dass das ein Abschied für immer war. So habe ich sie in Erinnerung behalten.

Von Bünde nach Freiburg konnte man damals nicht telefonieren; auch ein Telegramm kam nicht durch, und die Post brauchte länger als eine Woche. Mein Vater hat mir oft geschrieben in diesen Tagen. Das mag ich hier nicht wiedergeben. In seinem Brief vom 10. Juni steht, dass ihre Schmerzen am Abend zuvor wieder durch Morphine gestillt worden waren, und dass sie dann am frühen Morgen ohne Todeskampf »ganz unmerklich entschlafen« konnte. Als ich das in Freiburg las, hatte man ihren Sarg schon aufgebahrt vor dem Altar der Schwenningdorfer Kirche und sie danach auf dem zugehörigen kleinen Friedhof begraben. Am 14. Juni 1947.

Das Freiburger Münster am Kriegsende

Wenig später wurde neben dem im Krieg nur leicht beschädigten Freiburger Münster (von dem Jakob Burckhardt geschrieben hat, es zeige uns »den schönsten Kirchturm der Christenheit«) Brahms' ›Deutsches Requiem‹ aufgeführt. Im Freien. Als Sitzplätze hatte man schmale Bretter auf Holzblöcke gelegt. Vollkommene Abendstille, keinerlei Straßen- und Autolärm in der ringsum zertrümmerten Stadt. Und der große Chor sang die Gottesworte des Propheten Jesaja: »Ich will euch trösten, wie einen seine Mutter tröstet.«

Zur Trümmerbeseitigung bestand auch in Freiburg eine Arbeitspflicht. Zu meiner Zeit mussten alle neu immatrikulierten Studierenden, die älter waren als 20 Jahre, an freien Tagen oder in den Ferien 160 Stunden ableisten. Ein Bombardement der Royal Air Force, das im November 1944 die Altstadt fast ganz zerstörte und nahezu 3000 Todesopfer forderte, hatte auch viele Universitätsgebäude getroffen. Dort schaufelten wir Schutt zusammen und schafften ihn in Schubkarren beiseite, wühlten dabei Dachziegel und Backsteine heraus, die von den pflichtgemäß beteiligten (noch wenigen) Studentinnen für eine weitere Verwendung sauber geklopft werden konnten. Anstrengend war das schon, aber wir verstanden es als notwendig und völlig angemessen.

Überhaupt fiel es meiner abgehärteten Generation nicht schwer, die kargen Lebensumstände dieser Zeit hinzunehmen. Die Studentenzimmer befanden sich oft nur in sehr behelfsmäßigem Zustand. Ich war anfangs bei einer kinderreichen Witwe im zweiten Stock eines großen Hauses untergekommen, zu deren verwahrloster Etagenwohnung es nicht einmal mehr einen Schlüssel gab. Fiel die nur von innen zu öffnende Wohnungstür ins Schloss, ohne dass jemand daheim war, musste ich auf einen der zugehörigen kleinen Jungen warten; der zog dann Schuhe und Strümpfe aus, um nicht abzurutschen, hielt sich am Dachrinnenrohr fest, stieg mit halsbrecherischem Geschick die Hauswand herauf, krabbelte durch ein immer nur angelehntes Fenster und machte mir von innen die Tür auf.

Mit Lebensmitteln war von den vier Besatzungszonen die französische am dürftigsten versorgt. Das traf besonders die städtische Bevölkerung und in Freiburg wiederum vor allem

Studenten, die von auswärts kamen und weder am Ort noch in der ländlichen Umgebung hilfreiche Beziehungen hatten. Einmal in der Woche war ich zu Gast am Mittagstisch einer weitläufig verwandten Tante. Im übrigen hielt uns die von amerikanischen und skandinavischen Hilfsorganisationen unterstützte kleine Mensa der Universität einigermaßen bei Kräften.

Die Kosten des Studiums glaubte ich für lange Zeit, vielleicht sogar für immer aus eigenen Mitteln bestreiten zu können (nach der Währungsreform habe ich 1948/49 in Göttingen notiert, dass ich monatlich insgesamt etwa 100 DM brauchte, davon 15 DM an Zimmermiete; die entsprechenden Reichsmark-Beträge vorher waren vermutlich nicht höher). Aber ich trug selbst dazu bei, dass das gründlich misslang. Noch zu Beginn meines dritten Semesters war die alte Währung gültig, hatte freilich durch inflationären Überhang zunehmend an Kaufwert verloren. Abgesehen von dem wenigen, was man aufgrund der rationierenden Lebensmittelkarten und gelegentlicher Bezugsscheine für andere Waren mit diesem gesetzlichen Zahlungsmittel kaufen konnte, gab es unter den Glücklichen, die irgendwelche Sachwerte besaßen, einen direkten, geldlosen Warentausch. Daneben blühte mit horrenden Preisen der ‚Schwarze Markt' (Zigaretten dienten im Tauschhandel geradezu als Ersatzwährung; bei einem Versuch im Schwarzhandel sollte ich für eine einzige amerikanische ‚Camel' 10 Reichsmark hergeben). Es wurde von einer bevorstehenden, massiv abwertenden Währungsreform gesprochen, deren Regelungen man natürlich nicht kannte. Ich wollte also vorsorgen. Erste Aktion: Meine Mutter hatte mir ein kleines Briefmarkenalbum ihrer Kinderzeit überlassen, in dem sich eine wertvoll gewordene, altdeutsche Marke fand. Die konnte ich für 2000 Reichsmark verkaufen, weil vernünftige Bargeldbesitzer jetzt in Sachwerte zu flüchten suchten. So besaß ich, zusammen mit meinem aus der Kriegsgefangenschaft heimgebrachten Glücksspielgewinn, etwa 5400 RM. Zweite Aktion: Dieses Vermögen verteilte ich auf mehrere Konten bei der Sparkasse in Bünde, eröffnete dazu neben dem eigenen sechs weitere pro forma für meine beiden Geschwister und vier mittellose Vettern und Cousinen. Denn ich dachte, vergleichsweise glimpflich würde man bei einer Währungsumstellung am ehesten doch die kleinen Sparer behandeln. Nur kam es sehr anders. Wer als Geschäftsinhaber tunlichst Waren gehortet hatte, wer überhaupt Güter und Sachen oder etwa Aktien besaß, blieb weitgehend verschont. Alle Sparkonten hingegen sind am Ende umgewertet worden im Verhältnis 10 : 0,65. So blieben mir von meinen sieben Guthaben am Ende insgesamt nur etwa 350 Deutsche Mark. Dritte Aktion: Am 20. Juni 1948, dem Tag der Währungsumstellung, waren alle alten Banknoten ungültig geworden, und jede ‚natürliche Person' der drei westlichen Besatzungszonen erhielt im Umtausch 1:1 als ‚Kopfgeld' 40 neue Deutsche Mark. Tags darauf legte ich mein Portemonnaie mit diesen in den USA gedruckten Scheinen im Hörsaal zur Stütze unter einen schräg stehenden Klappsitz, ließ es dort stecken und bekam es nicht wieder. Noch törichter und tölpelhafter hätte man bei dieser Währungsreform, mit der in Westdeutschland die wirtschaftliche Erholung einsetzte, zum eigenen Ruin wahrhaftig nicht beitragen können. – Vom zweiten Semester an hat dann mein Vater für mich gesorgt.

Solche Misshelligkeiten haben das Glück meines Studiums kaum gemindert. Die Lebenslust, die Wissbegierde und Arbeitsfreude unter den geistig ausgehungerten jungen Leuten trafen auf eine Freiheit der Studienordnungen, von der man angesichts der heutigen, durch die ‚Bologna'-Reform bewirkten, strikt regulierenden Verschulung der Universitäten, der

Zerlegung früherer Studiengänge in ein Bachelor- und ein Magisterstudium und einer wechselseitig entfremdenden Isolierung der einzelnen Fachbereiche nur noch träumen kann. Es gab damals nicht mehr als etwa dreieinhalbtausend Studierende in Freiburg. Mit Ausnahme der Mediziner und mancher Naturwissenschaftler kamen sie zu ihren Vorlesungen oder Übungen meist in das gleiche große Kollegiengebäude, trafen sich dort während der viertelstündigen Pausen zwischen ihren Lehrveranstaltungen auf den weiten Fluren, sprachen mit ihren Freunden und machten neue Bekanntschaften. Freistunden im eigenen Programm wurden häufig für den neugierigen Besuch fremder Vorlesungen genutzt. So erzählte mir jemand von einem wortgewaltigen und wunderbar verrückten Zivilrechtler. Ich ging mit in dessen Hörsaal und war dabei, als dieser Gustav Boehmer zu Beginn in kurzen Hosen neben dem Katheder einen Handstand machte. »Meine Damen und Herren«, erklärte danach der 65Jährige, »so einer soll demnächst emeritiert werden!« Von ihm habe ich mich daraufhin regelmäßig über ›Güter- und Sachenrecht‹ belehren lassen. – Eng befreundet war ich in Freiburg mit der aus Kiel stammenden Heinke Ivers, die ich oft auch in ihre archäologischen und kunstgeschichtlichen Vorlesungen begleitete (sie war verlobt, heiratete dann diesen später in Göttingen tätigen, uns dort nahestehenden Internisten Werner Creutzfeld; durch einen Autounfall ist sie schrecklich früh ums Leben gekommen).

Für diese Fremdgänge musste man kein Hörergeld entrichten, während die Teilnahme an den für das Abschlussexamen im Studienbuch ausgewiesenen und testierten Vorlesungen oder Übungen gebührenpflichtig war: 2,50 Mark für jede Wochenstunde. Auf solch ordnungsgemäße Weise hörte ich vor allem die Historiker Gerd Tellenbach und Gerhard Ritter, die Literaturwissenschaftler Walther Rehm und Friedrich Maurer, den Kunsthistoriker Kurt Bauch, den Philosophen Max Müller und den Rechtsgelehrten Erik Wolf. Professor Ritter, der neuere Geschichte lehrte, hatte in der NS-Zeit zum konservativ-oppositionellen ‚Freiburger Kreis' gehört (angeführt von den Nationalökonomen Constantin v. Dietze und Walter Eucken); er war überdies mit dem hingerichteten Carl Friedrich Goerdeler befreundet gewesen und wurde nach dem Attentat vom 20. Juli 1944 selber im KZ Ravensbrück inhaftiert, blieb dann wohl nur durch das Kriegsende vor dem Volksgerichtshof und einem drohendem Todesurteil bewahrt. Wir wussten davon, bewunderten das sicher auch. Aber wie etwa andere, politisch Angepasste unter unseren Professoren sich damals verhalten hatten, kümmerte uns wenig. Sehr anders als eine spätere, selber nicht mehr in die Nazidiktatur verstrickte Studentengeneration fühlten wir uns wohl nicht legitimiert, waren wir jedenfalls kaum daran interessiert, dem nachzuforschen und das aufzudecken, was unsere Lehrer in politischer Hinsicht früher getan und geschrieben hatten. Wichtig war uns, was wir jetzt von ihnen erfahren und bei ihnen lernen konnten.

Vor allem der Mediävist Tellenbach hat es mir in Freiburg so angetan, dass ich mir mein weiteres Leben damals nicht ohne eine Beschäftigung mit mittelalterlicher Geschichte vorstellen mochte. Durch seine Fürsprache wurde mir 1948 auch das hochbegehrte sogenannte Markgräfler-Stipendium zuteil. Nach einer Vereinbarung der Freiburger Universität und ihrer französischen Militäradministration mit der Universität Basel konnten zu dieser Zeit einige Glückliche ein Semester lang in der Schweiz studieren. Wir wohnten dabei ganz in Grenznähe auf deutscher Seite, radelten also täglich nach Basel.

Für die Beköstigung dort und für unsere Studiengebühren war das in Franken ausgezahlte Stipendiengeld gedacht. Tellenbach tat ein Übriges: bewirkte bei seinem Schweizer Fachkollegen Werner Kaegi als Vorsitzendem der zuständigen Kommission, dass ich einen Gebührenerlass erhielt. Ohne ein Stipendium hatte es gleichzeitig auch mein aus Hamburg stammender Freiburger Studentenfreund Thomas Dunker in die Schweiz geschafft. Der lebte von gelegentlichen Verkäufen ererbter, sehr wertvoller Briefmarken, die er in einer Streichholzschachtel bei sich trug, wohnte aber jetzt in Basel kostenlos bei einem gastfreundlichen, jungen Rechtsanwalt, der auch mich an seinen Mittagstisch holte. So musste ich meine Frankenscheine nicht hergeben und konnte, zusammen mit Dunker, für die Ferien nach unserem Baseler Semester eine große Reise durch die Schweiz und nach Oberitalien planen.

An die kärglichen Lebensumstände der französischen Zone gewöhnt, kam ich nach Basel wie in eine andere Welt, traute dort anfangs kaum meinen Augen. Gleich am ersten Tag sah ich in einer Geschäftsstraße ein Schaufenster, hinter dem man frisch geschlachtete und appetitlich gerupfte Hühner zu zwei oder drei Pyramiden aufgetürmt hatte: Ich blieb wie gebannt stehen und brach in fassungsloses lautes Gelächter aus, bis der peinlich befremdete Thomas Dunker mich weiterzog. An der Wand vor dem Hörsaal dann eine kleine Ablageplatte, auf der ich gleich mehrere lange Zigarettenstummel entdeckte: ich hätte sie mir am liebsten eingesteckt. Und in diesen Hörsälen schließlich, auf andere Weise nicht weniger anziehend, die Vorlesungen, die damals noch nicht auf Schwizerdütsch abgehalten wurden. Ich hörte dem Mediävisten und Volkskundler Friedrich Ranke zu und dem Literarhistoriker Walter Muschg, einem älteren Halbbruder des Schriftstellers Adolf Muschg, dem ich später begegnete. Am eindrucksvollsten aber fand ich den Philosophen Karl Jaspers, den Jesuitenpriester und späteren Kardinal Hans Urs v. Balthasar, in dessen merkwürdige, mehrstündige ›Engellehre‹ ich ging, und den Systematischen Theologen Karl Barth, auf dessen berühmten Römerbrief-Kommentar ich damals aufmerksam wurde (er war von seinem Bonner Lehrstuhl in die Schweiz vertrieben worden, weil er den Beamteneid auf Hitler nur mit dem Zusatz leisten wollte: »soweit ich es als evangelischer Christ verantworten kann«). Doch nahm diese wunderbare Zeit in Basel schon nach wenigen Wochen ein jähes Ende.

Schweizer Geld durften wir Grenzgänger keinesfalls nach Deutschland mitnehmen. Ich deponierte meine Stipendien-Scheine also drüben bei unserem Rechtsanwalt. Einmal aber hatte ich sie aus irgendeinem Grund an mich genommen und ließ sie versehentlich lose in der hinteren Hosentasche stecken, als ich abends über die Grenze fuhr. Ich bemerkte das selber erst, als ich am nächsten Morgen nach Basel zurückradeln wollte und ausgerechnet diesmal einer turnusmäßig erfolgenden Leibesvisitation unterzogen wurde. Kaum hatte der deutsche Zollbeamte erblickt, welchen Schatz ich da transportierte, schrie er schon nach seinem französischen Oberaufseher. Ich wurde verhört und stundenlang eingesperrt. Auch das Haus in Grenzach, in dem ich mein Zimmer hatte, wurde von oben bis unten durchsucht; offenbar glaubte man, einen organisierten Devisenschmuggel aufdecken zu können, der mit den Chemiewerken auf beiden Seiten der Ländergrenze zusammenhängen mochte. Als sich meine Harmlosigkeit herausgestellt hatte, ließ man mich laufen, gab mir meine Schweizer Banknoten zurück und ermahnte mich nachdrücklich, sie nicht wieder über die Grenze mitzunehmen. Doch wurde ich wenige Tage später von der französischen Universitätsadministration nach Freiburg einbestellt, wo man mir zwar das wieder in Basel deponierte Geld nicht mehr abnehmen konnte, wohl aber mein Berechtigungspapier für den Grenzübergang. Schlimmer noch: Mir wurde mitgeteilt, dass ich wegen meines Devisenvergehens in Freiburg relegiert worden sei und dass diese Verweisung von der Universität für alle westdeutschen Hochschulen gelte. Nach verzweifelten Bemühungen gelangte ich zu einem Rettungsversuch vor den zuständigen Curateur de l'Université. Dieser Capitaine Jaques Lacant aber, im Zivilberuf ein später ziemlich bekannter, mit deutscher und französischer Literatur befasster Komparatist, behandelte mich wie einen Kriminellen und verweigerte sich hartnäckig meiner Bitte, die Relegationsverfügung aufzuheben. Am Ende habe ich resignierend erklärt, wenn ich mich mit dieser Beendigung meines Studiums schon abfinden müsse, bäte ich ihn wenigstens um eine persönliche Ehrenerklärung – »unter zwei Offizieren«. Ohne dass ich es darauf abgesehen hatte, lenkte er da tatsächlich ein. Zwar blieb mir Basel endgültig versperrt, aber ich durfte das dort begonnene dritte Semester in Freiburg fortsetzen, und man war großzügig genug, es mir im Studienbuch vollständig anzurechnen.

Um danach wieder an meine Franken zu kommen und mit ihnen vom Juli bis Ende August 1948 auf die geplante Schweizer Reise zu gehen, musste ich notgedrungen schwarz über die Grenze gelangen. Das wäre beinahe missglückt. Als ich an einer abgelegenen Stelle über den Drahtverhau kletterte, stellte mich drüben ein bewaffneter Zollbeamter. Aber zu meinem Empfang war auch unser Rechtsanwalt in der Nähe und eilte herbei. Weil ich meine ›Legitimationskarte für immatrikulierte Studierende‹ der Universität Basel (mit dem Vermerk »kann als Ausweis gegenüber der Polizei verwendet werden«) noch behalten hatte und vorweisen konnte, gelang es ihm, den etwas einfältigen Zöllner von einem nur versehentlichen Grenzübertritt zu überzeugen. So konnte ich zusammen mit Thomas Dunker denn doch noch die geplante große Fahrradwanderung antreten.

Nahe bei Basel machten wir zuerst in Dornach Halt. Wir besahen den merkwürdigen Betonkoloss des Goetheanums und vernahmen, hinreichend befremdet, Rudolf Steiners

Grundsteinspruch seiner dort ansässigen Anthroposophischen Gesellschaft – »Menschenseele! | Du lebest in den Gliedern, | Die dich durch die Raumeswelt | In das Geistesmeereswesen tragen: | In Seelentiefen, | Wo in waltendem | Weltschöpfer-Sein | Das eigne Ich | Im Gottes-Ich | Erweset …«! Wir erlebten auch einen der eigenartigen, in wallenden Gewändern ausgeführten Bewegungstänze, der durch Eurythmie ein ›Michael-Mysterium‹ darstellen sollte (später habe ich es bedauert, dass wir uns keine Zeit mehr nahmen für eine anthroposophische Inszenierung der Goethe'schen ›Faust‹-Dichtung, die sich über 20 Stunden hinzog).

Tatsächlich gab uns diese Fahrradwanderung durch die herrliche »Raumeswelt« der Schweiz sehr unterschiedliche Einblicke auch in solche »Seelentiefen«, wo »Das eigne Ich | Im Gottes-Ich | Erweset«. Von Dornach radelten wir über Fribourg zu der abgelegenen Kartause La Valsainte. Priestermönche des Kartäuserordens wohnten dort in unzugänglichen kleinen Häusern, jeder ganz für sich. Ihr Schweigegelübde nahm allein die Konventsmesse aus und die gemeinsamen, liturgisch geregelten Stundengebete. Sie selber kamen uns nie zu Gesicht. Aber die Laienbrüder, die durch Handwerksarbeit für den Unterhalt der Klause sorgten, haben uns davon erzählt, wie diese Eremiten Gott suchten in asketischer Lebensweise, in kontemplativer Einsamkeit und in der vollkommenen Stille auch des eigenen lautlosen Gebets. In dem Besuchergebäude, das uns beherbergte, trafen wir die Eltern und Brüder eines Mönchs, der hier nach langer Prüfung und Vorbereitung die Priesterweihe empfing. Sie sagten, dass sie ihn da wohl zum letzten Mal sehen würden und mit ihm sprechen könnten, und haben das nicht beklagt.

Vier Wochen später, auf unserem Rückweg, machten wir in der Nähe des tiefblauen Zürichsees im Benediktinerkloster Einsiedeln Station (vor der Reformation hat dort von 1516 bis 1518 als Leutpriester auch Zwingli gelebt und sich gegen die Äußerlichkeiten und Auswüchse des Ablasshandels gewandt). Wir saßen tagelang in der berühmten Bibliothek vor alten Manuskripten und Wiegendrucken und gingen in die große barocke Wallfahrtskirche, in der als Haus im Hause eine kleine Gnadenkapelle der Schwarzen Madonna steht. Täglich erlebten wir, wie die Mönche durch das weite Kirchenschiff dorthin zogen, immer zu zweit nebeneinander, als letzter für sich allein der Abt. Vor der spätgotischen Gottesmutter mit dem Christuskind, deren früher vom Kerzenrauch geschwärzte Gesichter nach einer Ärgernis erregenden Reinigung wieder schwarz übermalt worden waren, feierten sie die Vesper und sangen a cappella das herrliche gregorianische ›Salve Regina‹.

Was die schweizerische und oberitalienische »Raumeswelt« angeht: Im Flachland aufgewachsen, erlebte ich zum ersten Mal und auf unvergesslich eindrucksvolle Weise die Alpen. Bei unseren Radfahrten auf schmalen Straßen und Nebenwegen oder bei längeren Fußmärschen in kaum schon gebahntem Höhengelände mit gewaltigem Weitblick kamen wir der atemberaubenden Schönheit des Hochgebirges sehr viel näher, als das jetzt von den Autostraßen oder der Bahn her möglich ist – erfuhren aber auch etwas von seiner Bedrohlichkeit (und erinnerten einander naseweis daran, dass es in Rilkes ›Duineser Elegien‹ heißt, »das Schöne« sei »nichts als des Schrecklichen Anfang, den wir noch grade ertragen«). Über den Nufenenpass sind wir vom Wallis ins Tessin gelangt. Die heutige, auch nur im Sommer freigegebene Autostraße von Ulrichen im Goms ins Bedrettotal nach Airolo gab es damals noch nicht. Wir schickten die Fahrräder voraus und kletterten erst herauf, stiegen dann wieder herab auf einem oft ziemlich halsbrecherischen alten Fußsteg. Zum Comer See und Lago Maggiore sind wir dann wieder geradelt und haben unseren

Rückweg über Zermatt genommen; den grandiosen Blick auf das viereinhalbtausend Meter hohe Matterhorn habe ich in Erinnerung behalten. Dort freilich, bei einer Kletterpartie in der Nähe des Gornergratgletschers, wäre ich von einem rutschigen Steilhang fast abstürzt in die Tiefe. Einige wenige Sekunden in Todesangst haben bewirkt, dass ich nie mehr Lust bekam auf eine auch nur halbwegs riskante Bergsteigerei, auch nicht mit Pickel und Halteseil.

Über den Baseler Bahnhof unkontrolliert und wohlbehalten wieder nach Deutschland zu kommen, machte keine Schwierigkeit. Zum vierten Semester aber wechselte ich von Freiburg nach Göttingen, das man vom westfälischen Bünde aus doch leichter erreichte. Für einen schon anderswo Immatrikulierten war das jetzt unproblematisch.

Nach dem schmählich misslungenen Versuch, das Studium dort zu beginnen, ist das meine erste Göttinger Zeit gewesen. Ich wohnte anfangs im Haus eines früheren Rektors der Universität: bei dem Völkerkundler Plischke, der einige Zimmer vermietete, weil er als engagierter Nationalsozialist vorübergehend sein Lehramt verloren hatte. Später fand ich als abgesondert eigene, also erwünscht ‚sturmfreie' Wohnung die Dachbude eines mittlerweile abgerissenen großen Hauses am Waageplatz. Klo und Wasserhahn zwar eine Etage tiefer an der Treppe. Dafür bei mir ein winziger, dunkler Vorraum mit Kleiderhaken, Waschbecken und Wasserkrug. Nebenan im Wohnzimmer Bett, zwei Stühle, ein Bücherregal und hoch über dem Schreibtisch in der schrägen Wand ein Dachfensterchen für Licht und Luft. Stellte man sich auf den Tisch, konnte man auch nach draußen schauen. So besichtigte ich häufig den dicht angrenzenden großen Raum des damaligen Gerichtsgebäudes, der als Untersuchungsgefängnis diente, und gewann Einblicke in diese Rechtspraxis.

Studiert habe ich damals in Göttingen zwei Semester lang Geschichtswissenschaft, vor allem bei den Historikern Heimpel und Schramm, von denen ich später noch berichten will. Philosophie bei Nicolai Hartmann. Theologie bei Gerhard v. Rad, Joachim Jeremias und dem jungen Privatdozenten Philipp Vielhauer, in dessen Neutestamentlichem Proseminar ich mich mit Paulus' Briefen an die Thessalonicher befasste, und dem ich dann bis zu seinem Tod 1977 freundschaftlich verbunden blieb. Die ›Medizinische Psychologie‹ des Psychiaters Gustav E. Störring und seine ›Psychotherapie mit Krankenvorstellung‹ gaben mir erste Anstöße für meine spätere Münsteraner Doktorarbeit über dichterische Darstellungen des Wahnsinns. Bei dem Iranisten Hans Heinrich Schaeder, von dem auch noch die Rede sein muss, hörte ich seine Vorlesung ›Goethe und die Welt des Ostens‹. Aber die Germanistik, die allmählich in den Mittelpunkt meiner Interessen rückte, war in Göttingen nur lückenhaft vertreten. Für den vakanten Lehrstuhl der neueren Deutschen Philologie hoffte man auf Wolfgang Kayser in Lissabon, dessen 1948 erschienenes Lehrbuch ›Das sprachliche Kunstwerk‹ ich kannte, und bei dem ich gern mehr gelernt hätte. Doch hatte es bei seiner ‚Entnazifizierung' einige verleichsweise harmlose Schwierigkeiten gegeben, und sein Göttinger Amtsantritt zögerte sich hinaus. So ging ich einstweilen nach Munster, dachte nur an ein Überbrückungssemester.

Unerachtet der keineswegs schon behobenen Kriegszerstörungen stand in Westfalens Landeshauptstadt anderes vor Augen als im bescheidenen Göttingen – der Prinzipalmarkt mit seinem Arkadengang und den prachtvollen Giebelhäusern; das jetzt von der Universität bezogene, ehemals fürstbischöfliche Residenzschloss; der hohe gotisch-romanische Dom oder die Lambertikirche mit den Eisenkörben noch, in denen man

1536 die zu Tode gefolterten Oberhäupter des münsterschen Täufer-Reiches zur Schau gestellt hatte (von Endzeiterwartungen bestimmt, hatten sie eine erneute ‚Wiedertaufe' der Erwachsenen und sogar die Polygamie eingeführt).

Ich fand interessante Lehrer in Münster und lernte in Joachim Ritters philosophischen Vorlesungen auch ungewöhnlich anregende Kommilitonen kennen – den Kunstgeschichte studierenden Max Imdahl, die Philosophiestudenten Hermann Lübbe, Odo Marquard, Günter Rohrmoser, Robert Spaemann und den mit Romanistik befassten Harald Weinrich, der mir noch heute nahesteht; sie haben die sogenannte Ritter-Schule bekannt gemacht, sind dann freilich sehr unterschiedliche eigene Wege gegangen. Studiert habe ich damals vor allem bei dem Mittelalterhistoriker Herbert Grundmann, bei dem Wortfeldforschung betreibenden germanistischen Linguisten und Mediävisten Jost Trier (Oberseminar: ›Wörter und Sachen‹) und folgenreich bei Benno v. Wiese und Kaiserswaldau, dem schwerleibig raumfüllenden Großordinarius für neuere deutsche Literaturwissenschaft. Er war in den ersten Jahrzehnten nach Kriegsende wohl der einflussreichste und bekannteste Germanist der Bundesrepublik (von dessen zahlreichen, geistesgeschichtlich ausgerichteten und philosophisch interessierten Schriften ihn am ehesten noch ›Die deutsche Tragödie von Lessing bis Hebbel‹ von 1948 oder seine Schiller-Monographie von 1959 überlebt hat).* Gleich im ersten Semester hat mich aber auch ein Kafka-Kolloquium angelockt, das der Privatdozent Clemens Heselhaus veranstaltete – zu meinem lebenslangen Glück. Denn dort begegnete ich einer

* Bezeichnend seine Auskünfte im Proust-Fragebogen der FAZ (Juli 1982): »Welche Fehler entschuldigen Sie am meisten? – Meine eigenen.« / »Wer oder was hätten Sie sein mögen? – Immer nur ich selbst.« / »Welche natürliche Gabe möchten Sie besitzen? – Anmut.«

journalistisch tätigen, Publizistik studierenden jungen Dame, klug und bildschön: Dagmar Haver, in die ich mich auf der Stelle verliebte.

Benno v. Wiese, der mich in sein Oberseminar eingeladen hatte, war ein praktizierender Astrologe. Er erstellte auch von manchen seiner Schüler ein Geburtshoroskop, das deren Persönlichkeitsmerkmale und künftige Schicksale nach der Konstellation der Gestirne bestimmte, und ließ sich dafür meine Geburtsdaten angeben. So sternengläubig war er, und so gut glaubte er mich zu kennen, dass er behauptete, hinsichtlich der genauen Stunde hätten sich meine Eltern gründlich geirrt. Jedenfalls bot er mir (daraufhin?) an, bei ihm ein Doktorexamen abzulegen. In Göttingen war Wolfgang Kayser noch immer nicht angetreten. Also blieb ich in Münster und machte mich an meine Dissertation: ›Interpretationen zur dichterischen Gestaltung des Wahnsinns in der deutschen Literatur‹ – ausgehend von Büchners ›Lenz‹-Novelle, bezogen dann auf sechzehn systematisch geordnete, erzählende oder dramatische Texte vom späten 18. Jahrhundert an (Goethe, Jean Paul, Keller, Mörike u.a.) bis zur Mitte des 20. Jahrhunderts (Georg Heym, Kafka, Thomas Mann u.a.).

Vor der offiziellen Abgabe musste oder wollte mein Doktorvater seine Zustimmung erteilen. Im April 1951 legte ich ihm die fertige Arbeit vor; wie üblich, war sie ohne begleitenden Kontakt mit ihm zustande gekommen. Einen Durchschlag schickte ich leider auch nach Göttingen an Professor Schaeder, der darauf drängte (als er einige Zeit zuvor in Bünde einen Vortrag hielt, hatte ich ihn mit einem Zeitungsartikel vorgestellt; daraufhin waren wir uns mehrfach begegnet). Der nun überfiel Herrn v. Wiese mit einem Telegramm, in dem er ihn dazu beglückwünschte, dass unter seiner Anleitung Doktorarbeiten entstünden, die anderswo als Habilitationsschriften akzeptiert würden. Der verärgerte Adressat dachte offenbar, ich hätte von diesem ebenso abwegigen wie ungehörigen Beeinflussungsversuch gewusst, ihn womöglich sogar selber veranlasst. Er hat mit mir nie darüber gesprochen, gab mir aber mein Typoskript zurück und verlangte eine gründliche Überarbeitung – ohne zu erklären, was ich eigentlich verbessern sollte. Da ich die zur Promotion erforderliche Mindestzahl von acht Studiensemestern inzwischen nachweisen konnte, ließ ich mich offiziell beurlauben und ging, ziemlich ratlos, erneut an die Arbeit. Den nur oberflächlich retuschierten Text legte ich fünf Monate später wieder vor, und jetzt wurde er anstandslos gebilligt. Also nahm das langwierige Promotionsverfahren seinen Gang.

In diese Zeit fiel meine Tätigkeit als landwirtschaftlicher Auktionator. Zusammen mit dem früher erwähnten Stendaler Schulfreund Siggi Bose (meinem Kompagnon beim ersten Zigarettenrauchen) betrieb dessen Vater jetzt von Salzuflen aus ein solches Geschäft. Weil es gelegentlich mehr als zwei Versteigerungsaufträge für den gleichen Tag gab, wollte er, um keinen Kunden zu verlieren, noch einen Aushelfer bereitstellen. Ich war geneigt, mehr aus Neugier als wegen des anfallenden Verdienstes. Vater Bose gab mir also einige theoretische Unterweisungen und nahm mich mit auf Auktionen in Osnabrück und Münster, wo ich mir seine Versteigerungstechnik abgucken sollte. Zur Erprobung in der Praxis holte er mich schließlich zu einer Versteigerung nach Lingen, bei der wir abwechselnd agierten. Dann stand ich als Reservist bereit und wurde wirklich auch eingesetzt, ein einziges Mal, im ostfriesischen Leer. Zünftig ausgestattet mit einem geliehenen Lodenmantel und grünen Hut, aber als Auktionator noch unerkannt von meinem Klientel, ging ich frühmorgens durch die Viehställe und hörte die bäuerlichen Kaufinteressenten dort so sachverständig reden über die zur Versteigerung gebrachten abgekalbten Färsen oder Zuchtbullen und Eber mit hoher

Spermaqualität, dass mir angst und bange wurde. Immerhin kam ich in der Auktionshalle dank meiner angelernten Sprüche halbwegs glimpflich über die Runden – »Dreitausend zum Ersten, zum Zweiten … wer bietet mehr? Ein unerhört rumpfiges Tier!!« Dazu übernahm ich Vater Boses fragwürdige Praktiken zugunsten seiner Auftraggeber, der Verkäufer, an deren Erlös der Auktionator doch prozentual beteiligt war. Jedes Handzeichen eines Kauflustigen meinte eine genau feststehende Preissteigerung; hoben sich aber zwei Hände gleichzeitig, mit dem gleichen Angebot also, wurde in Eile einfach weitergezählt: »Dreitausend z w e i hundert – Dreitausend d r e i hundert zum Ersten, zum Zweiten …«. Protestierte jemand, sollte ich dessen spätere Handzeichen tunlichst übersehen. So mehrte sich auch ein wenig, was man mir am Ende auszahlte. Aber ich hatte wenig Lust und ohnehin keine Gelegenheit mehr, das zu wiederholen.

Am 12. Januar 1952 endlich wurde meine Promotion abgeschlossen mit der mündlichen Prüfung, dem zu Recht so genannten Rigorosum. Außer Benno v. Wiese hatte Ferdinand Kehrer, Chef der ‚Psychiatrischen und Nervenklinik', meine Doktorarbeit begutachtet und sich bereit erklärt, mich in Psychiatrie als Nebenfach zu examinieren. Vor allem bei seinem Oberarzt, dem apl. Professor Wilhelm Klimke, hatte ich mich darauf vorbereitet (im Studienbuch zuletzt testiert: ›Praktische Fragen aus dem Gebiet der Psychopathologie‹). Aber es gab Verfahrensprobleme. Die Mediziner examinierten ihre Kandidaten ohne jeden Beisitzer in der jeweiligen Klinik, während in der Philosophischen Fakultät der vorsitzende Dekan und alle beteiligten Professoren der gesamten Prüfung beiwohnten. Nach langem Hin und Her durfte ich mich schließlich bei Kehrer in dessen Klinikzimmer einfinden, immerhin begleitet von dem germanistischen Privatdozenten Heselhaus als Protokollant. Dort ging es glatt. Dann eilten wir beide ins Philosophische Dekanat. Unter dem Vorsitz von Joachim Ritter prüften mich Benno v. Wiese und der Altgermanist und Sprachwissenschaftler Jost Trier (ohne Vorabsprachen über bestimmte Wahlgebiete des Prüflings) und zuletzt der Historiker Herbert Grundmann. Für dieses zweite Nebenfach hatte ich, wie üblich, drei Interessengebiete angeben können. Grundmann aber war so wohlwollend voreingenommen, dass er allein über bedeutende Geisteskranke in der Geschichte mit mir sprach; mein auf Dichtungen gerichtetes Dissertationsthema ließ ihn vermutlich glauben, dass ich auch dort besonders kenntnisreich wäre. Ich konnte nur sehr Dürftiges über Johanna die Wahnsinnige in Spanien oder Frankreichs Karl VI. beitragen, und angesichts der zuhörenden Kollegen wurde mein Prüfer noch aufgeregter als sein Prüfling. Er sprach und antwortete meist selber, hoffte wohl ständig auf Besserung des Kandidaten, hat jedenfalls von diesem Thema nicht ablassen können. Höchst unkollegial erklärte schließlich der Dekan: »Nun ist es genug mit der Abfragerei, Herr Kollege!«

Dass ich für meine Promotion die Gesamtnote »sehr gut« erhielt, war nach dieser missglückten Geschichtsprüfung kaum gerechtfertigt. Der Protokollführer Heselhaus hat mir einen Brief des Psychiaters Kehrer überlassen, der ein Exemplar meiner Doktorarbeit anforderte und sogar erklärte: »Eigentlich hätte Herr Schöne die Zensur ‚ausgezeichnet' verdient.« Das finde ich nicht. 1952 brauchte man von solch einer ‚Maschinenschriftlichen Dissertation' nur sechs Exemplare abzuliefern; im Nachhinein war mir's ganz recht, dass dieser Versuch nicht weiter verbreitet wurde.

Heiraten Das ist hier nicht nur im Singular zu verstehen. Es meint zugleich meine mehrfachen Verheiratungen. Die sind ruchbar geworden durch das in Berkeley / New Jersey, USA erscheinende, weit verbreitete Verzeichnis ›Who's who in the world‹ (»includes the most current biographical data available on important people from the international scene«). Für die Ausgabe von 1997 hatte die Redaktion mir einen auf mich bezogenen Artikel geschickt, dessen Angaben ich gutheißen oder berichtigen sollte. Bei den dort verwendeten Abkürzungen steht »m.« für married (verheiratet mit), »div.« dann für divorced (geschieden). Und da hieß es eingangs wahrhaftig: »m. Regina Katharina von Reifenberg (div.); m. Bettine von Arnim (div.); m. Dagmar Haver, Jan. 18, 1952«. Wie es dazu kommen konnte, habe ich nie herausgefunden. Meine beiden ersten Gemahlinnen: die sicher gemeinte Catharina Regina v. Greiffenberg, diese bedeutendste Dichterin des Barockzeitalters, und Goethes Zeitgenossin Bettina v. Arnim fallen zwar in die Zuständigkeit eines Germanisten, aber ihre Namen tauchten nicht einmal in meinem nachstehenden Schriftenverzeichnis auf, von wo sie irgendwie in den Lebenslauf hätten geraten können. Und dass ein Redakteur dieses seriösen ›Who's who‹-Unternehmens hier einen Scherz riskierte, ist kaum denkbar. Jedenfalls fand ich die beiden Fake News so lustig, dass ich den vorgelegten Artikel zwar nicht autorisierte, ihn aber auch nie mehr korrigiert habe.

Der dort allein zu Recht angeführten und glücklicherweise nicht wieder als »div.« abgetanen Dagmar Haver war ich in dem vorhin erwähnten Kafka-Kolloquium in Münster begegnet. In diesem Kreis hat sie mich noch auf eine letzte Probe gestellt. Am Semesterende veranstalteten wir im Haus unseres Dozenten Heselhaus eine Aufführung der ›Landarzt‹-Novelle, nur als Bedankung für ihn und zur eigenen Freude, ohne andere Zuschauer. Wie bei Kafka vorgegeben, erklärte dabei einer von uns (in der Erzähler-Rolle): Ein Schulchor »singt eine äußerst einfache Melodie«, und Dagmar mit zwei anderen Studentinnen sang:

Entkleidet ihn, dann wird er heilen,
Und heilt er nicht, so tötet ihn!
'S ist nur ein Arzt, 's ist nur ein Arzt.

Schulranzen trugen sie dabei, hatten sich Zöpfe geflochten und knieten so, dass der bis auf den Boden reichende Rock die aufgerichteten Oberschenkel bedeckte. Wie kurzbeinig Behinderte sahen sie aus. Und später folgte als deren zweiter Gesang auch noch Kafkas bedenkliche Ermunterung:

Freuet euch, ihr Patienten.
Der Arzt ist euch ins Bett gelegt!

Aber weder die dabei unangenehm kindliche Stimme meiner Freundin noch ihre krüppelartig verkürzten Beine konnten meine Zuneigung mehr dämpfen. Auch die ungehörigen Aufforderungen, die sie sich da zu eigen machte, hielten mich nicht zurück. Und wenn meine Frau, an diese ›Landarzt‹-Aufführung erinnernd, bei ehelichen Auseinandersetzungen gelegentlich den letzten Satz von Kafkas Erzählung anführt: »Einmal dem Fehlläuten der Nachtglocke gefolgt – es ist niemals gutzumachen«, meint sie das nur vorübergehend ernst.

Als wir beide in Münster studierten, bin ich oft bei ihr zu Hause gewesen. Ihre Eltern Kurt und Herta Haver geb. Fey und die jüngeren Geschwister Kurt, Barbara, Jürgen, Kristin wohnten damals in Bochum-Stiepel. Wie sie bei mir daheim in Bünde, war ich dort von Anfang an ein willkommener Gast und bald mehr als das.

Kurt Haver, füge ich hier ein, war als Sohn eines Amtsgerichtsrates in Mülheim an der Ruhr aufgewachsen. Dessen Vorfahren sind über vier Generationen hin Kaufleute in Schwerte gewesen, und der Theologe Thomas Haver aus Soest (1585–1624), den die ›Stammtafel der Familie Haver‹ als Ältesten anführt, hat als Stadtprediger und lutherischer ‚Generalinspektor' der niederrheinisch-westfälischen Grafschaft Mark in Unna gelebt (schon am Ende des 13. Jahrhunderts gab es Haver'sche Lehensnehmer der Grafen von der Mark in der Soester Börde).

Kurt Haver selbst hatte seit 1928 im Bochumer Benzolverband gearbeitet und ist dann von 1934 bis 1945 für den Bergbau und die Kohlenwertstoffindustrie tätig gewesen, erst in Berlin, später von Essen aus als Vorsitzender einer ‚Verkaufsvereinigung für Teererzeugnisse' (VfT). Sein Haus in Essen wurde durch einen Bombentreffer zerstört. Glücklicherweise war zu dieser Zeit niemand daheim von der Familie, die dann nach Bochum-Stiepel umgezogen ist. Um sie durchzubringen, hat Kurt Haver nach dem Kriegsende unter dem Namen ‚Organa Anorgana' einen eigenen kleinen Betrieb eingerichtet, der Feueranzünder herstellte, Papiersäcke und Dachpappe vertrieb und mit dem zur Herstellung von Stickstoff-Düngemitteln dienenden flüssigen Ammoniak handelte. Von diesem zusammen mit dem späteren engen Familienfreund Hans Wollschläger betriebenen Unternehmen musste mein Schwiegervater sich trennen, als er 1952 wieder eingesetzt wurde in sein Amt bei der VfT. Er übereignete die eigenen Anteile seinen fünf Kindern (diese Einkünfte ergänzten mein im ersten Jahr noch ziemlich karges berufliches Gehalt, sodass wir in Essen gleich eine kleine eigene Wohnung beziehen konnten). Mit dem Beginn der damaligen Kohlenkrise wurde Kurt Haver 1959 Generaldirektor der Essener Ruhrkohle-Verkaufsgesellschaft. 1963 pensioniert, ist er 1978 siebenundsiebzigjährig gestorben – 20 Jahre nach ihm, fast einundneunzigjährig, seine Frau Herta. Er hat unsere Kinder, seine beiden ersten Enkelkinder, noch kennenlernen und lieben können, sie sogar noch drei ihrer Urenkel.

Im Juli 1951 haben wir uns verlobt, und am 18. Januar 1952, wenige Tage nach meinem Doktorexamen, wurde geheiratet.* Das geschah noch in Stiepel, im schwiegerelterlichen Haus. Mein Onkel Johannes Schöne, der mich schon getauft und konfirmiert hatte, kam dazu aus Schwenningdorf und hat uns als Trauspruch einen Vers aus dem Galaterbrief (6,2) mitgegeben auf den gemeinsamen Weg: »Einer trage des anderen Last, so werdet ihr das Gesetz Christi erfüllen.« Nur die engere Familie beider Seiten und einige unserer Freunde waren bei dieser festlichen und fröhlichen Haustrauung zugegen. Meine Mutter nicht mehr.

Wir machten eine Hochzeitsreise in den Schnee der oberbayerischen Alpen nach Reit im Winkl. Skilaufen also war das Erste, was ich in meiner Ehe lernte (kümmerlich, und dabei ist es leider geblieben). Dann wurde ich in Essen im Verlagsgeschäft angelernt. Die britische Militärregierung hatte 1946 in Hamburg als erste überregionale Tageszeitung ihrer Zone ›Die Welt‹ begründet. Mit deren späterem Geschäftsführer Dr. Heinrich Schulte war Dagmar bekannt und vertraut, seit sie vor ihrem Studium in der Feuilletonredaktion der Essener Zweigstelle gearbeitet hatte. Über sie, durch ihn kam ich vom Februar 1952 an für ein Jahr als Volontär zu dieser Verlagsgesellschaft.

* Wie sich später herausstellte, war das nicht die erste Verbindung zwischen unseren Familien. Im schlesischen Ohlau sind meine Großmutter Caroline Schöne und ihre Kinder eng befreundet gewesen mit der Fabrikantenfamilie Haver. Deren Tochter Marie (‚Mieze‘) hat 1908 den weitläufig mit uns verwandten Pastor Walter Schöne geheiratet. Doch widerfuhr ihm leider, was mir erspart blieb: bei einer Wanderung im Riesengebirge wurde er von einem Raubmörder erschossen, und kinderlos ist er auch noch geblieben.

Damals hat mein Vater uns noch mehrfach besucht – auch als ich einige Wochen in einer Klinik zubrachte: vom Brötchenholen nicht mehr heimgekehrt, weil ein um die Straßenkurve rasender Motorradfahrer mir die Knochen des rechten Unterschenkels zertrümmert hatte. Ende Oktober aber holte mich ein erschreckendes Telegramm an sein eigenes Krankenbett. Er hatte sich schon in den frühen 20er Jahren infolge einer schweren Diphtheritis ein Herzleiden zugezogen. Sein Bruder Christian, der Internist, diagnostizierte eine Insuffizienz der Aortenklappe und stellte ihm damals die Prognose, dass er noch eine Lebenserwartung von 25 oder 30 Jahren hätte. Genauso kam es dann auch. Freilich hatte sich sein Herzleiden erst in späterer Zeit durch zunehmende Atemnot bemerkbar gemacht. Aber davon ließ er sich kaum etwas anmerken. Auf einer Wanderung mit Schülern seines Gymnasiums in den Bayerischen Alpen hatte sich der Neunundfünfzigjährige jetzt offenbar heillos überanstrengt. Heimgebracht nach Bünde, hat er gewusst, dass er sterben würde, hat mir das auch gesagt, als ich zu ihm kam. Aber ich wollte es nicht glauben. Wenig später haben Dagmar und ich ihn noch einmal länger besuchen können. Drei Tage nach unserer Abreise dann, am 5. November 1952, bat er nachmittags seine Schwester Dorothe um ein Glas Wasser, möglichst kalt. Ganz normal, mit ruhiger Stimme sagte er das. Nebenan im Badezimmer hat sie deshalb lange den Wasserhahn laufen lassen, und als sie nach einigen Minuten an sein Krankenbett zurückkam, war er schon nicht mehr am Leben. – Wissend um das Ende hat er sterben können.* Vorbereitet, gefasst und ganz bei sich selbst.

* In den Bauernhäusern von Schwenningdorf, wo ich konfirmiert worden war, sagte man am Ende des Tischgebetes: »Vor einem bösen, schnellen Tod bewahr' uns, lieber Herr und Gott! Amen.« – Böse, weil schnell, nämlich unvorbereitet.

Weder von Krankheit gezeichnet, noch von hohem Alter entstellt. So haben die Zurückbleibenden ihn in Erinnerung behalten dürfen.

Jetzt, am Ende des eigenen Lebens, denke ich immer öfter daran, wie es in unserer schönsten gemeinsamen Zeit zuging, wenn mein Vater nach jeder Trennung liebevoll dringlich verlangte: »Komm, setz Dich! Erzähl, wie alles war. Ganz genau – dann und dann und dann …!« In Gedanken erzähle ich ihm noch immer. Je älter ich wurde, desto häufiger. Selber hat er doch nicht mehr erfahren können, wie es mit mir weiterging. Auch nicht, was aus meinen jüngeren Geschwistern wurde. Und keines seiner Enkelkinder hat er mehr erleben dürfen.

Auf dem Schwenningdorfer Friedhof, unter einer noch von ihm gepflanzten, inzwischen hochgewachsenen Birke haben wir ihn neben unserer Mutter begraben. Deren schönes bronzenes Grabkreuz hatte er selber dem Dorfschmied vorgezeichnet. Ein dazu passendes Kreuz haben wir auch für ihn arbeiten lassen. Einmal im Jahr treffe ich mich dort mit meiner Schwester Hanna und meinem Bruder Jobst, um die Gräber in Ordnung zu halten, und wir erzählen uns von den Eltern und unserer Kinderzeit.

Nach meiner Volontärszeit bei der Verlagsgesellschaft ›Die Welt‹ war ich dann ein halbes Jahr lang als Lektor und Hersteller im zugehörigen Rheinisch-Westfälischen Verlagskontor beschäftigt (noch bevor Axel Springer zum Ausbau seines Zeitungskonzerns ›Die Welt‹ kaufen konnte, die sich seit ihrer Begründung in englischem Besitz befand). In meinen Abgangszeugnissen heißt es, ich hätte »sowohl in der Redaktion als auch in den Verlagsabteilungen wie auch in den Abteilungen des technischen Betriebes gearbeitet.« Und: »Um auch die Arbeiten auf dem Gebiet des Buchverlages kennenzulernen, ist Herr Dr. Schöne [nach abgeschlossener Ausbildung als

Volontär] beim Rheinisch-Westfälischen Verlagskontor tätig gewesen«, war dort »an der Herausgabe des ‚Deutschland-Jahrbuches' wesentlich beteiligt«.

Das alles war neu und interessant für mich und machte mir Freude. Was ich in dieser Zeit habe lernen können, kam mir zugute, als ich später eigene Bücher verfasste. Inhaltliche Nachhilfen eines Lektors nahm ich da ohnehin kaum in Anspruch. Aber auch die äußere Gestaltung solcher Druckwerke habe ich keineswegs allein den Herstellern überlassen müssen. Meist waren die Verleger sogar einverstanden mit meinen Vorschlägen, oder nachgiebig, etwa wenn ich ihnen Änderungen der bei ihnen entworfenen Buchumschläge abtrotzte.

Zwar hatte ich eigene Schreibversuche auch in dieser Verlagszeit nicht ganz aufgegeben. Nebenbei beteiligte ich mich an einem Preisausschreiben der Studiengemeinschaft der evangelischen Akademien mit dem vorgegebenen Thema ›Das christliche Selbstbewußtsein und seine Formen in der deutschen Lyrik seit 1930‹ und bekam 1953 dafür »den vollen Preis von DM 1000« (drucken mochte man meine Abhandlung freilich nicht). Aber mit beruflichen Plänen hatte das nichts zu tun. Noch ohne jedes genauere Ziel und ohne dass sich schon irgendwelche Möglichkeiten abzeichneten, dachten meine junge Frau und ich, dass wir vielleicht gemeinsam einmal etwas Verlegerisches betreiben könnten. Das ist nicht gelungen.

Zurück zur Universität Diese Rückkehr kam durch eine Verkettung von Vorgängen zustande, die bis ins Jahr 1815 zurückreichen. Mit seinem ›West-östlichen Divan‹ beschäftigt, hat Goethe damals an Schlosser geschrieben: »Wenig fehlt, daß ich noch arabisch lerne [...]. In keiner Sprache ist vielleicht Geist, Wort und Schrift so uranfänglich zusammengekörpert.« In seinen ›Tag- und Jahres-Heften‹ von 1817 vermerkte er dann, es sei »die Handschrift im Orient von so großer Bedeutung«, dass er sie, eben »Um des Divans willen«, selber »nachzubilden suchte«.

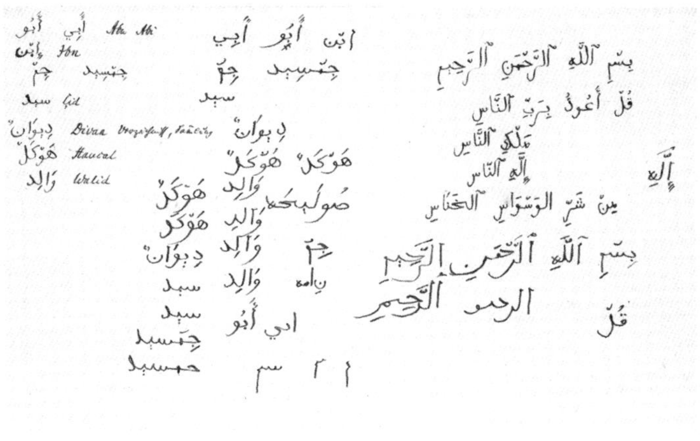

Arabische Schreibübungen Goethes
angeleitet 1815 durch den Heidelberger Orientalisten Paulus
(von dessen Hand hier die linke und obere rechte Spalte)

In Göttingen hatte 1952 Wolfgang Kayser den Lehrstuhl für Neuere Deutsche Philologie eingenommen. Als er sich mit dem ›Divan‹ befasste, suchte er, durch Goethes Bemühungen angeregt, auch selber Unterricht in arabischen Schriftzeichen und kam dazu ins Haus des Orientalisten. Das war Hans

Heinrich Schaeder, der schon in mein Promotionsverfahren eigenmächtig eingegriffen hatte, damals mit sehr unerwünschten Folgen. Er zeigte sich auch weiterhin an mir interessiert (agierte überhaupt so auffällig als Förderer von Studenten, die er für begabt hielt und an denen er Gefallen fand, dass über seine ‚Genies vom Dienst' gespöttelt wurde). Eines Tages, als sein germanistischer Kollege schon eingetroffen war zu diesen Schreibübungen, ließ er ihn eine Weile warten und hatte als Angelhaken sein Exemplar meiner maschinenschriftlichen Dissertation auf den Arbeitstisch gelegt. Kayser nahm es zur Hand, blätterte darin, bat es sich dann als Leihgabe aus und biss an. Er hatte aus Lissabon keine eigenen Schüler, Doktoranden oder Habilitanden mitgebracht. So kam es zu seiner überraschenden Anfrage, ob ich mich nicht bei ihm in Göttingen habilitieren wollte: er würde sich dafür um ein Stipendium bemühen. Ich habe nicht lange überlegt. Habilitationsstipendien waren damals sehr unüblich, und mein Unbehagen darüber, dass ich im Voraus bezahlt werden sollte für eine keineswegs sichere spätere Leistung, ließ mich dieses Angebot ausschlagen. Im März 1953 aber schrieb Kayser, die einzige, mit Verwaltungsarbeit und einigen Lehrverpflichtungen verbundene Stelle eines Wissenschaftlichen Assistenten am Göttinger Deutschen Seminar könnte für mich frei werden, weil man ihren bisherigen Inhaber, den Privatdozenten Wilhelm Emrich, auf eine Professur nach Köln berufen wollte. Für diesen Fall sagte ich zu. Meine Frau war einverstanden mit einer solchen Wendung unseres Weges. Als die Sache sicher war, beendete ich meine Tätigkeit in der Essener Verlagsgesellschaft. Im Oktober zogen wir also nach Göttingen.

Da wohnten wir nur wenige Kilometer entfernt von der innerdeutschen Grenze zur DDR. Dass ängstliche Bekannte fragten, ob wir uns wirklich so am Rand der westlichen Welt aufhalten wollten, ganz dicht am sowjetischen Machtbereich, war bezeichnend für die damals herrschenden politischen und militärischen Besorgnisse. Solche Ängste blieben unnötig. Aber die nahe, unpassierbare Grenzschranke spielte natürlich eine bestimmende Rolle für unser Leben dort. Einmal sogar eine erwünschte und erfreuliche: Als vom Oktober 1955 an etwa 10000 Kriegsgefangene über das benachbarte Friedland heimkehren durften in die Bundesrepublik, konnte auch Dagmar Schöne als Helferin in dem dort eingerichteten Entlassungslager arbeiten.

Im Zuge allgemeiner Entspannungsbemühungen zwischen West und Ost hatte der Bundeskanzler Adenauer bei Verhandlungen in Moskau über die Aufnahme diplomatischer Beziehungen der Bundesrepublik zur Sowjetunion die Freigabe dieser noch immer zurückgehaltenen Gefangenen durchgesetzt. Der Göttinger Slawist Maximilian Braun erzählte mir davon, höchst vertraulich damals. Adenauer wollte den in Petersburg Aufgewachsenen, dessen Muttersprache also das Russische war, als Dolmetscher für seine direkten Gespräche mit Bulganin und Chruschtschow mitnehmen. Am Ende eines Vorstellungsbesuches in Bonn habe er sich hinsichtlich seiner Sprachkenntnisse noch einmal erkundigt: »Können Sie denn auch so die Feinheiten?«, was den Befragten einigermaßen konsternierte. Als dann bei den Moskauer Auseinandersetzungen Chruschtschow mit den deutschen Verbrechen im Krieg gegen Russland argumentierte, habe Adenauer entgegnet, auch beim sowjetischen Einmarsch in Deutschland sei doch Ungeheuerliches geschehen. Braun übersetzte das ungenau und mehrdeutig. Man konnte annehmen, dass der Bundeskanzler die russische Gegenoffensive selber als ein ungeheuerliches und verbrecherisches Geschehen bezeichnet hatte. Das rief einen Entrüstungssturm hervor, der den Abbruch der Verhandlungen befürchten ließ. Doch habe sich alsbald der russische Dolmetscher eingeschaltet und in einer längeren Darlegung den

Sachverhalt geklärt, sodass die Wogen sich wieder glätteten. – Was Professor Braun nicht vergessen hatte: Als beim Rückflug in ihrer Lufthansa-Maschine angesagt wurde, man habe jetzt die bundesdeutsche Grenze passiert, sei ihm Adenauers Frage wieder eingefallen: »Können Sie denn auch so die Feinheiten?«

»Die Stadt Göttingen«, schrieb Heine 1824 zu Beginn seiner ›Harzreise‹, »berühmt durch ihre Würste* und Universität, gehört dem Könige von Hannover und enthält 999 Feuerstellen**, diverse Kirchen, eine Entbindungsanstalt, eine Stern-

* Im späten 18. Jahrhundert haben Göttingens Professoren diese berühmten Mettwürste gelegentlich beigepackt, wenn sie ihre Schriftwerke an auswärtige Kollegen versendeten. Lichtenberg behauptete, dass auch sein Verleger Dieterich »alle halbe Jahr mit andern Geistes Produckten [: Rezensionsexemplaren der von ihm gedruckten Bücher] wenigstens ½ Centner davon nach Berlin« schickte: »Die Litterarischen Produckte und hiesige Mett-Bücher kamen zuweilen wieder zurück, aber man hat kein Beyspiel das je eine Wurst wieder zurückgekommen wäre.« So werde er Friedrich Nicolai raten, in der von ihm herausgegebenen ›Allgemeinen deutschen Bibliothek‹, dem großen Rezensionsorgan der Berliner Aufklärung, nicht nur die Bücher, sondern auch die Göttinger Wurstwerke »recensiren zu lassen.« (Brief an Amelung, 6.5.1784). – In gleicher Güte werden sie jetzt wohl nur noch im Eichsfeld hergestellt. Sie begeisterten auch unsere Enkelkinder, zumal wir ihnen absichtsvoll nur selten und zum Verteilen eine solche ‚Stracke' schicken ließen. Als sich die fünfjährige Marie einmal sehr schmerzhaft die Stirnhaut aufgerissen hatte, zum Zunähen blutüberströmt in eine Klinik gebracht werden musste und daraufhin eine Extrawurst bekam, quittierte sie das mit den unvergesslichen Worten: »Gott sei Dank, dass ich die Wunde hatte!«

** Bei »Feuerstellen« darf man wohl nicht nur an Herde und Öfen denken. Angesichts der vielen mit Stroh gedeckten kleinen Fachwerkhäuser der Stadt hat Lichtenberg 1789 notiert: »Wir wohnen zu Göttingen in Scheiterhaufen, die mit Türen und Fenstern versehen sind.« (Sudelbuch J 183).

warte, einen Karzer, eine Bibliothek und einen Ratskeller, wo das Bier sehr gut ist. Der vorbeifließende Bach heißt ‚die Leine' und dient des Sommers zum Baden«. Zum Leidwesen der antipreußischen Welfenanhänger gehört Göttingen inzwischen keinem hannoverschen König mehr. Auch habe ich in der Leine nie jemanden baden sehen. Alles andere gab es und gibt es dort noch immer, und außer vermehrten Feuerstellen nicht viel Nennenswertes darüber hinaus – ausgenommen das ‚Deutsche Theater', das in den Jahren 1950 bis 1966 unter Heinz Hilpert eine der bedeutendsten Sprechbühnen der Bundesrepublik war. Selbst Heines Resümee, die Stadt gefalle einem »am besten, wenn man sie mit dem Rücken ansieht«, könnte man noch gelten lassen. Eher wohl als an Ort und Stelle werden einem aus der Ferne und in der Rückerinnerung Göttingens unaufdringliche Vorzüge bewusst. Aber wir hatten ohnehin keinen Grund, uns gleich wieder fortzuwünschen.

Wolfgang Kayser war ein angenehmer Chef, zugänglich, aufgeschlossen, ungemein liebenswürdig im persönlichen und bald auch freundschaftlich-familiären Umgang. In Münster hatte der Ordinarius, mein Doktorvater, seinen Hörsaal stets mit einem Gefolge von Assistenten und Hilfskräften betreten, wie ein Klinikchef bei der großen Visite. So verfügte auch ich mich zu Beginn meines ersten Göttinger Semesters in Kaysers Vorlesung. Ich hatte ihn vorher nicht gefunden, aber er sah mich unter den Zuhörern und gab mir durch eine überschwängliche Bedankung zu verstehen, dass er keine Wiederholung dieses Besuches wünschte. Vor jedem Kolleg nämlich saß er allein im benachbarten Dozentenzimmer, memorierte dort mit frappantem Kurzzeitgedächtnis noch einmal seinen schriftlich ausformulierten Text und sprach dann nahezu frei. Höchst eloquent also und überdies sehr gut aussehend, übte er in seinen Vorlesungen keineswegs nur auf die Studentinnen eine gewaltige Anziehungskraft aus.

Neben meinen Verwaltungsgeschäften vormittags im Institut ging ich ihm bei der Begutachtung der schriftlichen Hausarbeiten zur Hand, die in seinen Hauptseminaren vorgelegt werden mussten. Selber hielt ich Proseminare für die Studienanfänger ab, die der jeweils zuständige Professor im Vorlesungsverzeichnis damals noch unter seinem eignen Namen und »durch Assistenten« ankündigte. Im Übrigen arbeitete ich mit großer Entdeckerfreude an einer Habilitationsschrift ›Säkularisation als sprachbildende Kraft. Studien zur Dichtung deutscher Pfarrersöhne‹, die sich am Beispiel von Gryphius, Lenz, Gotthelf, Bürger und Benn mit der Einwirkung von Bibel und Gesangbuch auf die weltliche Dichtung befasste.

Der Psychologieprofessor Kurt Wilde, der sich über die sonst in Göttingen sehr wohl beachteten akademischen Rangunterschiede hinwegsetzte, und seine Frau waren oft mit uns zusammen in dieser Zeit. Zu viert hockten wir nebeneinander auf dem Fußboden und malten unter seiner Anleitung großformatige Aquarelle; drei Bilder von ihm haben wir nach seinem frühen Tod bekommen; die gibt es noch, und einige unserer eigenen auch. Mit dem Göttinger Privatdozenten Arthur Henkel und seiner Familie freundeten wir uns an. Und mit Günther Patzig, dem Assistenten des Philosophen Josef König, wurde ich bekannt. Wie ich dann nach Münster, so ging er nach Hamburg; beide kehrten wir später nach Göttingen zurück. Lebenslang gehörten er und seine Frau Christiane hier zu unseren engsten Freunden.

Aber noch bevor ich meine Habilitationsschrift fertigstellen konnte, zur gleichen Zeit auch, in der wir unser erstes Kind erwarteten, geriet ich in eine sehr unangenehme und besorgniserregende Lage. Auf einer kurzen Reise mit meinem orientalistischen Protektor Schaeder kam es bei der gemeinsamen Übernachtung völlig unverhofft zu einem körperlichen

Annäherungsversuch und, als ich das Zimmer zu verlassen suchte, zu einer handfesten Rangelei. Danach schlug seine Zuneigung ins Gegenteil um. Durch Telefonanrufe im Deutschen Seminar bekam er heraus, dass ich dort mehrfach erst nach 9 Uhr morgens erschienen war, und erklärte daraufhin den zuständigen Professoren, ich würde meine Arbeitspflichten sträflich vernachlässigen. Überdies bedrängte er, wenn ich nicht daheim war, meine Frau mit Vorwürfen gegen mich so sehr, dass der Arzt ihre Schwangerschaft gefährdet sah. In großer Not habe ich mich damals dem Dekan anvertrauen und um seine Hilfe bitten müssen. Der griff so wirksam ein, dass wir fortan unbehelligt blieben. Am 5. September 1956 kam unsere Tochter Bettina gesund zur Welt, und im Jahr darauf konnte ich mich habilitieren.

Nachdem man die Habilitationsschrift gutgeheißen hatte und im Anschluss an meinen fakultätsinternen Vortrag über poetische Fiktionalität auch ein langes Kolloquium zufriedenstellend verlaufen war, stand im Mai 1957 als letzter Akt des Habilitationsverfahrens noch die öffentliche Probevorlesung aus. Selbstgewähltes Thema: ›Bertolt Brecht, Theatertheorie und dramatische Dichtung‹. Brecht galt damals weithin als ein Propagandist des kommunistischen Ostens; westdeutsche Aufführungen seiner Stücke führten zu heftigen Tumulten und mussten oft abgesetzt werden. Ungeschickterweise wählte die besorgte Fakultät deshalb einen möglichst kleinen Hörsaal des Auditoriengebäudes für meine Lehrprobe. Als ich dort ankam, standen auf dem langen Zugangsflur die ungehalten nach Einlass verlangenden Studenten so dicht gedrängt, dass ich in der Menge stecken blieb. Bei offener Hörsaaltür sah ich von weitem das erhöhte Rednerpult und den Dekan Percy Ernst Schramm, der von dort her auch mich erblickte und mit lauter Stimme erklärte: »Ich verspreche, diese Vorlesung wird so oft wiederholt, dass alle sie anhören können. Und damit der Vortragende jetzt an sein Katheder gelangt, machen Sie draußen bitte eine Gasse in der Breite eines ordentlichen Professors!« Unter allgemeinem Gelächter entspannte sich die Lage. Durch eine zureichend breite Gasse eintretend wusste ich, nach diesem Vor-Urteil würden sich die Mitglieder der Hohen Fakultät mit meiner Probevorlesung zufrieden geben müssen. So geschah es auch. Mit der ›venia legendi für Deutsche Philologie‹ ausgestattet, konnte ich für das Sommersemester 1957 mein erstes eigenes Hauptseminar ankündigen: ›Gottfried Benn‹, und im Winter 1957/58 folgte mein erstes Kolleg über ›Deutsche Romane im 20. Jahrhundert‹ – in Ergänzung zu Wolfgang Kaysers großen Lehrveranstaltungen, die sich nicht mit Gegenwartsliteratur befassten.

Meine Probevorlesung über Brecht habe ich nicht nur, wie vom Dekan versprochen, in Göttingen wiederholt. Im Sommer 1958 wurde ich dazu auch nach Münster eingeladen. Wiederum probeweise. Denn durch einen Wechsel von Erich Trunz nach Kiel war dort das Extraordinariat meines Faches frei geworden. Im Herbst geschah, was Benno v. Wiese in eigener Sache mit den Worten bedachte »Der seltene Vogel Ruf hat sich bei mir niedergelassen«. Mit dem Wintersemester begann ich meine Münsteraner Lehrtätigkeit als Außerordentlicher (also nicht schon ‚Ordentlicher') Professor.

Wir bezogen eine Wohnung in der Hüfferstraße. Zu viert jetzt. Mit unserer kleinen Tochter begleitete uns auch Gisela Fuge aus Niedernjesa, die in Göttingen als junges Kindermädchen, Haushalts- und Kochlehrling bei uns war und unbedingt mitkommen wollte. Nur bekam sie gelegentlich epileptische Anfälle. Bettinchen musste also lernen, wie sie sich verhalten sollte, wenn die beiden auf den Wiesen unweit unserer Münsteraner Wohnung oder im nahen Zoologischen Garten spazieren gingen und plötzlich passierte, was in der Kindersprache hieß: »Pilla hat Bums gemacht«. War ich selber dort mit der Kleinen unterwegs, warf ich mich deshalb oft ins Gras, sprach nicht mehr, zuckte nur ein wenig und gewöhnte sie daran, bei dem Umgefallenen stehen zu bleiben, bis er sich wieder erholt hatte oder irgendein Helfer kam. Glücklicherweise blieb das unnötig (immerhin wurde Bettina nach diesen frühen neurologischen Übungen eine Medizinerin und Anwältin der medizinischen Ethik).

Glücklich waren in Münster auch alle anderen Umstände. Mein Doktorvater Benno v. Wiese war nach Bonn gegangen. Mit seinem Nachfolger als Ordinarius meines Faches, dem umgänglichen Wolfdietrich Rasch, ebenso mit dem Altgermanisten Jost Trier hatte ich auch als junger Extraordinarius von Anfang an ein gutes, nahezu kollegiales Verhältnis. Ich bezog das von Erich Trunz verlassene Dienstzimmer, saß an seinem Schreibtisch und benutzte sein Telefon. Was sich damit abspielte, war bezeichnend für die Herrschaftsverhältnisse im Institut und wohl überhaupt für professorale Verhaltensweisen dieser Zeit. Den Telefonapparat nämlich hatte man für Trunz nur zum universitätsinternen Gebrauch eingerichtet; so musste nun auch ich Gespräche von und nach außerhalb in einem anderen Raum führen, wo Sekretärinnen und studentische Hilfskräfte zuhörten. Ein Techniker würde mein Telefon problemlos umschalten können, meinte die Chefsekretärin, aber ohne Anordnung des geschäftsführenden Direktors ginge das nicht. Als ich Herrn Trier darum bat, musterte er mich mit seinen stahlblauen Augen und erklärte: »Ja, morgen wird das erledigt. Sehen Sie, Herr Trunz hat darüber so gejammert, dass wir es unmöglich ändern konnten.«

Münsters Studierende waren zumeist Landeskinder, die oft nur als Fahrschüler anreisten: eher ein wenig langsam und bieder, aber solide doch und fleißig. Auf den universitären Zusammenhang von Lehre und Forschung bedacht, versuchte ich gleich in meiner ersten Vorlesung, sie für ›Drama und Oper im Barock‹ zu interessieren. Denn mich selber beschäftigten damals vor allem deutsche Dichtungen des 17. Jahrhunderts und im Zusammenhang damit die seit dem 16. Jahrhundert in vielen europäischen Ländern aufkommenden Emblembücher – mit ihren Auswirkungen auf eine ‚angewandte Emblematik' nicht nur in der Dramatik und in Erzählwerken, sondern ebenso etwa in Predigten oder Reden aller Art und in vielen Bereichen der bildenden Kunst.

Noch in meiner Göttinger Assistentenzeit hatte ich ein darauf gerichtetes Arbeitsvorhaben in Gang setzen können, an dem sich sogleich auch der Privatdozent Arthur Henkel beteiligte und das unser Ordinarius Wolfgang Kayser wirksam unterstützte. Die ungemein hilfreiche Göttinger Universitätsbibliothek hatte uns eine Arbeitsstelle eingerichtet. Dorthin holte sie als langfristige Leihgaben auch die im Besitz auswärtiger und ausländischer Bibliotheken befindlichen alten Emblembücher, die wir für unser Untenehmen brauchten. Wir fanden hoch engagierte wissenschaftliche Mitarbeiter und Übersetzer, und die Göttinger Akademie der Wissenschaften riskierte einen anspornenden Vertrauensvorschuss: Aus ihren begrenzten eigenen Mitteln hat sie dieses Vorhaben, dessen Erfolg doch keineswegs abzusehen war, ein ganzes Jahrzehnt lang finanziert. 1967 lag das Ergebnis vor: ›Emblemata. Handbuch zur Sinnbildkunst des XVI. und XVII. Jahrhunderts‹ – ein 7 Kilogramm schwerer Folio-Band (spätere Neuauflagen erschienen auch in kleinerem Format, wogen kaum noch halb soviel, waren aber immer noch lesbar und nicht ganz so teuer). Nach den Sachgebieten ihrer Holzschnitte oder Kupferstiche (res pictae) geordnet und durch umfangreiche Register erschlossen, wurden hier mehr als 3700 dieser jeweils dreiteiligen Embleme (inscriptio | pictura | subscriptio) wiedergegeben, ihre bildauslegenden Versunterschriften zugleich in deutscher Übersetzung. Nicht nur für die Literaturwissenschaften, auch für andere davon betroffene Fächer im In- und Ausland wurde das ein anregendes Hilfsmittel zum Verständnis und zur Erforschung der ‚angewandten Emblematik' eines Zeitalters, von dem Herder sagte, dass man es »beinahe das emblematische nennen möchte«.

Als Arthur Henkel eine Professur in Heidelberg eingenommen hatte und für dieses Unternehmen kaum noch Zeit zu haben meinte, musste ich unsere Göttinger Arbeitsstelle weitgehend allein anleiten und beaufsichtigen. Von Münster aus wurde das zunehmend schwierig. In dieser bedrängten Lage erreichte mich im Herbst 1959 ein Ruf, also ein Rückruf eigentlich nach Göttingen, wo man einen neuen, also zweiten ordentlichen Lehrstuhl meines Faches eingerichtet und mich an die erste Stelle der Berufungsliste gesetzt hatte. In Münster wollte man mich nicht gehen lassen, und das nordrhein-westfälische Kultusministerium bat mich zu sehr bemühten Bleibeverhandlungen nach Düsseldorf. Der zuständige Hochschulreferent sagte mir die Umwandlung meiner (nur) ‚außerordentlichen' Professur in ein ‚persönliches Ordinariat' zu, bot mir dabei wegen der miserablen Bibliotheksverhältnisse am Ort einen ständigen festen Reisekostenzuschuss an und überdies auf einen Ruck fast schon das Endgehalt eines ordentlichen Professors. Diese unter heutigen Verhältnissen undenkbaren Regelungen wurden bei den Rückverhandlungen in Hannover auch vom niedersächsischen Ministerium übernommen. Den Ausschlag gaben schließlich das an Göttingen gebundene Emblemata-Unternehmen und die meinem Interesse an der Barockliteratur dienlichen reichen Bibliotheksbestände in Göttingen und im nahen Wolfenbüttel, vor allem aber Wolfgang Kaysers Wirksamkeit am gleichen Ort. Ich kannte die Anziehungskraft, die er auf die Studierenden ausübte, also auch auf Seminarteilnehmer, Staatsexamenskandidaten und Doktoranden, und dachte, dass ich in seinem wohltuenden Schatten – sehr anders als in Münster – fast noch einmal wie ein Privatdozent würde leben können. Gegen Ende meines dritten Münsteraner Semesters sagte ich in Hannover zu, um im kommenden Sommer in Göttingen anzutreten.

Wenige Wochen später, am 23. Januar 1960, ist Kayser völlig unvermutet zu Tode gekommen. Erschreckend war das für mich auch wegen der Arbeitslast, die mich nun in Göttingen erwartete. Das wusste man dort natürlich. Der Dekan rief mich in Münster an und ließ mich entscheiden, was jetzt geschehen sollte: Eine Berufungskommission für die Nachfolge des Verstorbenen wolle die Philosophische Fakultät entweder erst nach meinen Amtsantritt im Sommersemester einsetzen, sodass ich mitbestimmen könnte, wer mein künftiger direkter Kollege sein würde – oder aber sogleich und ohne meine Beteiligung, wodurch sich diese Lücke vermutlich rascher schließen ließe; wenn ich das vorzöge, würde er mir die Berufungsvorschläge vorab mitteilen, und die Fakultät räume mir ein Vetorecht ein. Natürlich stimmte ich dieser zweiten Regelung zu. So kam schon ein Semester später Walther Killy aus Berlin auf Kaysers Lehrstuhl, und wir konnten uns die Arbeit teilen. Unsere acht gemeinsamen Jahre in Göttingen blieben bei unterschiedlichen universitätspolitischen Ansichten nicht ohne Reibungen. Aber aufs Ganze gesehen verliefen sie doch fast bis zuletzt in freundschaftlichen und familiär-herzlichen Bahnen. Dann ging Killy als Gründungsrektor einer neuen, fortschrittlich linksgerichteten Universität nach Bremen, wich freilich später an die Universität Bern aus, war zuletzt als Leiter des Forschungsprogramms der Herzog August Bibliothek in Wolfenbüttel tätig.

Wir hatten uns in Göttingen vergeblich um eine ausreichend geräumige Wohnung bemüht. Die hätten wir zu dieser

Zeit tatsächlich nur bekommen können, wenn wir uns als künftige Mieter mit einem ‚verlorenen Baukostenzuschuss' von etwa 30000 DM an einem Neubau beteiligten. Durch schwiegerelterliche Unterstützung wäre das möglich gewesen. Aber eine immobilienkundige Architektin erklärte uns, dass wir mit diesem Geld im Rahmen des staatlich geförderten ‚sozialen Wohnungsbaues' auch selber bauen könnten. Wir bekämen dazu ein hinreichend großes, zinsloses Darlehen für Landesbedienstete, und für Fälle wie den unseren verfüge die Universität über einige Grundstücke an Göttingens Ostrand, die früher als Schrebergärten gedient hatten. Sie gehörten der Stadt, die an ihrem Verkauf wenig oder nichts verdiente, und kosteten nur 7,20 DM pro m^2 (kaum zu glauben angesichts der heutigen Grundstückspreise hier im Ostviertel). Der junge Architekt Jochen Brandi kam zum Plänemachen nach Münster und baute uns dann in Göttingen an einem Feldweg, der schon als Grotefendstraße bezeichnet wurde, das eigene Haus. Im Oktober 1960 zogen wir ein – ohne zu denken, dass wir für immer dort bleiben würden.

Als wir sechs Jahre später mit Tobias unser zweites Kind bekamen und mehr Platz brauchten, wurde an der rückseitigen Grundstücksgrenze noch ein flaches Gartenhaus errichtet, mit einer Garage, einem Abstellraum für Geräte und der mit Büchern und Papieren vollgestopften neuen Arbeitsklause für mich. Dort sitze ich auch, wenn ich an diesen Erinnerungen schreibe. Schaue jetzt durch das schreibtischbreite Fenster in den längst durch Bäume und Hecken ringsum abgeschirmten, frühlingsgrünen und blühenden Garten. Dahinter dann das Wohnhaus. Und über allem hoch im Himmelsblau weiße Kondensstreifen, an deren Spitze manchmal im Sonnenlicht ein winzig kleines Flugzeug erkennbar wird. Das kommt von weit her und hat ein mir unbekanntes Ziel.

Georgia Augusta Als ich 1960 an Göttingens Georg-August-Universität kam, gab es am Seminar für Deutsche Philologie vier ‚ordentliche' Lehrstühle (einer der beiden neugermanistischen nach Wolfgang Kaysers Tod noch vakant, der altgermanistische mit Hans Neumann und der etwas randständige niederdeutsche mit Heinrich Wesche besetzt), dazu einige ihnen zugeordnete Assistentenstellen, deren Inhaber Proseminare abhielten. Als ich mich 1990 vorzeitig emeritieren ließ, lehrten hier zehn Universitätsprofessoren und fünfzehn nicht habilitierte Akademische Räte, Oberräte oder Direktoren. – Wie viele Studierende im Fach Germanistik zu unterrichten waren, lässt sich für 1960 nicht mehr feststellen; berechnete man das entsprechend der Entwicklung der Gesamtzahlen an Göttinger Studenten,* käme man für dieses Jahr wohl auf 599. Im Sommersemester 1990 jedenfalls waren es 2296.

Für den Lehrbetrieb konnte das nicht ohne Folgen bleiben. Im Zusammenhang mit der 68er-Bewegung, auf die ich später eingehen will, gab es schon vor meiner Emeritierung erhebliche Veränderungen. Tiefer aber und dauerhafter hat erst 1999 die von 29 europäischen Ländern vereinbarte ‚Bologna-Reform' in die Verfassungen, Studienordnungen und Lehrpläne der Universitäten eingegriffen. Man suchte die überhandnehmenden Studentenzahlen zu drosseln, fügte sich in kurzsichtiger Anpassungsbereitschaft aber auch den akuten wirtschaftlichen Bedürfnissen des Arbeitsmarktes. So wurde damals (neben den in einigen Bundesländern noch beibehaltenen Staatsexamina für Juristen, Mediziner oder Lehrer an höheren Schulen) das Kurzzeitstudium berufsqualifizierender ‚Bachelor'-Studiengänge eingeführt, dem sich dann für

* 1960 zählte man hier insgesamt 7684 Studierende, 1990 dann 29463.

deutlich weniger Absolventen ein entschiedener wissenschaftlich ausgerichtetes ‚Master'-Studium anschließen sollte. Dabei wollte man durch ein international gültiges, kompliziertes Punktesystem die Studienleistungen vergleichbar und anrechenbar machen, um den Studienplatzwechsel zwischen deutschen und europäischen Hochschulen zu befördern.

Was man sich in Bologna versprach, ist in der Praxis nicht eingetreten. Die studentische Mobilität wurde von dieser Reform kaum belebt. Auch kam es keineswegs zu einer Entlastung von steigenden Studentenzahlen. Bei zunehmend ermäßigten Anforderungen im Abiturientenexamen wurde der Übergang von einer höheren Schule auf die Hochschule mit der Zeit fast zur Regel, und nach dem Bachelor-Examen begannen die Absolventen meist doch noch ein Master-Studium (Abbrecherquoten in beiden Studiengängen wurden klein gehalten durch Mittelkürzungen für die ‚schuldigen', ohnehin unterfinanzierten Universitäten). Überdies hat man die im Interesse späterer Berufsanforderungen engmaschig spezialisierten Studiengänge angesichts vieler unzureichend vorgebildeter Anfänger und auch weiterhin eher antriebsarmer Studenten keineswegs nur in der Philosophischen Fakultät rigoros verschult. So blieb den Studierenden, auch den begabtesten und tüchtigsten, wenig Wahlfreiheit und kaum noch Gelegenheit, über den Tellerrand ihres Faches hinauszuschauen. Weit zurückbleibend hinter der universitas jedenfalls eines breiten Fächerkanons, haben seither auch einseitig orientierte staatliche oder private Ausbildungsinstitutionen die Bezeichnung ‚Universität' angenommen, und was schon von früher her so heißt, ist eigentlich nur noch ein räumlicher Verbund mehrerer gegeneinander abgeschotteter Berufs- oder Fachhochschulen. Ich denke fast: Löste man Göttingens Georgia Augusta heute auf und verteilte ihre Fachbereiche auf unterschiedliche Standorte in Niedersachsen, dann machte das jedenfalls für das

Studium ihrer Zöglinge keinen merklichen Unterschied. Die Universität meiner eigenen Studentenzeit gibt es schon lang nicht mehr. Aber auch die Universität meiner Assistenten- und ersten Professorenjahre unterschied sich noch sehr von der heutigen Institution gleichen Namens.

2003 ist die Georgia Augusta nach dem Modell eines Wirtschaftsunternehmens in die Trägerschaft einer ‚Stiftung Öffentlichen Rechts' überführt worden. In die Zuständigkeit dieser ‚Stiftungsuniversität' (so benannt, obgleich sie keineswegs über ein ertragsfähiges Stiftungsvermögen verfügt und nach wie vor vom Land Niedersachsen unterhalten wird) fielen damit auch zuvor staatliche Aufgaben. Geleitet wird sie jetzt von einer Präsidentin oder einem Präsidenten mit erheblichen Machtbefugnissen. Denn sie oder er wird gleich für acht Jahre gewählt (das ist auch noch wiederholbar) und schlägt für die Dauer der eigenen Amtszeit dann selber fünf vom Senat zu wählende Vizepräsidenten vor, die in letzter Instanz ein ‚Stiftungsrat' bestätigen muss. Dieses Präsidium wird ernannt und soll überwacht werden durch einen ‚Stiftungsausschuss Universität', von dessen sieben Mitgliedern nur eines noch der Universität angehört. Deren herkömmliche Selbstverwaltung wurde also weitgehend abgelöst von einer nicht mehr staatlich definierten Außensteuerung.

Zuvor war ein vom Kultusministerium eingesetzter und ihm unterstellter Kurator für die Finanzen und Verwaltungsgeschäfte zuständig gewesen. An der Spitze der Hohen Schule aber stand ein nur für jeweils zwei Jahre gewählter Rektor, der auch den Vorsitz im Senat als dem obersten, in umstrittenen Fragen entscheidenden kollegialen Leitungsgremium innehatte. Für dieses Amt nominierte in turnusmäßigem Wechsel die jeweils zuständige Fakultät einen ihrer besonders angesehenen, also meist älteren o.ö. (ordentlichen öffentlichen) Professoren, dessen Wahl zum Rector magnificus geradezu

Rektoratsgebäude am Göttinger Wilhelmsplatz

als krönender Abschluss der wissenschaftlichen Universitätskarriere angesehen wurde. Für eine weitere Öffentlichkeit trat ‚Seine Magnifizenz' eigentlich nur bei den in der Aula abgehaltenen Immatrikulationsfeiern und Rektoratsübergaben in Erscheinung – in festlichem Ornat. Und »Unter den Talaren« verbarg sich da keineswegs nur ein »Muff von 1000 Jahren« aus Hitlers ‚Tausendjährigem Reich' (dazu hier Seite 266 f.). Göttinger Rektor war bei meinem Amtsantritt der fast 68jährige Soziologe und Philosoph Helmuth Plessner. Amtsenthoben in Köln wegen der jüdischen Herkunft seines Vaters, hatte er im niederländischen Exil gelebt (wo aus Vorlesungen an der Universität Groningen sein bekanntestes Werk entstand: ›Die verspätete Nation. Über die politische Verführbarkeit bürgerlichen Geistes‹, 1935/1959). Nach dem Einmarsch deutscher Truppen konnte er dort untertauchen. 1952 folgte er dem Ruf auf einen neu errichteten Lehrstuhl für Soziologie in Göttingen. Mit ihm und seiner Frau Monika Plessner waren wir später befreundet. Vor ihm habe ich 1960 meinen Amtseid ablegen dürfen.

Zur Philosophischen Fakultät dieser alten Ordinarien-Universität gehörten damals etwa 30 Professoren, die unter dem Vorsitz des Dekans während des Semesters alle 14 Tage zur obligatorischen Fakultätssitzung zusammenkamen. Miteinander sollten sie im Rahmen der vom Senat vorgegebenen Gesamtregelungen den Lehr- und Prüfungsbetrieb der beteiligten Fächer und ihre Studienordnungen überwachen. Bei Vakanzen und neu eingerichteten Lehrstühlen waren sie zuständig für die dem Ministerium vorzulegenden Berufungsvorschläge. Auch über die Endnoten der Doktorexamina hatten sie zu befinden.

Angesichts der späteren Veränderungen ist das frühere Zeremoniell dieser Promotionen erwähnenswert. Alle anstehenden mündlichen Abschlussprüfungen der Doktoranden fanden am gleichen Tag und unmittelbar vor einer Fakultätssitzung statt, zu deren Beginn dann über die Dissertations-Voten der Gutachter und die Ergebnisse im ‚Rigorosum' berichtet wurde. Nach einer um gleichmäßige Ansprüche bemühten, gelegentlich durchaus kontroversen Diskussion stimmte man über die Benotungen ab, entschied mitunter auch gegen das Votum eines allzu wohlmeinenden Doktorvaters. Dann erhoben sich die Mitglieder der Fakultät, und der Dekan bat die vor der Tür wartenden Absolventen herein, die zu diesem feierlichen Akt tunlichst in dunklen Anzügen oder Kleidern erschienen. Ihre Prädikate wurden verkündet. Der oder die mit der höchsten Note Ausgezeichnete (bestenfalls und selten genug »summa cum laude«) sprach für sie alle den Doktoreid. Eine kleine Gratulationscour schloss sich an. Das hat wohl jeder und jede dieser neuen Doktoren in Erinnerung behalten. – Als die Philosophische Fakultät 1970 in mehrere Fachbereiche aufgeteilt worden war, entfiel der bisherige letzte Akt des Verfahrens. Bei den dann unabhängig voneinander erfolgenden und eigenständig bewerteten mündlichen Prüfungen erfuhr der Kandidat natürlich, ob er bestanden hatte. Aber das abschließende Notenergebnis wurde ihm erst nach einer internen Beratung der beteiligten Prüfer vom Dekanat aus schriftlich mitgeteilt. Ein Postbote überreichte die Promotionsurkunde. Das ließ sich vergessen.

Die Leitungsgremien dieser neuen Fachbereiche setzten sich aus turnusmäßig wechselnden Vertretern der Professoren und Dozenten, des akademischen ‚Mittelbaus', der Studentenschaft und der Angestellten zusammen. Ein dauerhafter persönlicher Zusammenhalt der Professoren unserer Fakultät, ohnehin leidend unter deren im Lauf der Jahre wachsender Zahl, ging mit dem Ende ihrer regelmäßigen gemeinsamen Sitzungen mehr und mehr verloren.* Dieser Isolierungsprozess ließ die interdisziplinären Kontakte verkümmern. Bei Gelegenheit der früheren Fakultätssitzungen und am Rande ihrer eigentlichen Tagesordnung hatte man doch oft auch über wissenschaftliche Vorhaben gesprochen und die Fachkompetenz der Kollegen womöglich für die eigene Arbeit genutzt. Man konnte Anregungen gewinnen und voneinander lernen, verabredete sich dann bestenfalls zu fortsetzenden Gesprächen. Mit der nach

* Als das weithin einsichtig geworden war, lud ich (an Dienstjahren schon Senior unserer Fakultät) im Oktober 1979 zu einer Besprechung der Professoren und Privatdozenten ein. Man beschloss, künftig mit einiger Regelmäßigkeit zusammenzutreffen – außerdienstlich, durchaus nicht in Konkurrenz zu den durch das Niedersächsische Hochschulgesetz autorisierten neuen Gremien. Einschließlich der Emeriti betraf das damals bereits 110 Personen. Mit nur noch moralischer Anwesenheitspflicht fanden diese Versammlungen bis 1991 statt, freilich in einem unübersichtlich großen und fallweise wechselnden Kreis. Mehr als zwei Abende im Jahr hatte man dafür ohnehin nicht hergeben wollen. Unter solchen Umständen und angesichts zunehmender Belastungen im Universitätsbetrieb erlahmte allmählich die Beteiligungsfreude. So wurde auch dieses sehr behelfsmäßige Unternehmen schließlich aufgegeben.

vielen Seiten hin anschlussfähigen, ja anschlussbedürftigen Sprach- und Literaturwissenschaft befasst, habe ich das wohl besonders deutlich empfunden und als förderlich erfahren.

Die Spannbreite interdisziplinärer Kontakte dehnte sich aus, als ich 1966 in die Göttinger Akademie der Wissenschaften aufgenommen wurde. Diese in der Mitte des 18. Jahrhunderts begründete ‚Königliche Societät' hatte Albrecht v. Haller, ihr erster Präsident, »zum Erfinden« bestimmt, weil die Universität »zum Erfinden keine Zeit« habe und nur mehr unterrichtend der »Belehrung der Jugend« diene. Seit im 19. Jahrhundert Wilhelm v. Humboldts Bildungsreform die Hochschulen selber zur Forschung und zu einer darauf gegründeten Lehre anhielt und im 20. Jahrhundert spezialisierte Forschungsinstitute der Kaiser-Wilhelm-Gesellschaft und späteren Max-Planck-Gesellschaft aufkamen, rückten die Wissenschaftsakademien in eine Randstellung. Aber im Gefolge der ‚Bologna-Reform' sind an den Universitäten wieder ältere Verhältnisse zurückgekehrt (»zum Erfinden keine Zeit«). Gewinnen die Akademien als interdisziplinäre Forschungsinstitutionen dadurch wieder an Bedeutung, so gilt das für die Göttinger Sozietät in besonderer Weise. Im Unterschied zu allen anderen deutschen Wissenschaftsakademien nämlich regelt sie geschäftliche Dinge von jeher in getrennten Klassensitzungen, behandelt die eigentlich wissenschaftlichen Angelegenheiten aber im Plenum. Nicht nur über die institutionell von der Akademie betreuten Langzeitunternehmungen, sondern auch über Arbeitsvorhaben einzelner Mitglieder wurde also und wird noch immer in den gemeinsamen Sitzungen der Mathematisch-Physikalischen und der Philologisch-Historischen (neuerdings Geistes- und Gesellschaftswissenschaftlichen) Klasse berichtet und diskutiert. Ich habe an Hunderten solcher Veranstaltungen teilnehmen können, in denen es über alle Grenzzäune hinweg querbeet durch die Disziplinen ging, und war selten gelangweilt. Zumal bei den Naturwissenschaftlern konnte ich viele dieser Darlegungen inhaltlich kaum oder gar nicht verstehen. Auch dann aber wurden mir Blickerweiterungen zuteil, methodologische Einsichten und auf Nachfrage belehrende Hilfestellungen für die eigenen Versuche – etwa bei meiner Beschäftigung mit den Schriften des Experimentalphysikers Lichtenberg, mit ›Schillers Schädel‹, mit ›Goethes Farbentheologie‹ und seiner ›Wolkenlehre‹ oder bei vielen einschlägigen Passagen in meinem ›Faust‹-Kommentar.

Ähnliches ergab sich im theologischen Bereich durch meine Zugehörigkeit zum Konvent des Klosters Bursfelde, den als damaliger Abt der Göttinger Alttestamentler Lothar Perlitt 1995 zusammenrief – sein Nachfolger in diesem Amt war der Systematische Theologe Joachim Ringleben, jetzt ist es der Kirchenhistoriker Thomas Kaufmann. Die dicht am Weserufer gelegene Benediktinerabtei des 11. Jahrhunderts (kirchengeschichtlich bekannt durch die im 15. Jahrhundert weit ausgreifende, klösterlich strenge Erneuerungsbewegung der ‚Bursfelder Kongregation' und deren meditative Spiritualität) hatte sich der Reformation angeschlossen und hat sie institutionell überdauert. In ihrer romanischen Klosterkirche wird seit siebzig Jahren am Himmelfahrtstag ein Universitätsgottesdienst gefeiert, zu dem früher in großer Zahl auch die Göttinger Studierenden geradelt kamen. Der Predigt des Abtes folgt dort ein akademischer Vortrag. Als ich bei dieser Gelegenheit einmal reden sollte (über ›Dichtung als verborgene Theologie‹) und der Hochwürdige Abt Perlitt mich einführend vorstellen musste, erklärte er am Ende mit dem für ihn charakteristischen sanften Sarkasmus: »Aber was Albrecht Schöne eigentlich wollte, hat er dann doch nicht erreicht: Abt von Bursfelde zu werden!« In der Tat hatte ich zuvor im Proust'schen Fragebogen der FAZ auf die Erkundigung »Wer oder was hätten Sie sein mögen?« ein wenig ungehörig geantwortet: »Abt von Bursfelde« – ziemlich unverständlich für die Zeitungsleser und eher scherzweise, aber doch nicht nur im Scherz.

Wen soll ich hier sonst noch erwähnen? – In unserem Seminar für Deutsche Philologie hatte ich zu meinem weit älteren altgermanistischen Kollegen Hans Neumann von Anfang an ein respektvoll freundliches Verhältnis. Ein Semester nach mir vervollständigte der schon erwähnte Walter Killy die Riege. Mit dem Altgermanisten Karl Stackmann, der 1965 nach Göttingen wechselte und dann an Neumanns Stelle trat, bildete ich ein einträchtiges Gespann; über unsere gleichzeitige Emeritierung hinaus blieben wir einander lebenslang verbunden. Und schon in den 60er Jahren kamen auch noch Muschg und Szondi zu uns.

Der Schweizer Adolf Muschg (Halbbruder des Germanisten Walter Muschg, bei dem ich in Basel studiert hatte) war Lektor für Deutsch an der International Christian University in Tokyo, als ich ihm im Herbst 1963 auf meiner ersten Ostasienreise begegnete – bei einem Arbeitstreffen mit japanischen Germanistikprofessoren in Yasumiya am Towada-See. Killy hatte damals eine Assistentenstelle zu besetzen, ich konnte vermitteln, und so übersiedelte Muschg 1964 nach Niedersachsen. Im Jahr darauf erschien als erstes seiner großen Erzählwerke der Japan-Roman ›Im Sommer des Hasen‹; inzwischen gehört er neben Max Frisch und Friedrich Dürrenmatt zu den bekanntesten Schriftstellern aus der Schweiz. Einer Göttinger Habilitation bedurfte es nicht mehr, als man ihn 1970 auf die Professur für deutsche Sprache und Literatur an der Eidgenössischen Technischen Hochschule Zürich holte. Wir haben uns seither nicht mehr aus den Augen verloren, haben einander gelegentlich wiedergesehen und uns häufig geschrieben.

Peter Szondi war ein Sohn von Lipót Sonnenschein, der sich 18jährig in Leopold Szondi umbenennen ließ und ein namhafter Psychiater wurde. Er gehörte zu den wenigen ungarischen Juden, die nach der deutschen Besetzung ihres Landes im März 1944 nicht in die östlichen Vernichtungslager deportiert worden sind. Als Wortführer eines jüdischen Rettungskomitees in der Schweiz verstand sich der Zionist Rudolf Kasztner damals zu (später heftig umstrittenen) Geheimverhandlungen mit der deutschen Seite und hat, unter Himmlers ausdrücklicher Zustimmung, etwa 1700 Personen freigekauft, die er selber auswählte. So wurde mit seinen Eltern auch der fünfzehnjährige Peter nicht nach Auschwitz verschleppt, sondern im Juli 1944 zunächst in das Konzentrationslager Bergen-Belsen verbracht, von wo sie im Dezember mit dem zweiten der beiden sogenannten Kasztner-Transporte in die Schweiz ausreisen konnten. Die dann eigentlich vorgesehene Übersiedlung nach Israel freilich lehnte der Vater dort ab.

Sowenig Peter Szondi darüber (zu mir) gesprochen hat, so sehr haben diese Vorgänge ihn doch geprägt und zunehmend belastet. Sie haben wohl auch die Depressionen befördert, die am Ende lähmend über ihn kamen. Ein Zerrissener, ein Heimatloser blieb er bis zuletzt. Als der zionistisch gesinnte Gershom Scholem ihn 1970 für Jerusalems Hebräische Universität gewinnen wollte, schrieb er ihm, dem väterlichen Verweigerungsbeispiel folgend, dass er es »verlernt habe, zu Hause zu sein (ich war es in meiner Budapester Kindheit so wenig wie in Zürich und streng genommen auch in anderem Sinn bei meinen Eltern nie)«: Aus freiem Willen bringe er die Kraft zu einer Emigration nach Israel nicht auf. In Ungarn geboren, war er erst in der Schweiz der deutschen Sprache mächtig geworden, hatte dann dort und in Paris Germanistik, Romanistik, Philosophie studiert, wurde in Zürich bei Emil Staiger promoviert und habilitierte sich in Berlin mit seinem ›Versuch über das Tragische‹. 1962 konnten wir ihn als Dozenten zu uns nach Göttingen holen. In diesen Jahren kam er, nachbarschaftlich wohnend, häufig zu uns ins Haus, freute sich an unserer kleinen Tochter, war ein scharfsinniger und wurde ein vertrauter Gesprächspartner. Gelegentlich brachte er sogar von sich aus einen eigenen Besucher mit – Celan etwa oder, in deutlicher Vorstellungsabsicht, die ihm damals nahestehende Ärztin und Schauspielerin Alexandra Kluge (Schwester des bekannten Filmemachers Alexander Kluge). Noch bei einer brieflichen Auseinandersetzung über unsere unterschiedlichen Ansichten zur Reformierung der Universitäten nannte er sich 1966 den »Ihre Frau, die Kinder und auch Sie, lieber gegnerischer Freund, herzlichst grüßenden P. Sz.« – und ging doch sparsam um mit solchen Worten. Im Jahr davor war er als Ordinarius für Allgemeine und vergleichende Literaturwissenschaft wieder nach Berlin gegangen und hatte an der Freien Universität für diese Fachrichtung ein später nach ihm benanntes Institut begründet. Im Oktober 1971 aber, gerade als er auf eine Professur nach Zürich wechseln sollte, hat er dort den Tod gesucht. Zweiundvierzig Jahre alt. Der ungemein ängstliche Nichtschwimmer watete dazu weit hinaus in den kalten Halensee. In tiefer Verwirrung wohl. Aber er wusste doch vom Suizid seines Freundes Paul Celan in Paris, der sich im Jahr zuvor in der Seine ertränkt hatte.

Den russischen Germanisten Lew Kopelew sollte ich noch erwähnen, der wenigstens für ein Semester als Gastprofessor zu uns kam, und Marion Dönhoff auch, die das eingefädelt hat. Die ostpreußische Gräfin, eng vertraut mit dem Verschwörerkreis des Putschversuchs vom 20. Juli 1944, war mit den Bewohnern ihres Familiengutes vor den Russen geflohen; während diese verzweifelten Leute wieder zurückkehrten, gelangte sie auf einem wochenlangen Ritt nach Westen, war dann hier als Journalistin tätig und wurde Chefredakteurin der Wochenzeitung DIE ZEIT. Der von ihr bewunderte, jetzt mit ihr befreundete Lew Kopelew hatte im Januar 1945 als sowjetischer Major beim Einmarsch in Ostpreußen die Plünderungen, Vergewaltigungen und Morde der russischen Soldateska verurteilt und war wegen „Mitleids mit dem Feind" zu 10jähriger Straflagerhaft verurteilt worden (in der er mit Solschenizyn zusammentraf); 1954 freigelassen, wenig später auch rehabilitiert, verhielt er sich doch zunehmend kritisch gegenüber dem sowjetischen Regime, drängte auf eine deutsch-russische Verständigung, protestierte 1969 gegen die Niederschlagung des ‚Prager Frühlings', wurde deshalb aus der Partei ausgeschlossen und mit einem Schreibverbot stillgehalten. Im Mai 1971 schrieb mir Marion Dönhoff von Kopelews Bedrängnissen und fragte, ob ich nicht »eine Einladung für ihn – entweder zu einem Gastsemester oder für einen Vortrag« bewerkstelligen könnte. Unser Rektor lud ihn für ein Wintersemester als Gastprofessor nach Göttingen ein; Kopelew bat mündlich die deutsche Botschaft in Moskau, seinen Dank für diese Auszeichnung zu übermitteln, ließ aber abwehrend mitteilen, dass er mit einer Ausreiseerlaubnis nicht rechnen könne – »zur Zeit nicht«. Neun Jahre später erst, im November 1980 und vor allem auf Betreiben von Heinrich Böll, erlaubte man ihm eine befristete »Studienreise« nach Westdeutschland, von der er dann nicht mehr in die Sowjetunion zurückkehrte. So konnte gleich darauf, im Sommersemester 1981, unser alter Plan noch verwirklicht werden. Der jüdisch-russische Gastprofessor der Germanistik, eine imposante Erscheinung mit langem weißen Tolstoi-Bart, sprach in seinem überfüllten Göttinger Hörsaal über deutsch-russische Literaturbeziehungen und hielt zum Begriff ›Weltliteratur‹ ein höchst unprofessoral geführtes Hauptseminar ab, von dem seine studentischen ‚Kollegen' mit Begeisterung sprachen. Er war ein gütiger, warmherziger Mensch. Mit seiner Frau, der Amerikanistin und Schriftstellerin Raissa Orlowa-Kopelewa, hatten wir ihn in dieser Zeit liebend gern auch zu Gast in unserem Haus.

Zum weiteren Kreis der Philosophischen Fakultät. Bei meinem Amtsantritt 1960 war ich in diesem Gremium der weitaus Jüngste. Aber die standesbewussten Ordinarien behandelten mich wie ihresgleichen, hatten mich ja selber in Göttingen haben wollen. Das galt auch und besonders für die sehr angesehenen Historiker Heuss, Schramm und Heimpel, deren Voten – wenn sie denn gleicher Ansicht waren – man in den Fakultätssitzungen widerspruchslos befolgte. Ihr Absolutismus freilich brach zusammen, als es in den frühen 60er Jahren um die Besetzung der vakanten zweiten Professur eines ganz anderen Faches ging. Gegen den Vorschlag der zuständigen Kommission versteiften sich unsere drei Machthaber zunächst darauf, dass die wissenschaftliche Kompetenz des an erster Stelle Genannten weit zurückstehe hinter der des Zweitplatzierten. Als aber daraufhin eingeholte auswärtige Gutachten dem entschieden widersprachen, erklärte Heuss wahrhaftig, den vorgeschlagenen, offenbar denn doch herausragenden Wissenschaftler nach Göttingen zu berufen, wäre hinsichtlich der Bedürfnisse anderer Universitäten nicht zu verantworten, weil bei uns im gleichen Fach bereits ein Gelehrter solchen Ranges amtiere. Das zuvor Undenkbare geschah: Man begann zu lachen. Und fortan ging es deutlich ‚demokratischer' zu.

Dieser Alfred Heuss (1909–1995), dessen weit ausgreifende althistorische Arbeiten – vor allem die große ›Römische Geschichte‹ – seine gegenwartsbezogenen, zunehmend kulturpessimistisch gestimmten Veröffentlichungen überdauert haben, war ein stockkonservativer Patriot, ein scharfsinniger, wortgewaltiger Widersacher von Horkheimers, Adornos, Habermas' und Hans-Ulrich Wehlers ‚Frankfurter Schule'. Mit polemischer Schärfe wandte er sich auch gegen die 68er-Bewegung, und als es mir damals an meinen entschieden liberaleren Kragen ging (davon erzähle ich später), bedachte er mich mit einer ergreifend wortkargen Zuneigung. Über viele Jahre hin hat er einen kurzen Geburtstagsbesuch bei mir gemacht, ohne Platz zu nehmen, nur um mich mit einer Flasche Rotwein zu kräftigen.

Percy Ernst Schramm (1894–1970), den Zweiten in diesem Dreigestirn der Göttinger Historiker, habe ich bei früheren Gelegenheiten schon erwähnt. Er hatte seit 1943 im Führerhauptquartier das ›Kriegstagebuch des Oberkommandos der Wehrmacht‹ geführt, dessen 1945 anstehende Vernichtung er dann mutig verhinderte, sodass die erhaltenen Teile in den 60er Jahren veröffentlicht werden konnten. Seine hanseatische Herkunft bestimmte ihn zu dem großen Erzählwerk ›Neun Generationen. Dreihundert Jahre deutscher ‚Kulturgeschichte' im Licht der Schicksale einer Hamburger Bürgerfamilie‹ (an dessen dem 17. Jahrhundert geltenden Passagen ich mich beratend beteiligen konnte). Als einen »Augenmenschen« bezeichnete er sich selbst: seine mediävistischen Arbeiten richteten sich vor allem auf ›Herrschaftszeichen und Staatssymbolik‹ und die Krönungsriten des europäischen Mittelalters. So wurde er 1937, inzwischen Mitglied der Reiter-SA, zur Krönung Georgs VI. nach London eingeladen. Weltläufig war er gewiss und selbstbewusst, dabei hoch geachtet und geehrt während seiner letzten Lebensjahre, in denen ich mit ihm bekannt wurde.

Hermann Heimpel schließlich (1901–1988) bemühte sich mit zahlreichen, damals viel gerühmten kirchenhistorischen, wirtschafts-, kultur- und geistesgeschichtlichen Studien und editorischen Arbeiten vor allem um das Verständnis des deutschen Spätmittelalters. Dabei sah er Hitlers ‚Drittes Reich' geradezu schicksalsbestimmt präfiguriert in diesem mittelalterlichen Reich, begrüßte also in Reden und Vorlesungen begeistert die »nationale Revolution«. Schon seit 1931 Ordinarius in Freiburg, folgte er bald nach der Machtübergabe einem Ruf nach Leipzig und ging dann in steiler Karriere 1941 an die nationalsozialistisch renommierte ‚Reichsuniversität' im besetzten Straßburg, die er beim Anrücken der französischen Truppen verließ. Seit 1946 lehrte er in Göttingen. Freilich verhielt er sich dort anders als Percy Schramm, der wegen seines ambivalenten Verhaltens in der NS-Zeit bis 1948 Lehrverbot erhielt und meines Wissens niemals ernstliche öffentliche Selbstkritik übte. Ich hörte zu, als Heimpel bei der Aula-Feier seines 80. Geburtstags auch seinen amtsenthobenen und 1942 in Theresienstadt umgekommenen jüdischen Lehrer Siegmund Hellmann erwähnte, dessen Leipziger Lehrstuhl er doch 1934 eingenommen hatte: »oft hatte ich ihm meine Verehrung gezeigt«, sagte er da, sichtlich anhand des Manuskripts. Dann nahm er die Lesebrille ab, zögerte eine Weile und fügte leise hinzu: » – solange das kein Risiko war.« Ganz sicher bin ich jetzt nicht mehr, ob der wirkungsbewusste Rhetoriker das nicht geradezu einstudiert hatte. Aber am Ernst solcher Eingeständnisse, an der Aufrichtigkeit seiner Schuldgefühle und Gewissensnöte kann deswegen kein Zweifel bestehen. Dadurch ausgelöste Depressionen haben den Schwerkranken noch am Ende seines Lebens in furchtbarer Weise heimgesucht. Maßlos ängstigend bezogen sie sich auch auf unser beider Verhältnis. Denn er meinte damals, ich wüsste noch gar nicht, dass an Straßburgs ‚Reichsuniversität' als sein Fakultätskollege (also als ein anscheinend gesinnungsgleicher Kompagnon) auch der Germanist Gerhard Fricke lehrte, über dessen ungeheuerliche Rede zur Göttinger Bücherverbrennung ich 1983, am fünfzigsten Jahrestag dieser ›Aktion wider den undeutschen Geist‹, in Heimpels Gegenwart in unserer Aula gesprochen hatte. Im Juni 1988 schrieb mir seine Frau davon und bat mich um einen beschwichtigenden, tröstenden Besuch bei ihrem

Mann in der Klinik oder sonst um einen Brief an ihn. Besuchs- und gesprächsfähig aber war er da schon nicht mehr. Ob das, was ich ihm schrieb, ihn in der Tiefe seiner Depressionen noch erreichte, weiß ich nicht. Am 23. Dezember 1988 ist er gestorben. Ich habe ihn sehr gemocht.

Aus dem weiteren Umkreis der Universität und Akademie schließlich standen oder stehen uns zwei Rechtsgelehrte am nächsten. Der Zivilrechtler (und langjährige ›Palandt‹-Bearbeiter) Uwe Diederichsen, der 1970 nach Göttingen kam, und seine Frau Sigrid sind vertraute Freunde geworden; inzwischen versorgt er bereits unsere juristischen Enkelkinder Jakob und Henriette mit sachkundigen Ratschlägen. Und früher schon konnten wir uns mit Franz Wieacker (1908–1994) befreunden, dem durch seine Arbeiten zum Römischen Recht, zum Bürgerlichen Recht und zur Neueren Privatrechtsgeschichte damals weltweit angesehensten Göttinger Juristen. Er wohnte als Junggeselle ganz in unserer Nähe, schaute gesprächsfreudig oft bei uns herein und wurde von unseren Kindern mit großem Respekt und leicht irritierter Verwunderung bedacht. Im Sommer waren wir gelegentlich zur gleichen Zeit in Kampen auf Sylt, wo uns der kleine Tobias eines Tages meldete (wohl ziemlich wörtlich so und Wieackers Stimme nachahmend): »Eben habe ich Professor Wieacker getroffen! Er hatte kurze Hosen an und eine Pudelmütze auf. Er hat am Kiosk gefragt: „Führen Sie Würstchen?“ Und als der Mann sagte, hier gebe es nur Zeitungen und Zigaretten, hat er geantwortet: „Ah! Vorzüglich, vorzüglich!“«

Einige Bekanntschaften und Freundschaften will ich hier rasch noch anführen, die unseren Horizont über den akademischen Bereich hinaus erweiterten. Gleich in den beiden ersten Göttinger Jahren kam ich, auch durch wechselseitige häusliche Einladungen, mit dem Oberst Wolf Graf Baudissin

(1907–1993) zusammen, der bis zu seiner Versetzung in das Nato-Hauptquartier Fontainebleau hier eine Panzergrenadierbrigade kommandierte. Beim Aufbau der 1955 gegründeten Bundeswehr war er maßgeblich beteiligt an der Konzeption ihrer ‚Inneren Führung'. Er entwarf das Leitbild eines ‚Staatsbürgers in Uniform', der in einer nicht mehr auf blinden Gehorsam eingeschworenen Verteidigungsarmee dem freiheitlich-demokratischen Staate diente. In seinem Buch ›Soldat für den Frieden: Entwurf für eine zeitgemäße Bundeswehr‹ von 1969 sind solche damals wie heute heftig umstrittenen Distanzierungen gegenüber der alten Wehrmacht wiedergegeben. Mit mir, dem früheren Leutnant in Hitlers Panzertruppen, hatte dieser kluge, unabhängig denkende, zu Unrecht oft als schwärmerisch zurückgewiesene Mann jedenfalls einen belehrungswilligen jungen Berichterstatter und Gesprächspartner. Ich habe viel von ihm gelernt.

Als Oberspielleiter, Regisseur und Schauspieler lernten wir den kantigen Eberhard Müller-Elmau kennen und freundeten uns an mit ihm und seiner Familie. Er war ein ungemein ernsthafter Bühnenarbeiter, unerbittlich in seinen Anforderungen vor allem an sich selbst und vorbildhaft uneitel dabei. Auch dank seiner Bemühungen ist Göttingens 1950 von Heinz Hilpert begründetes ‚Deutsches Theater', das von 1966 bis 1986 dann Günther Fleckenstein leitete, in diesen Jahrzehnten eines der bedeutendsten Schauspielhäuser der Bundesrepublik gewesen. Viele großartige Aufführungen haben wir dort bewundern können. Und nicht nur als Zuschauer, auch durch eigene Vorträge hatte ich oft mit dem Theater zu tun; bei ›Faust‹-Aufführungen konnte ich mich sogar als Ratgeber und Regiegehilfe nützlich machen. Der Göttinger Bühne haben wir uns erst entfremdet, als später ein ‚Regie-Theater' modisch wurde, das alle Werktreue verabschiedete, ebenso selbstherrlich hier wie enttäuschend mittelmäßig.

Als abonnierte Sitznachbarn kamen wir dort mit Klaus Kühns, dem Chefinternisten der Klinik im nahen Northeim, und seiner Frau Ulle zusammen. Beide und ihre Kinder wurden enge Familienfreunde. Ebenso später Klaus Held, der im gleichen Medizinfach die Weender Klinik leitete und uns gelegentlich verarztete, und seine aus Dänemark stammende Frau Hanne. Und auf seinem Rittergut vor der Stadt gab es für uns den wacker welfisch gesinnten Cuno Götz v. Olenhusen, verheiratet mit der Hamburgerin Irene Krogmann. Freundlich, ja bald schon liebevoll aufgenommen, waren wir bei ihnen wie zu Hause, wanderten dort durch Feld und Wald, ritten Cunos Pferde und kamen zu seinen Treibjagden. Mit Olenhusens und den Northeimer Kühns als Dritten in diesem Freundschaftsbund feierten wir viele fröhliche häusliche Feste, fuhren auch mit beiden Familien in den Sommerferien nach Finnland zum Schwimmen, Rudern und Fischen.

Auf ihrem Schloss im benachbarten Adelebsen wohnten, man könnte fast sagen: residierten Peter Graf Wolff Metternich zur Gracht und seine Frau Marie Christine aus dem Hochadelsgeschlecht der Altgrafen und Fürsten zu Salm-Reifferscheidt-Krautheim und Dyck. Besonders mit MC, wie die Nahestehenden sie anredeten, verband uns eine immer vertrautere und herzlichere Duzfreundschaft. Sie kam zu meinen Vorlesungen nach Göttingen, blieb oft über Nacht, frühstückte dann auch noch bei uns in einem von Dagmar ausgeliehenen Morgenrock. Als ungemein sachverständige, selber sammelnde Kennerin zeitgenössischer Malerei war sie mit dem ‚dokumenta'-Initiator Arnold Bode bekannt, wirkte im Hintergrund mit an den ersten Kasseler Ausstellungen und belebte unser Kunstinteresse. Wir waren oft zu Gast in Adelebsen, auch bei großen festlichen Anlässen, und begegneten dort vielen bekannten Leuten. Etwa dem Künstlerpaar Christo und Jeanne-Claude, die uns den noch immer im Wohnzimmer hängenden Druck ihrer Entwurfszeichnung für die spektakuläre Verhüllung des Berliner Reichstagsgebäudes schenkten. Oder der im Kopelew-Bericht schon erwähnten Marion Gräfin Dönhoff, die wir häufig bei Metternichs trafen. Oder, bei einem Essen einmal nur zu sechst, der mit MC befreundeten, liebenswürdig umgänglichen niederländischen Königin Beatrix, deren Gatte Claus v. Amsberg mir dann draußen auf der Schlossterrasse mit seinen Zigarillos zu einem wahrhaft königlichen Rauchgenuss verhalf. Mehr will ich hier nicht anführen, mehr auch von MC nicht sagen. Sie hat schon 2010 sterben müssen, qualvoll. Wir saßen an ihrem Bett im Göttinger Hospiz und standen in Vinsebeck an ihrem Sarg. Sie fehlt uns sehr.

Schließlich predigte im nachbarlichen Herberhausen unser Pastor Schiller. Wir kamen ziemlich regelmäßig zu Fuß über den Hainberg in seine Kirche, die sich weniger durch die Dorfbewohner als mit Göttinger Besuchern bis auf den letzten Platz füllte. Von den ‚Schillerfestspielen' redete man in freundlichem Spott, und immer sah man dort auch mehrere Göttinger Theologieprofessoren zu Füßen des Dorfpfarrers sitzen. Im persönlichen Umgang eher zurückhaltend und wortkarg, war er doch auf der Kanzel ein wunderbar beredter und herzbewegender Diener des biblischen Wortes. Unser Tobias ist bei ihm konfirmiert, Bettina mit Hans von ihm getraut worden.

Zurück zur Georgia Augusta. Was hier die eigene ‚Lehre und Forschung' betraf, will ich gleich noch gesondert erwähnen. Meine Beteiligung an der Selbstverwaltung unserer Universität beschränkte sich, abgesehen von den Fakultätssitzungen, auf eine Mitgliedschaft im Senat von 1964 bis 1966. Als meine Fakultät mich dann 1969 überfallsartig zum Dekan wählte, ich mich aber sträubte und wissenschaftliche Arbeitsvorhaben geltend machte, war man einsichtig, unternahm eine neuerliche Wahl und betraute meinen Fachkollegen, den Mediävisten Karl Stackmannn, mit diesem zeitraubenden Amt. Dekan also war ich nur eine Viertelstunde lang, und schon gar die Bürde eines Rektors hat mich nie belastet.

Ebendas spielte dann später bei einer Berufung nach München eine ausschlaggebende Rolle. Vakante Lehrstühle wurden zu meiner Amtszeit nicht öffentlich ausgeschrieben; einen Ruf von auswärts erhielt man ohne Bewerbung und in aller Regel auch ohne Vorerkundigungen. Weil ich solche Berufungen nach Bonn und Berlin zuvor schon ausgeschlagen hatte, war absehbar, dass ein Ruf an die Universität München uns 1971 zum letzten Mal die Möglichkeit eines Ortswechsels eröffnete. Bei den üblichen Bleibeverhandlungen erbat ich mir in Hannover die feste Zusicherung von Forschungs-Freisemestern nach jeweils drei Jahren im Lehrbetrieb und außerdem eine verbindliche Erklärung des Ministeriums, dass ich in Göttingen niemals Dekan oder Rektor werden müsste. Das Erste wurde bewilligt, das Zweite aus triftigen Rechtsgründen abgelehnt. Aber auf Anweisung des Kultusministers Peter v. Oertzen bat man mich dann doch noch einmal nach Hannover. Mit diesem marxistisch orientierten SPD-Politiker hatte ich mich kurz zuvor mächtig angelegt. Es würde ihm recht sein, dachte ich, wenn er das schwarze Schaf jetzt loswürde. Doch wollte er mit seiner einlenkenden Intervention offenbar zeigen, wie viel Mühe er sich selbst in solch einem Fall noch gab. Im Landtag nämlich war gerade sein ›Vorschaltgesetz für ein Niedersächsisches Gesamthochschulgesetz‹ verabschiedet worden. Ich hatte ihm daraufhin mitgeteilt, dass mir dessen Regelungen (durch die es »in denjenigen Selbstverwaltungs-Gremien der Universität, die über die wissenschaftliche Forschung und Lehre entscheiden müssen und die Verantwortung dafür tragen, künftig möglich sein wird, die in diese Gremien gewählten habilitierten Hochschullehrer selbst für den Fall zu majorisieren, daß ihr Votum einstimmig wäre«) unvereinbar schienen mit meiner satzungsgemäßen Pflicht, »der Universität und ihren Aufgaben, insbesondere der Wissenschaft in Forschung und Lehre, nach Kräften zu dienen«. Deshalb würde ich jetzt jede Mitarbeit an der universitären Selbstverwaltung einstellen und künftig verweigern. Darüber hinaus hatte ich allen Göttinger Professoren den Entwurf einer gleichgerichteten gemeinsamen Erklärung geschickt. Die Philosophische Fakultät diskutierte ihn in einer langen, wohl bis Mitternacht dauernden Sitzung. Am Ende erkundigte sich unser besorgter Romanist bei dem hinzugezogenen Universitätsjuristen Hans Hugo Klein, was ihm äußerstenfalls geschehen könnte, wenn er unterschriebe. Lakonische Antwort: »Amtsenthebung ohne Dienstbezüge.« Neunzehn Professoren unterzeichneten, eine knappe Mehrheit nur. In anderen Fakultäten waren es noch weit weniger. Das wurde vom Ministerium wortlos hingenommen, ohne Amtsenthebungen natürlich, und blieb wirkungslos. (Immerhin verfügte 1973 das Bundesverfassungsgericht aufgrund einer Verfassungsbeschwerde, dass der Hochschullehrergruppe, deren Mitglieder keineswegs mehr habilitiert sein mussten, wenigstens im Senat, in den Fachbereichsgremien und Berufungskommissionen eine Mehrheit von 51 % zustehe.)

Bei den durch Herrn v. Oertzen bewirkten Nachverhandlungen in Hannover fanden seine trickreichen Ministerialbeamten eine verlässliche Regelung auch für mein Verlangen, keinesfalls mehr Dekan oder gar Rektor werden zu müssen. Der bayerische Minister Hans Maier telefonierte mit mir, konnte aber für München nicht gleichziehen, weder hinsichtlich fest verbürgter Freisemester noch in dieser leidigen Ämterfrage. So sprach im Ganzen doch ein wenig mehr für Göttingen, und wir blieben hier, nun wirklich für immer.

Am Katheder, am Schreibtisch Weder einen vollständigen Katalog meiner Lehrveranstaltungen will ich hier zusammenstellen, noch etwa alle wissenschaftlichen Veröffentlichungen auflisten.* Aber verdeutlichen möchte ich, wie beides für mich zusammenhing, wie also Lehre und Forschung, denen der Doppelauftrag der Universitäten gilt, einander bedingten und wechselseitig sich fördern konnten. Viele Vortragsaufforderungen bei vorgegebenen Anlässen waren ja eigentlich Forschungsaufträge. Vor allem aber haben meine Lehrverpflichtungen wissenschaftliche Publikationen angeregt; wollte man am Katheder nicht nur mitteilen, was es anderswo schon zu lesen gab, waren eigene Erkundungen und Überlegungen doch unumgänglich. Umgekehrt hatten die am Schreibtisch gewonnenen Einsichten, neuen Fragestellungen und Beobachtungen in den Seminarübungen ein willkommenes Versuchsfeld und fanden in den Vorlesungen eine Art Probebühne; dass man mit der Freude an Unbekanntem anstecken kann, habe ich dort bald gemerkt. Was die Gegenstände angeht, mit denen ich mich beschäftigte, bin ich dadurch ein Wandervogel geworden. Schon meine frühen akademischen Pflichtarbeiten (die hier auf Seite 167 erwähnte Dissertation über die ›dichterische Gestaltung des Wahnsinns‹ und die auf Seite 184 angeführte Habilitationsschrift über ›Säkularisation als sprachbildende Kraft‹) bewegten sich in weiträumigen Untersuchungsfeldern; auch was ich danach in meinem Zuständigkeitsbereich der neueren deutschen Literaturgeschichte am Katheder zu entwickeln suchte und an Schreibtischarbeiten im

* Mit solch einem Schriftenverzeichnis (von 1949 jedenfalls bis 2015) meinte Ulrich Joost mich »vermutlich überraschen« zu können, und durch eine Vollständigkeit, die ich selber kaum zustande brächte, gelang ihm das durchaus. Zu finden in Albrecht Schöne: Keine Gesänge aus dem Elfenbeinturm. Hg. von Ulrich Joost und Thedel v. Wallmoden. Göttingen 2015, S. 49–86.

Druck veröffentlicht habe, befasst sich mit Schriften, Vorstellungen und Vorgängen aus sechs Jahrhunderten, bezog sich dabei nicht allein auf poetische Texte und machte keineswegs gleich halt an den deutschen Sprachgrenzen.

Vortragsaufforderungen also als Forschungsaufträge. Drei Beispiele wenigstens:

Am 10. Mai 1983 jährte sich zum fünfzigsten Mal der Tag der studentischen Bücherverbrennungen. Dazu war es ja auch in Göttingen gekommen, wo der Nationalsozialistische Deutsche Studentenbund schon seit 1931 die ‚Studentenkammer' mit absoluter Mehrheit beherrschte. Zur Erinnerung an diese »Aktion wider den undeutschen Geist« hatte Hannah Vogt, Vorsitzende der Gesellschaft für christlich-jüdische Zusammenarbeit, mir einen öffentlichen Vortrag in der Aula abverlangt. Ich konnte und wollte mich dem nicht entziehen; bewirkte nur, dass sich auch die Universität selber an der Einladung beteiligte, und machte mich noch ohne nähere Sachkenntnis an diese Auftragsarbeit. Mit der langen Vorgeschichte solcher Büchervernichtungen befasste ich mich, mit den frühen studentischen Bemühungen um eine Ausmerzung des jüdischen und politisch unerwünschten Schrifttums dann und schließlich mit der Vorbereitung und dem Verlauf der Bücherverbrennung in Göttingen – wo die »S.A.- und S.S.-Studenten« und mit ihnen »die schier endlosen Reihen der Korporationsstudenten in bunten Mützen und Bändern« zum Scheiterhaufen-Platz zogen und der mit diesen Angaben zitierte Berichterstatter des Göttinger Tageblattes den Eindruck hatte, dass »trotz der späten Stunde die halbe Stadt auf den Beinen sei, um Zeuge der historischen Aktion zu werden.« Bei der Suche nach Quellen und Zeugnissen für dieses Geschehen konnte ich den Wortlaut der Brandrede ausfindig machen, die der germanistische Privatdozent Gerhard Fricke im Auditorium Maximum der Universität vorgetragen hat, bevor dann auf dem Albaniplatz, dem damaligen Adolf-Hitler-Platz, der große Scheiterhaufen angezündet wurde. Mit seiner Ansprache (weit aufschlussreicher noch als die gleichzeitige, auch durch den Rundfunk verbreitete Rede des Reichsministers für Volksaufklärung und Propaganda Joseph Goebbels auf dem Berliner Opernplatz) habe ich mich eingehend befasst. Aber ich will nicht versuchen, diesen Vortrag abkürzend wiederzugeben. Man kann ihn nachlesen.* In der Aula der Universität war damals jeder Sitzplatz besetzt, und auf den Gängen standen die Zuhörer dicht gedrängt: Schüler, Studenten und Professoren, viele Leute auch aus der Stadt, von denen einige Ältere mir später sagten, sie selber hätten dieser Bücherverbrennung beigewohnt. Wohl anderthalb Stunden lang habe ich auf sie eingeredet und konnte nicht sehen, dass irgendjemand vorzeitig ging. Eingangs hatte ich gesagt, dass man danach doch besser nicht klatschen möchte. So herrschte am Ende vollkommene Stille. An diesem Abend war meine Stadt mir lieb.**

* Etwa in dem Sammelband Albrecht Schöne: Vom Betreten des Rasens. Siebzehn Reden über Literatur. München 2005, S. 187–222.

** Nach dieser Veranstaltung sagte mir der Oberbürgermeister Gerd Rinck, er wolle bewirken, dass am Albaniplatz eine Gedenktafel angebracht würde. Seit 1984 kann man dort am nördlichen Treppenaufgang lesen: WO MAN BÜCHER VERBRENNT | VERBRENNT MAN | AUCH AM ENDE MENSCHEN.

Das ist tunlichst allgemein gehalten. Mit den vollständig angeführten Versen von Heinrich Heine fand unser Stadtrat die Göttinger Beseitigung unerwünschten Schrifttums wohl allzu direkt als Initial der Massenmorde bezeichnet: »Das war ein Vorspiel nur, dort wo man Bücher | Verbrennt, verbrennt man auch am Ende Menschen.« (So wird 1821 in der ›Almansor‹-Tragödie dieses jüdischen Autors geantwortet auf die Nachricht, »daß der furchtbare Ximenes, | Inmitten auf dem Markte, zu Granada – | Mir starrt die Zung' im Munde – den Koran | In eines Scheiterhaufens Flamme warf!«)

Dann gab es 1987 in der niedersächsischen Landesvertretung in Bonn eine Ausstellung über ›Die Göttinger Sieben‹, deren Aufbegehren gegen die Obrigkeit 150 Jahre zuvor nicht nur die deutsche Öffentlichkeit bewegte. Ich war um den Eröffnungsvortrag gebeten worden und arbeitete mich in diese verfassungsrechtlich nach wie vor umstrittenen Vorgänge ein. Gegen die eigenmächtige Aufhebung des vergleichsweise liberalen, auf eine konstitutionelle Monarchie ausgerichteten Staatsgrundgesetzes durch den englisch-hannoverschen König hatte sich damals eine Eingabe von sieben der insgesamt zweiunddreißig Professoren gerichtet. Ihr durch Abschriften der Studenten verbreitetes Protestschreiben führte zur Amtsenthebung aller Unterzeichner; drei von ihnen, Dahlmann, Gervinus und Jacob Grimm, die zu dieser Veröffentlichung beigetragen hatten, drohte man sogar zu verhaften, wenn sie nicht binnen weniger Tage das Land verließen (Näheres hier auf Seite 265). Um die beständige Aktualität einer solchen politischen Gewissensentscheidung gegen staatliches Unrecht zu verdeutlichen, ging ich auf vergleichbare spätere Situationen ein. Auch auf die Göttinger Vorgänge im April 1933, als das ›Gesetz zur Wiederherstellung des Berufsbeamtentums‹ alle Hochschullehrer jüdischer Herkunft aus ihren beamteten Stellungen vertrieb. »Ein vollstimmiger Beschluß von Seiten der ganzen Universität hätte die bedeutendste Wirkung haben müssen«, schrieb Jacob Grimm 1838 über seine Entlassung – das hätte 1933 wohl auch gegolten, wenigstens vorübergehend (wie im Fall des Bischofs Graf v. Galen, der 1941 in Münster gegen das nationalsozialistische Euthanasie-Programm predigte). Immerhin gab es einen anders verlaufenden, freilich weit harmloseren Vorgang, als Niedersachsens CDU-Ministerpräsident Hellwege 1955 den rechtsradikalen Verleger und Vorsitzenden der FDP-Landtagsfraktion Leonhard Schlüter zum Kultusminister ernannte und der von den Studenten unterstützte einmütige Widerstand der Professoren, die ihre Vorlesungen einstellten, am Ende sich durchsetzte. Wohl berief man sich damals auf die alten Göttinger Sieben, aber deren Mut wurde den Protestierenden jetzt keineswegs abverlangt. Einen Augenblick lang drohte auch ihnen die Amtsentlassung, nur wussten sie das nicht. Als die Auseinandersetzung mit Hannover ihren Höhepunkt erreichte, rief der Ministerpräsident spätabends unseren Rektor an und erklärte, diesen Widerstand gegen die demokratische Parlamentsentscheidung und seine Regierungspflicht würde er sich noch drei Tage lang ansehen, dann aber alle Professoren, die sich weiterhin an der Göttinger Protestaktion beteiligten, ohne Dienstbezüge ihrer Ämter entheben. Emil Woermann (von dem ich das bei meinen Nachforschungen hörte) lag schon zu Bett und fand begreiflicherweise keine Ruhe mehr. Er kannte halt seine Pappenheimer. In der Nacht noch telefonierte er mit dem damaligen Vorstandssprecher der Süddeutschen Bank (der mir dieses Gespräch bestätigte und erlaubte, die Sache in meinem Vortrag zu erwähnen), und Hermann Josef Abs erklärte, dass er für ein Semester die Dienstbezüge aller amtsenthobenen Professoren garantiere. Der Rektor schlief beruhigt ein. Der couragierte Bankier aber, der jetzt überschlug, wie teuer das werden könnte, blieb schlaflos – bis er sich klarmachte, dass eben kraft seiner Bürgschaft der kritische Fall gar nicht eintreten würde. Dieser Bonner Vortrag wurde mehrfach nachgedruckt* – 2019 noch einmal universitätsintern, mit der Bestimmung nämlich, dass ›Das Lehrstück der Göttinger Sieben‹ künftig »allen Studierenden ausgehändigt wird, die an der Georgia Augusta ein Doktorexamen ablegen«, ebenso aber auch »allen Lehrenden, die dem Ruf auf

* Auch in Albrecht Schöne: Vom Betreten des Rasens. Siebzehn Reden über Literatur. München 2005, S. 112–131.

eine Professur an dieser Universität folgen« (erklärtermaßen als vorsorglicher Hinweis darauf, wann sie Göttingen wieder verlassen sollten, denn 1837 hat der aus dem Land gewiesene Dahlmann verfügt: »Wenn die Wissenschaft hier kein Gewissen mehr haben darf, muß sie sich eine andere Heimat suchen«).

2001 sollte ich für eine Jubiläumsfeier der 250 Jahre zuvor begründeten Göttinger Akademie der Wissenschaften die bei solchen Anlässen übliche öffentliche Festrede übernehmen. Mir fiel ein, dass der Anthropologe Johann Friedrich Blumenbach schon im späten 18. Jahrhundert und bis 1833 bei den Zusammenkünften unserer damals noch ‚Königlichen Societät' besonders lehrreiche Stücke seiner berühmten Schädelsammlung vorgelegt und besprochen hatte. Und ich besann mich auf Goethes ›Beinhaus‹-Gedicht: entstanden im September 1826, als er einen eben ausgegrabenen, seinem Freunde Friedrich Schiller zugeschriebenen Totenschädel zu sich ins Haus bringen ließ. So kündigte ich als Vortragsthema ›Schillers Schädel‹ an. Das weitete sich aus. Denn wie man mit seinen Knochenresten umging und was man von ihnen dachte, entspricht (ins Weltliche gekehrt) bemerkenswert genau dem christlichen Märtyrer-, Heiligen- und Reliquienkult. So ging ich den merkwürdigen Umständen von Schillers »Verbrecherbegräbnis« nach und dem angeblichen Giftmord, den die von Juden bestimmten Freimaurer an diesem »Märtyrer« verübt haben sollten (vorgeblich auch noch mit Goethes Wissen und von ihm gedeckt). Ich befasste mich mit der abenteuerlichen Bergung des vermeintlich Schiller'schen Schädels, mit dessen offenbarungshaftem Echtheitserweis und dem befremdlichen Umgang mit ihm zu Goethes Zeit; erörterte dann die 1911 wiederholte Suche nach den wirklich echten »Reliquien«, die 1945 drohende Vernichtung des neuen Fundes aufgrund der Zerstörungsbefehle Hitlers, auch die geheim gehaltene Reinigung der Sarkophage Goethes und Schillers zu DDR-Zeiten und die abwegige journalistische Darstellung dieser Maßnahmen später im Westen (1999: ›Eine Trophäe für den Sozialismus‹). Schließlich bedachte ich die Kontakte des Osteologen Goethe (der 1784 entdeckt hatte, ›dass der Zwischenknochen der obern Kinnlade dem Menschen mit den übrigen Tieren gemein sei‹) mit unserem Göttinger Schädelsammler Blumenbach, auch Goethes Beschäftigung mit der Gall'schen Schädellehre und mit Lavaters Physiognomik. Am Ende stand eine Betrachtung seines letzten großen naturphilosophischen Altersgedichts ›Im ernsten Beinhaus war's …‹ – mit dem er verwirklichte, was er schon 1781 in einem Brief an Lavater geschrieben hatte: »die Knochen« behandle er »als einen Text, woran sich alles Leben und alles menschliche anhängen läßt«. So kam, die Vortragsfassung erweiternd, 2002 das kleine Buch ›Schillers Schädel‹ zustande.

Das Kolleg dann, als Forschungsanregung und als Probebühne für wissenschaftliche Veröffentlichungen:

Für die oft auf ganze Epochen bezogenen Vorlesungen habe ich mich in Sachgebiete einarbeiten müssen, von denen ich nach vier Studentenjahren und einer kurzen Privatdozentenzeit oft nur erbärmlich wenig wusste. So nötigte mich meine Lehrpflicht, allererst selber zu lernen, und meine Schüler, für die und von denen ich dabei lernte, wurden meine Lehrer – diejenigen eigentlich, denen ich am meisten zu verdanken habe. Ihrer zunehmenden Zahl wegen musste ich mein Göttinger Kolleg schon bald in der Aula der Universität abhalten. Als das nach einiger Zeit polizeilich untersagt wurde, weil es für einen Brand- und Panikfall noch keine zureichenden Notausgänge gab, hat man aushilfsweise das damalige ›Stern‹-Kino angemietet. Nach diesem Zwischenspiel in spürbar unpassender Atmosphäre ging es in die mit der Universitätsbibliothek verbundene alte Paulinerkirche, die dafür hergerichtet worden war (und später wieder zu einem kleineren Vortragsraum umgebaut wurde). Schließlich gab es im Neubau des Zentralen Hörsaalgebäudes ein großes Auditorium, aus dem die Vorlesung noch in einen benachbarten Raum übertragen werden konnte. – Vor so vielen Zuhörern scheute ich die Risiken einer allein auf Notizzettel gestützten, weitgehend freien Rede, traute mich nur mit ausformuliertem Manuskript aufs Katheder, klebte dann aber (hoffentlich) nicht allzu sehr am Papier. Auch wenn sich Vorlesungen zum gleichen Generalthema nach längerer Zeit wiederholten, musste ich meine früheren Aufzeichnungen dafür überarbeiten und aktualisieren. So gingen dem Auftritt am Katheder oft lange Schreibtischnächte voraus, und immer ging es gleich von der Hand in den Mund. Zu denen, die mir das abverlangten, gehörten neben den Germanisten auch interessierte Studierende anderer Fächer und Fakultäten und, über die Generationsgrenzen hinweg, Zuhörer aus der Stadt, die damals noch nicht in eine abgesonderte ›Universität des Dritten Lebensalters‹ verwiesen wurden. Dieses gemischte Auditorium nötigte mich, so verständlich wie möglich zu reden, und leitete mich an, das nicht nur in meinen Vorlesungsmanuskripten zu beherzigen, sondern auch in den gedruckten Veröffentlichungen.

Was der Bundeskanzler Helmut Schmidt einmal als »Bringschuld« der Wissenschaften angemahnt hat, kann vielfach nur auf indirekte Weise abgegolten werden; von den Biochemikern etwa durch die auf ihren Forschungen beruhenden Arzneimittel. Die mit deutscher Literatur befassten Wissenschaftler hingegen dürften sich nicht nur untereinander verständigen, müssten ihre Bringschuld vielmehr auf direktem Weg erstatten. Aber die Universitätsgermanisten haben das vom Bildungsbürgertum früherer Zeiten gestellte breite Lesepublikum längst verloren. Die durch Stellenvermehrungen anschwellende Menge ihrer Druckschriften antwortet jetzt keineswegs mehr auf ein entsprechendes öffentliches Interesse, bleibt weithin auf ,verlorene Druckkostenzuschüsse' angewiesen. Dabei hätten doch auch wir Arzneimittel anzubieten. Wir sollten vermitteln, »welche dem Menschheitsgedächtnis der Wörter und Sätze, Schriftwerke und Dichtungen eingespeicherten Reichtümer, welche Fülle an historischer Erfahrung und Einsicht in die Möglichkeiten des Menschen, die den Horizont seines kleinen Lebens in die Tiefe der Zeiten erweitert, wie viel an sinnlicher Wahrnehmung, denkerischer Energie, Formkraft und Imaginationsvermögen, an Orientierungsmustern und Handlungsanleitungen, Trostgeschenken, Fluchthilfen, Lebens- und Sterbensmitteln, an unabgegoltenem Unrecht, ungestillter Trauer, uneingelöster Hoffnung und ungeahnter Schönheit – wie viel Menschen also aufgeben müssten, die es nicht mehr lernten, mit den Wörtern und Sätzen, Schriftwerken und Dichtungen so umzugehen, sie so zu verstehen, so aufzunehmen, dass, was darin beschlossen ist, eingehen kann in ihr Leben.«*

Wie alle Wissenschaftler benötigen die Germanisten zu interner Verständigung theoretische, methodologische Auseinandersetzungen. Aber obgleich ihre Methoden eigentlich doch nur Fragestellungen abgeben und es darauf ankäme, was die Untersuchungsgegenstände antworten, ist die Diskussion der unterschiedlichen sprach- und literaturwissenschaftlichen ,Herangehensweisen' (soziolinguistische, diskursanalytische,

* Diesen Hochgesang habe ich abgeschrieben aus meiner ›Eröffnungsrede des Präsidenten‹ in: ›Kontroversen, alte und neue‹. Akten des VII. Internationalen Germanisten-Kongresses Göttingen 1985. Bd. 1, Tübingen 1986, Seite 12f. Aber auch der oben folgende fachkritische Kontext dieser Ermahnung und Ermutigung ließ sich dort an eine große Glocke hängen.

psychoanalytische, rezeptionsästhetische, strukturalistische oder dekonstruktivistische und so fort), die das fachliche Instrumentarium ergänzen und verfeinern, also unseren Werkzeugkasten bereichern sollten, weithin zum esoterischen Selbstzweck geworden. Und auch was die Literaturforscher darüber hinaus publizieren, wird außerhalb der Zunft kaum mehr wahrgenommen. Bei der steigenden Flut solcher Drucksachen ist das wirklich Lesenswerte schwer auszumachen (»jedem schlechten Schriftsteller, jedem geistlosen Kompilator, jedem Abschreiber aus fremden Büchern, jedem hohlen, unfähigen, anstellungshungrigen Philosophaster« wollte schon Schopenhauer »die juckenden Schreibefinger lähmen, zum wahren Heil der Litteratur, als in welcher das Schlechte nicht etwan bloß unnütz, sondern positiv verderblich ist«). Überdies hat das Imponiergehabe eines selbstgefälligen und abschreckenden Fachjargons erheblich beigetragen zur Leserverabschiedung. In jedem Spezialjargon lässt sich Überflüssiges oder Unsinniges ebenso gut vorbringen wie mit konventioneller Sprache, in der das nur leichter bemerkbar werden kann. Doch meinen offensichtlich nicht allein entschuldbare Anfänger, die Unverständlichkeit solcher Gesänge aus dem Elfenbeinturm habe auch in unserem Metier als Gradmesser von Wissenschaftlichkeit zu gelten.

Unserer öffentlichen »Bringschuld« würden wir gewiss nicht genügen, wenn wir das der Sache nach Komplizierte oder ungewohnt Neuartige für ein breiteres Lesepublikum zu versimpeln suchten. Ungeschmälerten wissenschaftlichen Anspruch auszubalancieren mit dem Öffentlichkeitsanspruch auf angemessene Verständlichkeit, ist oft nicht leicht. Aber es gibt rühmliche Beispiele dafür. Mir haben meine studentischen Lehrer jedenfalls beigebracht, dass ich mich darum zu bemühen hätte.

Abgesehen von dieser grundsätzlichen Erziehung durch ein anonymes Auditorium sind mir natürlich auch von einzelnen Studenten und auf direkte Weise vielerlei Belehrungen zuteilgeworden. An drei besondere Fälle erinnere ich mich noch:

Um die Mitte der 60er Jahre studierte Wolf Wondratschek eine Zeit lang in Göttingen, war damals auch einer der Mitarbeiter an der Literaturzeitschrift ›Text + Kritik‹ meines Doktoranden Heinz Ludwig Arnold. Er kam in die Sprechstunde, weil er an einem Oberseminar teilnehmen wollte, das wie üblich als »gratis, privatissime« angekündigt war. Ich kannte ihn nicht. Als ich ihm nahelegte, vor einer solchen Einladung erst einmal ins Hauptseminar zu kommen, schwindelte er mir vor, dass er schwer krank sei, und erfand aus dem Stegreif treffsicher den Satz: »Die Ärzte geben mir noch ein Jahr!« Dem Verlangen eines Sterbenden nach Teilnahme ausgerechnet an meiner wunderbaren Veranstaltung konnte ich nicht widerstehen. Zum Glück hat Wondratschek nicht nur dieses Oberseminar überlebt, es gibt ihn heute noch. Hätte ich damals schon von seiner ersten Buchveröffentlichung gewusst, dem Aufsehen erregenden Prosaband ›Früher begann der Tag mit einer Schußwunde‹ von 1969, wäre sein Schnellschuss mit der Krankheit zum Tode kaum erforderlich gewesen für die erwünschte Einladung. Er hat ja auch nichts Schlimmes angerichtet, machte mir aber dauerhaft bewusst, wie gut Studenten fabulieren können (nicht nur solche, die sich später als Dichter hervortun).

In ein mit Gottfried Benn befasstes Hauptseminar kam im Sommersemester 1968 ein Gaststudent afrikanischer Herkunft aus Paris. Schlank, hochgewachsen, aber mit einem sehr kleinen Kopf, so tief schwarz, dass er fast wie eine flache Scheibe aussah. Die physiognomische Voreingenommenheit, die mich da befiel, war mir hoffentlich nicht anzumerken. In der ersten Sitzung wurde beiläufig Benns Gedicht ›Das späte Ich‹

erwähnt. Das nahm ich zur Hand, las einige Verse daraus vor, stutzte aber bei der Zeile »moi haïssable« (: das hassenswerte Ich). Woher das doch komme?, murmelte ich. Die niedersächsischen Kommilitonen brüteten stumm vor sich hin. Dann sagte jemand leise: »Pascal, Pensées«. Ich blickte auf – meine kleine schwarze Scheibe hatte gesprochen. Gleich in zweifacher Hinsicht hat sie mich belehrt. Und mich beschämt.

Zu einer Zeit, in der diese Seminarübungen sehr überfüllt waren und viele Teilnehmer sich im Schutz der Masse kaum noch vorbereiteten, suchte ich das dadurch zu bessern, dass ich mir gleich anfangs irgendjemanden vorknöpfte und gegebenenfalls mit fortgesetzten Fragen bloßstellte. Bei einem dieser Verhöre blieb eine Studentin völlig stumm, sagte auch zu meinen Erkundigungen nach einem Grund für ihre mangelnde Vorbereitung kein einziges Wort. In einer Zwischenpause traf ich sie draußen im Freien. Unter vier Augen erklärte sie jetzt, gerade eben habe man einen schweren Diabetes mellitus bei ihr festgestellt, und in dieser fürchterlichen Lage hätte ich sie auch noch einer solchen Tortur ausgesetzt. Ich entschuldigte mich bei ihr, wiederholte das dann in angemessen diskreter Weise vor den Seminarteilnehmern und verhielt mich fortan etwas weniger zudringlich. – In ihre Schweizer Heimat zurückgekehrt, hat sie mir später geschrieben, inzwischen denke sie von diesem Vorfall, dass sie da doch zum ersten oder gar einzigen Mal einem ihrer Hochschullehrer nicht »völlig gleichgültig« war. Ein Denkzettel ist auch das gewesen, auf andere Art.

In thematischer Hinsicht richtete sich das, was ich am Katheder wie am Schreibtisch versuchte, zunächst besonders auf die Literatur des 17. Jahrhunderts. Später auf Lichtenberg und das Zeitalter der Aufklärung. Zuletzt auf Goethes Schriften. Immer aber auch auf Gegenwartsliteratur. Ich bemühe mich um einen nach diesen vier Sachgebieten geordneten, einigermaßen gestrafften Überblick:

1. In meinen frühen Universitätsjahren gehörte ich zu den Barock-Spezialisten. Angeregt und gefördert durch die reichen Bibliotheksbestände in Göttingen und im nahen Wolfenbüttel hatte ich mich seit 1957 in Seminaren und Vorlesungen mit Dichtungen aus dem 17. Jahrhundert befasst. Dabei war ich auch auf die Spuren einer eigenartigen Sinnbildkunst aufmerksam geworden, die in den mittlerweile fast unbekannten Emblembüchern einmal europaweit vor Augen stand. Mit ihren Bildern und auslegenden Texten hatten sie keineswegs nur in barocker Poesie, sondern auch in vielen anderen Schriften, Reden und Predigten, ebenso in den bildenden Künsten der Zeit eine ‚angewandte Emblematik' hervorgerufen, die ohne diese Vorgaben kaum mehr zu verstehen ist. So arbeitete ich schon seit meinen Assistentenjahren an dem 1967 fertiggestellten Grundlagenwerk ›Emblemata. Handbuch zur Sinnbildkunst des XVI. und XVII. Jahrhunderts‹ (dazu hier Seite 188 f.) und beschäftigte mich mit einem Buch über ›Emblematik und Drama im Zeitalter des Barock‹, das 1964 erschienen ist. Von solchen Interessen hatte Heinrich Beck erfahren, der damalige Inhaber des großen Münchner Verlages. Er plante eine mehrbändige Edition repräsentativer Texte vom Mittelalter bis in die Neuzeit, deren Auswahl einem weitgefassten Literaturbegriff folgen sollte, und überantwortete mir den vom späten 16. bis ins frühe 18. Jahrhundert reichenden Band. Dieses 1963 zum ersten Mal gedruckte, umfangreiche Sammelwerk ›Das Zeitalter des Barock. Texte und Zeugnisse‹ hielt sich wort- und zeichengetreu an die oft nur schwer noch erreichbaren alten Originalausgaben und machte vieles nicht mehr Bekannte verfügbar. Auch Richard Alewyn oder die Großordinarien Helmut de Boor und Benno v. Wiese waren

an dem Unternehmen beteiligt, aber weil ich als Erster fertig wurde, konnte ich die Anlage und Aufmachung dieser Bände weitgehend vorgeben (der meine ist jedenfalls so brauchbar geblieben, dass der Verlag ihn noch immer anbietet). So kam es zu meiner ersten Barock-Veröffentlichung – und so geriet ich an die C.H.Beck'sche Verlagsbuchhandlung, die dann auch die meisten meiner späteren Bücher in ihre Obhut genommen hat.

Ausgerechnet aus dieser Beschäftigung mit der Dichtung eines weit entfernten Zeitalters ergaben sich Kontakte zu lebenden Schriftstellern. Durch das Buch über die Emblematik im Barockdrama und eine spätere Abhandlung über Simon Dach (›Kürbishütte und Königsberg. Modellversuch einer sozialgeschichtlichen Entzifferung poetischer Texte‹*) wurde ich mit Hubert Fichte bekannt. 1978 schickte er mir seine gedruckte Bühnenbearbeitung von Daniel Casper v. Lohensteins Trauerspiel ›Agrippina‹, überließ mir außerdem ein 71-seitiges Typoskript seiner unveröffentlichten Anmerkungen zu dessen ›Ibrahim Bassa‹, und wir verhandelten darüber. Was ihn an dieser spätbarocken Dramendichtung interessierte, was von ihm hervorgehoben und drastisch ausgespielt wurde, waren die homosexuellen und (mit ihren ödipalen Indizien) die inzestuösen Geschehnisse. Er habe die deutsche Öffentlichkeit an den sprachgewaltigen Lohenstein als einen »der größ-

* Separatdruck 1976, überarbeitet 1982. Zuerst in ›Stadt – Schule – Universität – Buchwesen und die deutsche Literatur im 17. Jahrhundert. Vorlagen und Diskussionen eines Barocksymposions der Deutschen Forschungsgemeinschaft 1974 in Wolfenbüttel‹. München 1976. (Mit diesem Unternehmen konnte ich eine Reihe innovativer interdisziplinärer Symposien der DFG in Gang setzen, für die ich bis 1995 als Initiator und Gesamtherausgeber von 14 weiteren Berichtsbänden zuständig blieb.)

ten Dichter der Weltliteratur« erinnern wollen, schrieb er mir dann 1984 – musste das aber selbst als erfolglos einräumen.

Folgenreicher war wohl, dass ich Paul Celan 1964 mein ›Emblematik und Drama‹-Buch geschickt habe und, weil er sichtlich interessiert darauf reagierte, 1967 als Dank für das Geschenk eines Gedichtbandes auch das ›Handbuch zur Sinnbildkunst‹. Jahre später meinte ich in seinen eigenen Versen leise, fast unmerklich gehaltene Spuren dieser Emblematik wahrzunehmen, will dem hier aber nicht weiter nachgehen.

Wirklich manifest wurde eine Nachwirkung barocker Poesie in der Gegenwartsliteratur jedoch durch Günter Grass. Schon für seinen Roman ›Der Butt‹, in dem ein Treffen zwischen Opitz und Gryphius geplant war, hatte er mir 1975 einige Fragen aufgeschrieben: »Was könnte nach Ihrer Meinung bei einer solchen Begegnung verhandelt worden sein? Haben sie gestritten? Haben sie gesoffen? Haben sie sich nichts zu sagen gehabt oder nur Artigkeiten?« In sein ›Butt‹-Kapitel ›Von der Last böser Zeit‹ ist manches von den Göttinger Vorschlägen eingegangen, auch erzählt dort das Kapitel ›Ach Ilsebill‹ ausführlich von Simon Dachs Königsberger ›Kürbishütte‹. Dann ließ Grass mir im Januar 1979 mit der Bitte um kritische Durchsicht und mögliche Ergänzungen ein Typoskript seiner Erzählung ›Das Treffen in Telgte‹ zugehen. Spiegelbildlich zu den bekannten Veranstaltungen der ‚Gruppe 47', die nach dem Ende des zweiten Weltkriegs (eben seit 1947 und dann bis 1967) an wechselnden Orten von Hans Werner Richter organisiert worden waren, wird da fingiert, dass schon im Jahr 1647 Simon Dach eine Reihe von Dichtern, Kritikern und Verlegern ins westfälische Telgte einlädt – zwischen Osnabrück und Münster gelegen, wo dann 1648 die Friedensverträge zur Beendigung des Dreißigjährigen Krieges geschlossen wurden. Dem Ritual der ‚Gruppe 47' folgend (eigentlich also ihm vorgreifend) verlesen die Schriftsteller hier drei Tage lang ihre

Texte, die dann unter den Zuhörern kritisch erörtert werden. Was die versammelten Autoren des 17. Jahrhunderts da an literaturtheoretischen Überlegungen, an Gedichten und erzählender Prosa oder aus ihren Dramen vortragen, hatte Grass nahezu ausnahmslos meiner Edition der ›Texte und Zeugnisse‹ des Barockzeitalters entnommen. Auf das, was ich ihm noch zur Ergänzung und an Änderungen für seinen eigenen Erzähltext vorschlagen konnte, antwortete er am 15. Februar 1979: »heute habe ich das Telgte-Manuskript in den Satz gegeben. Vielen Dank für Ihre hilfreichen Vorschläge, die ich annähernd alle umsetzen konnte, besonders gut paßte der Dachsche Vierzeiler in das allgemeine Elend der Poeten. Acht Monate lang war ich im 17. Jahrhundert zuhaus, wobei mir dessen Probleme immer gegenwärtiger wurden. Am Ende wurde im frühaufklärenden Sinn etwas Patriotisches daraus; doch das mag in der Tradition der deutschen Literatur liegen: genau genommen waren die Schriftsteller allzeit die besseren Patrioten, von Logau über Lessing, Kleist bis zu Döblin.« Unter eine seiner technisch altmeisterlichen ›Butt‹-Radierungen schrieb er mir: »Honorar für Albrecht Schöne«. – Im Zusammenhang mit einem meiner Barock-Kollegs hat er dann 1980 in Göttingen aus dem eben erschienenen ›Treffen in Telgte‹ vorgelesen. Als sich in der anschließenden Diskussion ein naseweiser Student nach besagten ‚Anleihen' erkundigte und sie auf ungeschickte Weise fast wie einen Diebstahl erscheinen ließ, reagierte der Angesprochene freilich höchst ungehalten und unterstellte offenbar auch, ich selber hätte das veranlasst. Es gelang mir nicht mehr, das in Ordnung zu bringen. Unser Verhältnis blieb dauerhaft abgekühlt – ungetrübt aber meine Freude darüber, dass mit dem Meisterstück dieser Erzählung von der ‚Gruppe 47' (1647 und 1947) die Poesie alter Zeiten durch den Mittlerdienst der Literaturwissenschaft wieder umgesetzt wurde in Gegenwartsdichtung. Besseres kann unsereinem doch gar nicht geschehen.

2. Meine Beschäftigung mit dem Zeitalter der Aufklärung konzentrierte sich auf den Göttinger Ortsheiligen Georg Christoph Lichtenberg. Für Matinee-Veranstaltungen im hiesigen Theater habe ich szenische Lesungen arrangiert aus Lichtenbergs Kommentaren der satirischen Kupferstiche des Engländers William Hogarth (›Der Weg des Liederlichen‹) und aus seinen Sudelbüchern (›Göttinger Pfennigswahrheiten‹). Meine Bild- und Textmontage ›Lichtenberg und seine Zeitgenossen‹ für eine öffentliche Veranstaltung der Akademie für Sprache und Dichtung haben wir in Darmstadt vorgeführt und mit verteilten Rollen vorgelesen. Zahlreiche Vorträge – ›Unser Lehrer Lichtenberg‹ – galten besonders seiner kritischen Auseinandersetzung mit Lavaters ›Physiognomischen Betrachtungen‹, die den Gesichtszügen des Menschen seine Charakterzüge ablesen und gar sein künftiges Verhalten prognostizieren wollten (weil man »den Menschen aus seiner äußern Form nicht so beurteilen könnte, wie die Viehhändler die Ochsen«, sagte der Göttinger Aufklärer weitblickend voraus: »Wenn die Physiognomik das wird, was Lavater von ihr erwartet, so wird man die Kinder aufhängen, ehe sie die Taten getan haben, die den Galgen verdienen«). Als mein Freund Volker Doppelfeld aus dem BMW-Vorstand verabschiedet wurde, habe ich vor deren »Oberen Führungskräften« einen Vortrag gehalten mit dem durchaus ernst gemeinten Titel ›Georg Christoph Lichtenberg als Unternehmensberater der Bayerischen Motorenwerke‹. Und 1982 kam das in Seminaren, Vorlesungen oder Vorträgen vorbereitete Buch »Aufklärung aus dem Geist der Experimentalphysik. Lichtenbergsche Konjunktive« zustande. Das hat zur Freude nicht nur des Verlegers auch ein großer Physiker besprochen: Heinz Maier-Leibnitz in der Wochenzeitung DIE ZEIT (wo er schrieb, man werde »danach uns Naturwissenschaftler in einer Weise verstehen, wie wir das nie hätten erklären können.«).

Schon in den 70er Jahren hatte mir die Göttinger Akademie eine seit langem bedachte textkritische und kommentierende Edition von Lichtenbergs umfangreicher, noch weitgehend unbekannter Korrespondenz aufgebürdet. Außer hochengagierten wissenschaftlichen Hilfskräften fand ich dafür mit meinem Doktoranden Ulrich Joost den sachkundigsten Mitherausgeber. Über Göttingens eigene Archivbestände hinaus bemühten wir uns weltweit um die noch erhaltenen Briefhandschriften, und nach sechsjähriger Vorarbeit erschienen 1983–1992 vier große Textbände (die immerhin etwa ein Viertel der insgesamt vielleicht 10000 von ihm geschriebenen Briefe erfassen und von seinen gut 500 Korrespondenten noch fast 400 anführen konnten). Schon hier hatte der Berserker Joost die Hauptlast getragen. Die beiden noch gemeinsam konzipierten Registerbände hat er dann 2004 als Darmstädter Professor in mustergültiger und vorbildhafter Fassung allein herausgegeben. Neben Berichtigungen und Nachträgen zu den Textbänden und dem Personenregister enthalten sie ein riesiges, lexikonartiges Sachregister, das über den Lichtenberg-Bezug hinaus für dieses ganze Zeitalter gültig ist – etwa mit den nur hier gegebenen Erklärungen damaliger naturwissenschaftlicher Kenntnisse und ihrer Terminologie.

3. Seit 1962 hatte ich mich in Vorlesungen und Seminaren mit Goethe befasst, eingehend auch mit seinen ›Faust‹-Dichtungen. 1980 planten Siegfried Unseld und sein Geschäftsführer Gottfried Honnefelder neben dem Suhrkamp- und Insel-Verlag die Gründung eines ‚Deutschen Klassiker Verlages'. In anspruchsvoll ausgestatteten, auch entsprechend teuren Bänden sollten dort die wichtigsten Werke deutscher Sprache in zuverlässiger Textwiedergabe erfasst und kommentiert werden – vom Mittelalter bis ins 20. Jahrhundert (und nach dem ursprünglichen, leider aufgegebenen Plan dann fortgesetzt je-

weils bei Ablauf des 70jährigen Urheberrechtsschutzes), ein wenig an Gallimards ›Bibliothèque de la Pléiade‹ orientiert. Als Flaggschiff dieser ›Bibliothek deutscher Klassiker‹ war eine Ausgabe von Goethes Sämtlichen Werken vorgesehen, die mit seinen Dichtungen, mit Briefen, Tagebüchern und Gesprächen schließlich 40 Bände umfasste. Unseld wollte mich als deren Gesamtherausgeber einsetzen, der also die einzelnen Bandbearbeiter gewinnen sollte, für termingerechte Lieferungen zu sorgen hätte und am Ende natürlich auch alles mitverantworten musste, was sie zustande brachten. Als ich diese Sisyphusarbeit abwehrte, besorgte der Verlag selber die Geschäfte eines Gesamtherausgebers. Aber bei einem langen Göttinger Gespräch über das Vorhaben ‚Deutscher Klassiker Verlag' hat Unseld mich gebeten, doch wenigstens den ›Faust‹-Band zu übernehmen. Nach dem, was ich am Katheder und am Schreibtisch mittlerweile gelernt hatte, erschienen mir eine kritische Textedition und ein neuer Kommentar in der Tat dringend geboten und fand ich mich selber schon ganz gut darauf vorbereitet. Also sagte ich zu – ahnte nicht, dass dieses Geschäft mich fast 14 Jahre lang in Anspruch nehmen würde. Erst 1994 konnten der Textband mit gut 800 Dünndruck-Seiten und ein gesonderter Kommentarband mit mehr als 1100 Seiten erscheinen (beide wurden später regelmäßig revidiert und aktualisiert; in der jetzt als Taschenbuch vorliegenden 9. Auflage von 2019 kosten sie erfreulicherweise nur noch 29,90 Euro, sind also auch für Schüler und Studenten erschwinglich). Dafür hatte mir die Universität eine wechselnde Reihe wissenschaftlicher Hilfskräfte zur Seite gestellt, die durch Recherchen, Textüberprüfungen und Korrekturlesungen meine Arbeit erleichterten, sie mit Einwänden und Anregungen begleiteten und durch eigene Beobachtungen und Entdeckungen gefördert haben. An der Universität wie in der Akademie halfen mir Ratgeber aus der von Faust selber vergeblich studierten »Philosophie, | Juristerei und Medizin | Und leider [in meinem Fall: glücklicherweise] auch Theologie« auf die Sprünge, ebenso die Naturwissenschaftler. Die Göttinger Universitätsbibliothek unterstützte das Unternehmen mit der großzügigsten Hilfsbereitschaft. Und Gleiches galt, schon lange bevor die innerdeutschen Grenzen fielen, für Weimars Goethe- und Schiller-Archiv, wo man die Mehrzahl der zum ›Faust‹ erhaltenen Handschriften behütet.

Abgesehen von direkt darauf bezogenen Hauptseminaren (›Vorarbeiten zu einem neuen Kommentar‹) kam nach und nach vieles für diese Ausgabe Erarbeitete auf die Probebühne der Vorlesungen. Und einmal ergab sich dabei etwas, von dem ich doch erzählen sollte. 1828 hatte Goethe, angeregt offenbar durch Friedrich Wöhlers damals noch kaum beachtete Harnstoffsynthese, im ›Faust II‹ den Professor Wagner in seinem alchemistischen Laboratorium ein künstliches Menschlein »kristallisieren« lassen. Freilich bleibt dieser Homunkulus in der biochemischen Retorte stecken, ist also »nur halb zur Welt gekommen«. Aber der Philosoph Thales und der Meergott Proteus wissen zu raten: »Im Feuchten ist Lebendiges erstanden«. Also: »Im weiten Meere mußt du anbeginnen! | Da fängt man erst im Kleinen an«. Und: »Da regst du dich nach ewigen Normen, | Durch tausend abertausend Formen, | Und bis zum Menschen hast du Zeit.« Am Ende dieses 2. Aktes zerschellt die Retorte in den ›Felsbuchten des Aegäischen Meers‹ am Muschelwagen der Galatee, sodass der kristallisierte Homunkulus sich auflöst in der »Lebensfeuchte« des Wassers. Und gleich am Beginn des 3. Aktes dann (entwicklungsgeschichtlich doch Milliarden Jahre später) steht mit der griechischen schönen Helena der vollkommene Mensch vor Augen: »Vom Strande komm' ich wo wir erst gelandet sind«! Zu Recht hat der Evolutionstheoretiker Darwin 1871 den ›Faust‹-Dichter als einen Vorläufer seiner »conclusion on the origin of species« anerkannt, als »an extreme partisan of similar views«.* – Als es in meiner zweistündigen Vorlesung um diese Dinge ging, fragte ich unseren Göttinger Nachbarn Manfred Eigen, der sich mit den Problemen der molekularen Selbstorganisation und der Entstehung des Lebens befasste, ob er nicht Lust habe, eine der beiden Homunkulus-Stunden zu übernehmen. Tausend Zuhörer hat der hier im Max-Planck-Institut für biophysikalische Chemie forschende Nobelpreisträger damals erleben lassen, was ‚Universität' eigentlich meint.

Für das Theater hatte meine ›Faust‹-Ausgabe sichtliche Folgen auch dadurch, dass manche Aufführungen die rekonstruierende Bühnenfassung der ›Walpurgisnacht‹-Szenen im Harzgebirg übernahmen (Text-Band S. 737–754, eigentlich nur als informierendes Lesestück gedacht) – einschließlich der von Goethe zurückgehaltenen und archivierten Entwürfe zu einem Hexensabbat und einer Satansmesse, deren orgiastische Obszönität er seinen Zeitgenossen unmöglich zumuten konnte. Im Kommentarband hatte ich aber auch darauf aufmerksam gemacht, wie unmittelbar die Bühnenerfahrungen des selbst als Schauspieler, Dramaturg, Regisseur und Intendant erprobten Autors eingewirkt haben auf seine ›Faust‹-Dichtung und den Wortlaut ihrer Verse und Regieanweisungen oft bis ins Detail bestimmen. Peter Stein hatte diesen Kommentar-Band zur Hand, als er in Hannover ein ganzes Jahr lang seine Aufführung des ungekürzten Textes probte (die dort anlässlich der Expo Weltausstellung im Juli 2000, danach noch in Berlin und Wien stattfand: jeweils in zwei Tagen nacheinander, insgesamt fast 22 Stunden lang). Er nahm Verbindung mit mir auf, es gab Gespräche unter uns, und zu seinem ›Programm-

* Näheres im Kommentar-Band meiner ›Faust‹-Ausgabe: 9. Aufl. 2019, S. 504–508 und 529–533.

buch‹ habe ich eine längere Abhandlung über diese Fragen beisteuern können: ›Der Theatermann als Stückschreiber‹.*

Im ›Deutschen Klassiker Verlag‹ ging es um Lese- und Studienausgaben mit zuverlässiger Textwiedergabe und nur sehr behutsam modernisierter Orthographie. Aber bei meiner Beschäftigung mit den ›Faust‹-Dichtungen wurde mir bewusst, wie wünschenswert hier eine ‚historisch-kritische' Text-Edition im strengen Sinn dieser Bezeichnung wäre. Weil sie, schon der reich überlieferten Handschriften wegen, zusammen mit Weimar erfolgen müsste, versuchte ich, unabhängig von der eigenen (auch eingehend kommentierenden) Ausgabe ein solches, nur auf die Texte bezogenes gesamtdeutsches Arbeitsvorhaben in Gang zu bringen. Werner Schubert, der damals zuständige Generaldirektor der Weimarer ‚Nationalen Forschungs- und Gedenkstätten der klassischen deutschen Literatur', den ich 1988 dafür gewinnen wollte, reagierte wohlwollend, aber hinhaltend. Und wenige Monate vor dem Untergang der DDR erklärte er mir unter vier Augen dann doch, dieser Plan eines deutsch-deutschen Unternehmens sei »von ganz oben abgewinkt« worden. Wahrhaftig vom Politbüro?, fragte ich, nicht ganz im Ernst. Und er nickte bedeutungsvoll. – Anne Bohnenkamp, die in Göttingen mit einer bahnbrechenden Arbeit über die Paralipomena (die ‚beiseitegelassenen' Texte) zum ›Faust‹ promoviert worden war, hat sich dann als Direktorin des Frankfurter Freien Deutschen Hochstifts dieser großen Aufgabe angenommen. Seit 2016 ist im Internet eine ‚historisch-kritische', dabei aber neuartig digitalisierte Hybridedition aller erhaltenen Handschriften und relevanten Drucke zugänglich, die einen direkten Zugriff auch auf deren entstehungsgeschichtliche Varianz ermöglicht.

* In: Peter Stein inszeniert Faust von Johann Wolfgang Goethe. Hrsg. von Roswitha Schieb. Köln 2000, S. 259–264.

Und Goethes Korrespondenz interessierte mich. Über die Jahre hin habe ich einzelne Briefe im Kolleg erörtert, eigens auch Seminarübungen dazu abgehalten und mehrere solcher Untersuchungen veröffentlicht. Sie versuchen, diese Texte nicht mehr nur biographisch auszuwerten, sondern sie (einem erweiterten Literaturbegriff entsprechend) selber als sprachliche Kunstwerke zu begreifen. Mein letztes Buch, 2015 erschienen, hieß dann ›Der Briefschreiber Goethe‹.

4. Mit zeitgenössischer Literatur schließlich hatte ich mich in Vorlesungen und Seminaren von Anfang an befasst, seit 1956 also. Obgleich es Grund genug dafür gab, war das damals noch keineswegs üblich an unseren Universitäten; zur Literaturgeschichte gehörte Gegenwärtiges eigentlich nicht. Der Historiker Theodor Mommsen hat bemerkt, dass »die großen Dichterjahre in jeder Nation noch viel seltener und viel unberechenbarer eintreten als die guten Weinjahre«*, und jetzt waren doch nicht nur die seit der Bücherverbrennung verbannten und die im Exil verfassten Werke verfügbar, es erschien in der ersten Nachkriegszeit auch in West- und Ostdeutschland oder etwa in der Schweiz eine ganze Reihe bedeutender Romane, Gedichtausgaben und Theaterstücke.

Einige dieser Autoren lasen selber bei uns vor. Uwe Johnson etwa. Oder 1980 Günter Grass, davon war oben die Rede. Und von den Dichterlesungen 1985 beim Internationalen Germanisten-Kongress in Göttingen will ich später noch berichten. Schon 1963 hatte sich auch Paul Celan dafür gewinnen lassen. Als er hörte, dass er in der als Hörsaal hergerichteten Paulinerkirche, also in einem früheren christlichen Gotteshaus sprechen sollte, lehnte er das freilich so entschieden ab, dass

* Brief an Wilhelm Scherer, 3.7.1884.

wir ausweichen mussten in die damalige Pädagogische Hochschule. Vor den in ihrer Aula zusammengedrängten Zuhörern hat er seine Verse wohl auf ähnliche Art vorgetragen wie 1952 bei seinem viel beredeten (einzigen) Auftritt vor der ‚Gruppe 47', in Niendorf, wo durch diese der alltagssprachlichen Diktion entrückte, eigentümlich melodiöse Sprechweise ausgerechnet seine ›Todesfuge‹ eine verletzend spöttische Abwehr erfuhr. Anders in Göttingen. Hier fand er ein aufgeschlossenes und sichtlich beeindrucktes Auditorium. Als wir dann zu uns nach Haus gingen, konnte ich seine Frau sagen hören: wenn er noch einmal fragen würde, für wen er eigentlich schreibe, wolle sie ihn an diesen Abend erinnern. So ging es ganz fröhlich zu in der daheim anschließenden Runde. Schon gar als im Nachthemd die siebenjährige Bettina erschien, bewaffnet mit einem Poesiealbum, in das sonst Lehrer und Mitschüler ihre Sprüche eintrugen, und den Gast bat, auch etwas hineinzuschreiben. So rasch ließe sich das jetzt nicht machen, meinte er freundlich. Aber er würde ihr etwas schicken, das sie dort einkleben könnte. Im Jahr darauf bekam sie sein ›Großes Geburtstagsblaublau‹ – »für Bettina Schöne auf- und abgeschrieben von Paul Celan« (mit kleinen Abweichungen von den seit 1962 gedruckten Fassungen).*

Manches am Katheder über die jüngere Literatur Vorgetragene ist dann auch veröffentlicht worden: kleinere Beiträge zu Brecht, Musil, Döblin, Kafka und eine längere Abhandlung

* In diesem Poesiealbum finden sich Verse auch von Walter Kempowski oder Herbert Heckmann und das ›Robinson‹-Gedicht von Christa Reinig, die 1964 die DDR verlassen hatte und damals für kurze Zeit bei uns wohnte (von dem »vorerst noch heimatlosen Gast« stehen in unserem Gästebuch unter der Überschrift ›Auswandern‹ die Verse »Starr war die erde | da nahm ich den schnee | in meiner manteltasche | nahm ich den schnee mit.« – Gedruckt 1969 als letzte Strophe des Gedichts ›Vor der Abfahrt‹).

›Über politische [nationalsozialistische und marxistische] Lyrik im 20. Jahrhundert‹. Bevor später noch einiges über Thomas Mann und Grass, Benn, Canetti oder Celan zustande kam, riefen diese Versuche einen unverhofften Seitentrieb hervor. Für eine Sendereihe ›Zur Nacht‹ des Westdeutschen Fernsehens waren von 1966 bis 1971 Schriftsteller vor die Kamera geholt worden, um etwas neues Eigenes vorzutragen, meist ein Gedicht oder einen Prosatext (open end zum damals noch üblichen Sendeschluss gegen Mitternacht). Ilse Aichinger, Benn, Celan, Delius, Hilde Domin, Handke, Heißenbüttel, Huchel, Jandl, Johnson, Kunert, Rühmkorf, Walser, Zuckmayer und auch viele weniger Bekannte waren da aufgetreten; etwa 600 solche Lesungen hatte man schließlich in Köln archiviert. Dort wusste jemand, dass ich mich mit Gegenwartsliteratur befasste, und erkundigte sich, ob ich nicht Lust hätte, »mit diesem Material ein bisschen zu spielen«. Das ungewohnte Geschäft lockte mich. Zur Arbeitserleichterung wurden die Filme nach Göttingen geschickt, wo man im Institut für den Wissenschaftlichen Film einen Schneidetisch mietete und mir eine Cutterin beigab. So konnte ich hier am Ort aus diesen ›Zur Nacht‹-Sendungen die filmischen ‚Zitate' zusammensuchen, auf die ich meine Überlegungen beziehen wollte, und in Köln entstanden dann sieben Fernsehsendungen, jede etwa 45 Minuten lang, unter dem Gesamttitel ›Dichterlesung – audiovisuell‹, die sich mit den Möglichkeiten und Problemen einer solchen Vermittlung von Literatur befassten. Obgleich sie (gemessen an dem, was ‚öffentlich-rechtliche' Anstalten uns heute zumuten) einigermaßen anspruchsvoll waren und überdies nicht nur die vorgelesenen, mitunter eher dürftigen Texte, sondern auch die Arrangements der Fernsehregie entschieden kritisch erörterten, hat der WDR nicht gezögert, sie 1972 an sieben Abenden in sein III. Programm zu nehmen: ›Die Rehlein beten zur Nacht‹ | ›Etwas Dummes vor

Augen gestellt‹ | ›Tote Schrift – lebendige Stimme‹ | ›Zeichen von gestern, Worte von heute‹ | ›Pfui! ein politisch Lied‹ | ›Erzähl doch mal eine Geschichte‹ | ›Blume – ein Blindenwort‹. Die Texte, mit einigen Standfotos versehen, wurden später gedruckt.* Aber auch die schwarz-weißen Filme blieben erhalten. Für die Enkelkinder und einige Freunde wurden sie jetzt auf DVDs überspielt, und ich habe sie mir noch einmal ansehen können – mit sehr gemischten Gefühlen. Nach fast einem halben Jahrhundert begegnet man sich selber doch als einem befremdlich fremd gewordenen Menschen, möchte das eigentlich ungern gewesen sein.

Spätere Veröffentlichungen hatte ich bei meinen Seminaren keineswegs immer im Sinn. Oft zielten sie ja gar nicht auf Fertiggerichte. Vor allem hoffte ich doch, meinen Studenten beibringen zu können, wie man selber kocht – beispielsweise 1972/73 oder ähnlich wieder 1984/85 mit praktischen ›Übungen zur Literaturkritik‹. Zur gemeinsamen kritischen Erörterung legten die Teilnehmer eigene Rezensionsversuche vor, die eben erst erschienenen, noch nirgendwo besprochenen Dichtungen galten: jeweils mit genau vorgegebenem Umfang für ein Boulevardblatt gedacht, für den Rundfunk, für eine anspruchsvollere Tageszeitung und für eine literarische Zeitschrift.

Aber manches in den Haupt- und Oberseminaren Versuchte hätte ich sehr wohl noch am Schreibtisch ausarbeiten können und wollen, ohne dass es dazu kam – etwa 1961 ›Marx und Engels als Literarhistoriker‹; 1961/62 und ähnlich

* Albrecht Schöne: Literatur im audiovisuellen Medium. Sieben Fernsehdrehbücher. München 1974 (mit einer ›Vorbemerkung‹ des Verlagslektors Ernst-Peter Wieckenberg, in der auch die mit abgedruckten technischen Angaben zur Kameraführung etc. erklärt werden).

1969 ›Die Sprache der Reklame. Werbetexte in Wirtschaft und Politik‹; 1966 ›Verbindungen der Literaturwissenschaft mit mathematischer Statistik und Informationstheorie‹; 1965 und 1971 ›Stilkritische Übungen zur deutschen Geschichtsschreibung‹; 1981/82 ›Soldatenlieder, 17.–20. Jahrhundert‹ oder 1982 ›Die Heilige Schrift als sprachliches Kunstwerk. Deutsche Bibelübersetzungen‹*.

Auch sonst gab es viele scheiternde Arbeitspläne, obgleich ich ‚Drittmitteleinwerbungen', ‚Exzellenzinitiativen' und ‚Evaluierungen', die einen Universitätslehrer jetzt überlasten, nicht einmal dem Wort nach kannte. An kleineren Unternehmungen habe ich aus Zeitmangel etwa eine Stilanalyse des ›Kommunistischen Manifests‹ aufgegeben. Ebenso eine Abhandlung über Todesanzeigen und die ihnen vorangestellten Vers- oder Prosazitate. Das größere, etwas waghalsige Vorhaben eines Buches mit den Nationalhymnen von etwa 70 Staaten, erläutert jeweils durch einen einheimischen Autor (das in Übersetzungen womöglich auch von ausländischen Verlagen übernommen werden sollte), hat C.H.Beck 1970 nicht riskieren wollen.

Anderes blieb jedenfalls hinter den ursprünglichen Plänen zurück. So kam ›Über Goethes Wolkenlehre‹ nur mehr eine Kongressrede zustande, die 1968 zwar nicht vorgetragen werden durfte (dazu hier Seite 270), aber wenigstens gedruckt worden ist.** Auch das Buch ›Der Briefschreiber Goethe‹ wurde 2015 nur als Teilstück eines größeren Vorhabens ab-

* Dem nahe stehend kam es 2005 wenigstens zu einer Rede im Berliner Französischen Dom zu Ehren des siebzigjährigen Theologen Eberhard Jüngel: ›et verborum ordo mysterium est‹. Zum Johannesevangelium 13,33–14,7 (abgedruckt auch in Albrecht Schöne: Keine Gesänge aus dem Elfenbeinturm. Göttingen 2015, S. 22–34).

** Zuletzt in dem Sammelband Albrecht Schöne: Vom Betreten des Rasens. Siebzehn Reden über Literatur. München 2005, S. 132–163.

geschlossen. Eigentlich hatte ich noch Einzeluntersuchungen weiterer Briefe im Sinn und wollte in einem gesonderten Band wenigstens überblicksweise den Kontext des Goethe'schen Briefwerkes behandeln: die im 17. Jahrhundert einsetzende gemeineuropäische Briefkultur, die mit der digitalen Kulturrevolution zu Ende ging.

Vor allem aber blieb die umfangreiche, jahrelang vorbereitete und schon weit gediehene Abhandlung ›Vom Biegen und Brechen‹ in einer skizzenhaften Vortragsfassung stecken. Durch die Arbeiten zur Sinnbildkunst kannte ich das Emblem eines im Sturm niederbrechenden Baumes und des unter dem gleichen Druck sich biegenden Schilfrohrs. Auf andere Weise verbildlicht hatte ich dieses Motiv dann wiedergefunden im ›Eisen‹-Gedicht von Bertolt Brecht (›Buckower Elegien‹):

> Im Traum heute Nacht
> Sah ich einen großen Sturm.
> Ins Baugerüst griff er
> Den Bauschragen riß er
> Den eisernen, abwärts.
> Doch was da aus Holz war
> Bog sich und blieb.

Eine zu seinen Lebzeiten nicht veröffentlichte, verhüllte Botschaft war das, eigentlich doch der Parteiführung der SED und den sowjetischen Machthabern geltend: Angesichts des von Bauarbeitern der Ostberliner Stalinallee ausgelösten ersten Volksaufstandes in der DDR (der am 17. Juni 1953 dann blutig niedergeschlagen wurde) sah sie den dort herrschenden Sozialismus gefährdet und mahnte deshalb zu taktischer Nachgiebigkeit. Denn Brechts »Baugerüst«-Metaphern erinnerten an das marxistische Theorem, nach dem das sozialistische Staatswesen den Aufbau einer klassenlosen kommunistischen Gesellschaft herbeiführen sollte und mit dessen Vollendung selber doch ausgedient haben würde. – Das war die Initialzündung zu einem weit ausgreifenden Arbeitsvorhaben.

»Je näher man ein Wort ansieht«, wusste Karl Kraus, »desto ferner sieht es zurück.« Der emblematische Topos des 16. Jahrhunderts vom ›Biegen oder Brechen‹ ist abgeleitet aus einer ins 6. vorchristliche Jahrhundert zurückweisenden griechischen Fabel, die von einem im Sturm umstürzenden Baum und einem sich beugendem Rohr berichtete. Dem zwergenhaft verkrüppelten Sklaven Aisopos zugeschrieben, lehrt sie die Schwachen, den überlegen Mächtigen keinen Widerstand zu leisten. In allen europäischen, auch in vielen außereuropäischen Sprachen hat sich diese Erzählung verbreitet, und zahllose, sinngemäß wiederholende oder umformende und umdeutende, umadressierte Nachbildungen wurden von ihr angeregt, bis hin zu allgemeinen, abkürzenden Redeweisen und zum heutigen sprichworthaften Gebrauch (‚auf Biegen und Brechen'). Entsprechende ostasiatische, indische, afrikanische, arabische oder hebräische Vorkommen aber sind zweifellos unabhängig von dieser altgriechischen Vorgabe. Weltweit und gewiss schon vor aller schriftlichen Überlieferung ist es auf spontane Weise zu gleichartigen menschlichen Verständigungen gekommen. Denn das zugrunde liegende Naturgeschehen steht überall und stand zu allen Zeiten eindrucksmächtig vor Augen. Dabei agieren als gewaltsame Druckgeber neben dem Sturmwind etwa Wasserfluten oder Schneelasten; widerständig stürzend zeigen sich die jeweils heimischen starken Bäume und starren Gewächse, Steinbauten dann auch oder metallenes Gerät; nachgiebig wie das Schilfrohr überdauern Gras und Buschwerk, weiche Zweige, biegsamer Bambus oder andere elastische Gebilde. Einzigartig erscheint dieses weltweit belegte Natur-Motiv durch seinen ständigen, in unterschiedlicher Weise belehrenden, warnenden oder ermutigenden Bezug auf menschliches Verhalten. Denn in der Gewalt des

Sturms sah man göttliche Fügungen oder Schicksalsschläge abgebildet, Herrschermacht, eine Gehorsam fordernde Obrigkeit, Hausväter auch im Umgang mit Frauen und Kindern (wie noch 1968 in dem 6-zeiligen Rollengedicht ›Redensart‹ von Ernst Jandl: »Ich | brech | dich | doch | noch | liebervaterbittebiegmichlieber«). Der im Widerstand stürzende Baum verwies auf Gottlose oder Starrsinnige und Törichte, politisch oder militärisch unklug Handelnde – oder in positiver Hinsicht etwa auf todesmutige Märtyrer und tragische Helden. Biegsames Gewächs oder Gebilde hingegen stellte die gottergeben Demütigen vor Augen, Untertanen, Leibeigene, Hörige, die sich ihrem Schicksal fügen sollten, überhaupt angemessen Handelnde, auch klug taktierende Widerstandskämpfer – oder, negativ konnotiert, mutlose Schwächlinge doch und verächtliche Opportunisten (wie beispielsweise um 1000 n. Chr. im indischen ›Pañcatantra‹: Wer aus Mangel an Stärke und ohne Stolz sich beugt, »der und das Gras haben das gleiche Wesen«, oder 1654 wieder in einem Epigramm von Friedrich v. Logau: »Ein hoher starcker Baum muß von dem Winde liegen: | Ein niederträchtig Strauch | der bleibet stehn durch biegen«). Wo immer es sich ‚um Biegen und Brechen' handelt, geht es also ‚auf Biegen oder Brechen'. Jeweils den historischen Bedingungen entsprechend, lehrt diese Alternativ-Formel dann entweder ‚besser Biegen als Brechen' oder doch ‚besser Brechen als Biegen' – passivisch auf den Unterlegenen bezogen (der sich biegen müsste, um nicht zerbrochen zu werden, oder umgekehrt eher sich niederbrechen ließe, als dass er sich fügte); in aktiver Hinsicht an einen Überlegenen gerichtet (der den Widerstrebenden niederbrechen, ihn auf schonende Weise aber auch nur niederbiegen könnte). Allemal erweist sich das literarische Motiv so als Indikator der religiösen, kulturellen, wirtschaftlichen, politischen und sozialen Verhältnisse, die seinen unterschiedlichen Spielarten zugrunde liegen.

Beim Internationalen Germanistenkongress 1990 in Tokyo (Generalthema: ›Die Begegnung mit dem ‚Fremden‘. Grenzen – Traditionen – Vergleiche‹) habe ich einen der Plenarvorträge übernommen: ›‚Auf Biegen und Brechen‘. Komparative Motivgeschichte als vergleichende historische Verhaltensforschung‹.* Dem Veranstaltungsland entsprechend setzt diese Skizze japanisch ein, befasst sich mit dem konfuzianischen Topos des Schnee erwartenden oder unter der Schneelast sich niederbiegenden Bambus in einer Tuschzeichnung des 17. Jahrhunderts, im klassischen Kabuki-Theater auch, in gegenwärtiger Lichtbildkunst dann. Und sie endet mit Mao Tse-tungs Verwendung eines Sprichwortes aus der früheren Han-Dynastie: »Die Bäume sehnen sich nach Ruhe, doch wird der Wind sich nicht legen.« Unterschiedliche Belege aus den verschiedensten Zeitaltern und Kulturkreisen werden in diesem raffenden Überblick vorgestellt und gedeutet, hergeholt wenigstens aus einem guten Dutzend keineswegs nur europäischer Sprachen. Doch war das eigentlich nur ein Entwurf. Dem damals angekündigten großen Arbeitsvorhaben war ich nicht mehr gewachsen. Von einem umfangreichen Konvolut an Belegen, Notizen, Vorarbeiten, Rohfassungen hat mich das Marbacher Deutsche Literaturarchiv inzwischen entlastet. – »Ja, mach nur einen Plan | sei nur ein großes Licht! | Und mach dann noch ’nen zweiten Plan | gehn tun sie beide nicht«, lässt Brecht in der ›Dreigroschenoper‹ singen. Aber er weiß den scheiternden Plänemacher doch ein wenig zu trösten, meint: »sein höh’res Streben | ist ein schöner Zug.«

* Wiederabgedruckt in Albrecht Schöne: Vom Betreten des Rasens. Siebzehn Reden über Literatur. München 2005, S. 19–46.

‚Am Katheder, am Schreibtisch' – aufs Ganze gesehen habe ich eigentlich nur versucht, anleitend und vormachend ein möglichst genaues Lesen zu lehren. Während im akademischen Betrieb Sprach- und Literaturwissenschaft zunehmend auseinanderdrifteten, schien mir unverändert gültig, was Herder 1768 in seinen Fragmenten ›Ueber die neuere Deutsche Litteratur‹ dekretierte: »Die Litteratur wuchs in der Sprache, und die Sprache in der Litteratur; unglücklich ist die Hand, die beide zerreißen, trüglich das Auge, das eins ohne das andere sehen will.« So habe ich meine Abhandlung ›Kürbishütte und Königsberg‹ von 1976 im Untertitel programmatisch als ›Modellversuch einer sozialgeschichtlichen Entzifferung poetischer Texte‹ ausgegeben. Wäre man als Lesender nur hellsichtig und weitsichtig genug, müsste man doch (mit Luthers Worten gesagt) »in, mit und unter« jedem sprachlichen Gebilde auch noch dessen historische, gesellschaftliche, kulturelle oder autobiographische Kontexte entziffern können. Selbst wo das nicht den Einsichten des Autors oder seinen Wirkungsabsichten entspricht: Dem Wortlaut sind sie eingeschrieben, in ihm sind sie aufgehoben, ihm selber wären sie abzulesen. So verstanden, ginge es hermeneutisch allemal um eine ‚immanente Interpretation'.

Aber statt weiterer eigener Bestimmungsversuche will ich hier lieber noch anmerken, wie der Linguist und Literaturwissenschaftler Harald Weinrich, Professor am Pariser Collège de France, 1983 die »Methode« meiner Veröffentlichungen beschrieben hat.* Er bezog sich da auf meine Einwände gegen die im Kreis um Hans Robert Jauß an der Universität

* Harald Weinrich: Eine Reformation der Literaturwissenschaft. Zu einigen Schriften von Albrecht Schöne. Zuerst im Merkur, Bd. 37 (1983), S. 835–839. – Nachdruck in Schöne: Keine Gesänge aus dem Elfenbeinturm. Göttingen 2015, S. 40–47.

Konstanz propagierte ‚Rezeptionsästhetik', insofern sie den Bedeutungsgehalt eines Kunstwerks als ein im Verlauf seiner Rezeptionsgeschichte sukzessiv sich entfaltendes Sinnpotential verstand und dabei die Möglichkeit fortgesetzter Missverständnisse oder Fehldeutungen ausblendete. So konstatierte Weinrich »zwei grundverschiedene Verstehensmuster, die man in Anlehnung an die Kirchengeschichte als evangelische und katholische Literaturwissenschaft unterscheiden kann«: Traditionsgeleitet die »katholische Literaturwissenschaft der Konstanzer Papisten (ich drücke mich hier ketzerisch aus)«; hingegen »von Mißtrauen gegen die Traditionsgeschichte beseelt«, auf dem »reinen Wort« bestehend die »gut lutherische Literaturwissenschaft, die aus Göttingen kommt«. – An Luthers »solam scripturam regnare« als Grundgesetz reformatorischer Bibelexegese erinnert, kann ich ‚Altlutheraner'* dem kaum widersprechen.

* Dazu hier S. 15 f.

Doktorandenkolloquium Am Jahresende 1959 hatte ich den Ruf auf einen in Göttingen eingerichteten zweiten Lehrstuhl meines Faches angenommen. Aber noch bevor ich im Sommersemester dort antrat, war Wolfgang Kayser, in dessen Windschatten ich mich wünschte, am 23. Januar 1960 zu Tode gekommen. In seinem Notizbuch fanden sich die Namen von etwa 60 hinterlassenen Doktoranden. Schon ihre Anzahl schloss aus, dass er sich um diese Verabredungen weiter hatte kümmern können oder wollen. Weil so viele informierende Einzelgespräche bei dieser Erbschaft nicht möglich waren und ich mir rasch einen Überblick verschaffen wollte, bat ich alle Betroffenen zu einer gemeinsamen Besprechung und wiederholte das in meinem ersten Göttinger Semester. Manche erschienen dazu gar nicht erst, hatten ihre Promotionspläne offenbar längst aufgegeben. Einige mussten bei mir nur noch das mündliche Doktorexamen ablegen oder brachten ihre Dissertationen vorher unter meiner Begleitung zu Ende. Andere gingen dann zu Walther Killy, der den vakanten ersten Lehrstuhl im nächsten Semester wieder besetzte. So haben sich wenigstens diese Folgen von Wolfgang Kaysers Tod einigermaßen zufriedenstellend regeln lassen.

Aber was sich nur aus einer Notlage ergeben hatte, regte mich zur Fortsetzung an. Mit den von Kayser übernommenen Promovenden lud ich seit 1961 die eigenen Doktoranden, die aus Münster mitgekommen waren und dann weiter hinzutraten, zu regelmäßigen Zusammenkünften ein. Dieses bis zu meiner Emeritierung abgehaltene, als ordnungsgemäße Lehrveranstaltung geltende Doktorandenkolloqium war über dreißig Jahre hin das Schönste, was mir im Lehrbetrieb der Universität zuteilgeworden ist.* Anfangs fand das bei uns zu

* Bei der letzten auswärtigen Sitzung 1990 in Bursfelde gab es eine witzige ›Kabinett-Ausstellung‹, die »mit mehr als 70, in ihrer Mehr-

Original: ›Schiller auf dem Weg zu seiner ersten Vorlesung‹, Gemälde von Erich Knithan (1908) im Göttinger Institut. Hier für ein Doktorandenfest überklebt mit den Gesichtern von Schöne, Stenzel, Wagenknecht, Ohage und Marianne Lienau

Hause statt, wo es zur Begrüßung ein Glas Wein gab und dann, meinem unguten Vorbild folgend, zunehmend viele Tabakspfeifen qualmten (erst 1968, nach einem Vorfall, von dem ich hier auf Seite 270 f. berichte, verlegte ich das Kolloquium in einen Institutsraum, weil ich einen der Teilnehmer nicht mehr zum Hausgast haben mochte). Da referierte immer einer der Doktoranden, in späteren Jahren auch einer der teilnehmenden Habilitanden über seine Pläne und trug etwas aus der

heit einmaligen und unersetzlichen Exponaten aus dem In- und Ausland« die Geschichte dieses Doktorandenkolloquiums dokumentierte. – Der als Broschüre nur intern gedruckte, reich bebilderte Katalog dieser Ausstellung: ›Albrecht Schöne – der Lehrer‹ erschien 1990 im ‚Verlag der Doktoranden' (2., verbesserte Auflage. 120 Exemplare).

entstehenden Arbeit vor – »nichts was fertig ist und gut«, sollte dafür als Grundregel gelten. Das wurde dann ausführlich erörtert und mit Einwänden oder Änderungsvorschlägen, mit Hinweisen, Ergänzungen und Anregungen bedacht. Weil im Lauf der Zeit jeder mehrmals vortrug, waren die Zuhörenden mit dem Fortgang der Arbeiten vertraut. Und zu meiner Freude war das Gesprächsklima schon bald so unbefangen, dass man vor Kritik an einem Kommilitonen auch in Gegenwart des ›Doktorvaters‹ nicht zurückscheute. Selbst wenn es in der Sache unnachsichtig zuging, geschah das doch auf freundliche Weise, immer jedenfalls in hilfreicher Absicht.

Mit der Zeit wurden wir unternehmungslustiger, kamen oft auch zu zweitägigen Sitzungen im universitätseigenen Buettner-Haus in Reinhausen und in dem gastlichen alten Benediktinerkloster am Weserufer in Bursfelde zusammen. Oder wir fuhren an weiter entfernte Orte, wo uns etwas interessierte und nützte – nach Wolfenbüttel etwa (Herzog August Bibliothek), nach Weimar (Goethe- und Schiller-Archiv), nach Marbach (Deutsches Literaturarchiv und Schiller-Nationalmuseum), nach Düsseldorf (Goethe-Museum) oder nach Loccum (Zisterzienserabtei beim Steinhuder Meer), einmal auch zum Herrnhaag in der hessischen Wetterau, wo im 18. Jahrhundert die pietistische Herrnhuter Brüdergemeine des Grafen Zinzendorf Zuflucht gefunden hatte.

1989 ging es für eine ganze Woche sogar nach Jerusalem zu gemeinsamen Arbeitssitzungen mit Doktoranden und Dozenten der Hebrew University und einigen Interessierten, die noch von den Universitäten in Tel Aviv und Be'er Scheva hinzukamen. Vielfach auch deutsch-jüdische Themen behandelnd, referierten da acht Israelis und sechs Göttinger Teilnehmer über ihre Promotions-, Habilitations- oder Editionsvorhaben, und die darauf bezogenen Diskussionen oder weiteren Gespräche verliefen ebenso offenherzig wie anregend und förderlich. So ergaben sich wissenschaftliche Kontakte und persönliche Beziehungen, die mit unserer Reise nach Jerusalem nicht endeten. Zwei ganztägige Exkursionen schlossen sich an, noch ungehindert durch die später errichteten Absperrungen. Die eine führte durch das Jordantal über Bet Sche'an nach Galiläa, nach Kapernaum, zu längerem Aufenthalt auch in einen Kibbuz am See Genezareth, zu den Golanhöhen, nach Cäsarea Philippi und zur Kreuzfahrerburg Mivtzar Nimrod; die andere dann in die judäische Wüste und ans Tote Meer, auf die Herodes-Festung Masada (wo 74 n. Chr. die belagerten jüdischen Aufständischen für sich, ihre Frauen und Kinder den Freitod gewählt haben sollen, um nicht in römische Sklaverei zu fallen, und wohl fast tausend Menschen umkamen. Damals fanden dort noch die Vereidigungen der israelischen Rekruten statt – „Nie wieder darf Masada fallen!").

Nicht zu vergessen bei solchen Unternehmungen: ein abenteuerlicher Zwischenfall auf der Fahrt nach Weimar im Juni 1979. Der von einem Göttinger Unternehmen gestellte Omnibus, viel zu groß für unsere kleine Truppe, befand sich schon auf der ‚Transit'-Autobahn der DDR, als der Chauffeur am rechten Rand der noch ziemlich schmalen Fahrbahn anhielt und mir zustöhnte, dass er nicht mehr weiterfahren könne (weil heftige Nierenkoliken ihn überkamen, erklärte die Weimarer Klinik dann, das wäre absolut richtig gewesen). Es herrschte ein lebhafter Verkehr. Eine überholende sowjetische Panzerkolonne schien uns fast zu streifen. Handys gab es noch nicht, und auf andere Weise Hilfe herbeizuholen war unmöglich. Notgedrungen setzte ich mich selber ans Steuer, ohne Omnibusführerschein und die vorgeschriebene Personenbeförderungserlaubnis, trotz einiger Erfahrungen aus der Militärzeit mit anfangs sehr unsicherem Fahrgefühl. Als sich das legte und ich im Rückspiegel sah, wie verängstigt meine Fahrgäste ausschauten, steckte ich zu ihrer Beruhigung meine

Tabakspfeife an. Und am Ende brachte ich unser langes, breites Gefährt auch noch durch die enge Kurve in Weimars Ackerwand-Straße unbeschadet bis zum Haus der Frau v. Stein. Dort brach ein großer Jubel aus. Diesmal waren alle einverstanden mit mir. So wurde später bei einem unserer Doktoranden-Feste im Chorgesang eine Umdichtung der Ballade vom ›John Maynard‹ vorgetragen (der bei Fontane gar das eigene Leben opfert, um ein brennendes Passagierschiff zu retten: »John Maynard war unser Steuermann, | Aushielt er, bis er das Ufer gewann, | Er hat uns gerettet, er trägt die Kron, | Er starb für uns, unsre Liebe sein Lohn«). Jetzt hieß es da am Ende:

> Wer hilft in Not der verzagten Schar,
> wer steht im Unglück ihr bei?
> Jeder wohl kundig der Poesie,
> keiner der Busfahrerei.
>
> Einer nur faßte ein Herz sich da,
> Vopo und Sowjets – gleichviel!
> Er promovierte die Seinen selbst,
> steuert sie sicher ans Ziel!
>
> Lob, Preis und Ehr unserm Steuermann,
> ihm, unserm Retter, die Kron!
> Aushielt er, bis er das Ziel gewann:
> Immerdar unsre Liebe sein Lohn.

Selbst dem Bundespräsidenten kam das später einmal zu Ohren. Bei der öffentlichen Pour le mérite-Sitzung in Bonn 1991 stellte Manfred Eigen mich als neuen Träger des Ordens vor: Er hatte dafür ein Mitglied des Doktorandenkolloquiums befragt und gab in seiner Laudatio auch diese Weimar-Ballade zum Besten. Mir selber war dabei fast noch mulmiger zumute als anfangs am Omnibussteuer.

In aller Regel hatte ich meine Doktoranden von mir aus gefragt, ob ihnen an einer Promotion gelegen wäre. Mit jedem habe ich mich dann über ein von ihm selber vorgeschlagenes oder von mir angeregtes Dissertationsthema verständigt, das lohnend und aussichtsreich erschien und ihm Freude machte. Plagiate, wie sie neuerdings in spektakulärer Weise aufgedeckt und mit einer Aberkennung des Doktortitels geahndet worden sind, waren unter uns undenkbar, konnten oft schon wegen der vergleichsweise ungewöhnlichen, auf Entdeckungen beruhenden Themen kaum unterlaufen (Heinz Gollhardt beispielsweise befasste sich mit ›Studien zum Klappentext‹, Jürgen Stenzel mit stilistischen Untersuchungen der ›Zeichensetzung‹ in deutscher Prosadichtung, Ernst-Peter Wieckenberg mit der ›Geschichte der Kapitelüberschrift‹ im Roman, Eberhard Fähler mit den festlichen ›Feuerwerken des Barock‹ oder Ulf-Michael Schneider mit den ›Propheten der Goethezeit. Sprache, Literatur und Wirkung der Inspirierten‹*). Doktoranden aus dem Ausland beschäftigten sich nach Möglichkeit mit Dingen, für die sie heimische Sprach- und Sachkenntnisse

* Da ging es um die im 18. Jahrhundert von Schnellschreibern protokollierten, als wörtliche Gottesrede verstandenen Eingebungen eines in trancehafte Ekstase gebrachten ‚Werkzeugs' (Goethe dann, ›Der ewige Jude‹, 1774: »Um Mitternacht wohl fang ich an | Spring aus dem Bette wie ein Toller ... Drum hör' es denn wenn dir's beliebt | So kauderwelsch wie mir der Geist es giebt«!).

Als Schneider 1984 dafür bei der Amana Church Society in Iowa recherchierte, entdeckte man in ihrem Archivkeller vergessene, noch unaufgeschnittene Druckbögen solcher Inspirationsreden. Sie hatten Mitgliedern der unter Verfolgungsdruck aus Hessen nach Amerika auswandernden radikalpietistischen ‚Wahren Inspirations-Gemeine' gehört, die unterwegs verstorben waren. Ein umfangreiches Konvolut solcher überzähligen Drucke haben die Gemeindeältesten dem deutschen Doktoranden damals als Geschenk für die Göttinger Universitätsbibliothek übergeben.

mitbrachten (Faramarz Behzad etwa mit Olearius' früher Übersetzung des persischen ›Golestan‹ oder die Chinesin Bok Hie Han mit dem Taoismus in Döblins ›Wang-lun‹-Roman). Und einige, die dann Hochschullehrer wurden, waren mit Autoren oder Gattungen befasst, denen sie in ihren späteren Arbeiten weiter nachgingen (etwa Christian Wagenknecht mit Karl Kraus, Reinhard Nickisch mit ‚Briefstellern', Hans-Jürgen Schrader mit den Schriften der Pietisten, Ulrich Joost mit Lichtenberg, Anne Bohnenkamp mit den Paralipomena zu Goethes ›Faust‹).

Ergänzt und bereichert wurde die Runde durch Doktoranden und fachnahe Professoren anderer deutscher oder ausländischer Universitäten, die für längere Zeit in Göttingen arbeiteten und ihre wissenschaftlichen Vorhaben in der beschriebenen Weise bei uns vorstellen und diskutieren wollten. Zu ihnen gehörten etwa Ruth Angress (Irvine), Nicholas Boyle (Cambridge), Bożena Chołuj (Warschau), Leah Hadomi (Haifa), Ernst Hamm (Toronto), Maguli Kartschawa (Tiflis), Kaoru Noguchi (Tokyo), Nicholas Saul (Dublin) und Sukeyshi Shimbo (Kyushu).

Die hier zuerst genannte, in den USA tätige Germanistik-Professorin Ruth Angress, die später ihren Mädchennamen Ruth Klüger wieder annahm und in Göttingen sogar dauerhaft ihren zweiten Wohnsitz eingerichtet hat, kam 1988 zu uns, als sie hier die amerikanischen Austauschstudenten des Kalifornischen Studienzentrums betreute. Damals entstand ihr autobiographischer Bericht ›weiter leben. Eine Jugend‹ (als elfjähriges österreichisches Kind jüdischer Herkunft hatte man sie 1942 in ein Konzentrationslager verschleppt, wo sie später der Vergasung nur entkam, weil sie sich älter gab und zur Zwangsarbeit tauglich schien). Mitglieder des Doktorandenkolloquiums waren die ersten Leser ihres Manuskripts, und nachdem der Suhrkamp Verlag abgelehnt hatte, es zu drucken, übernahm das einer von ihnen: Thedel v. Wallmoden, dessen jungem Wallstein Verlag dieser Bestseller kräftig auf die Beine half.

Auf besondere Weise hat auch der oben zuletzt genannte, als Stipendiat nach Göttingen gelangte Professor Shimbo gezeigt, was alles wir von den ausländischen Mitgliedern dieses Kreises lernten, und was sie bei uns erfahren konnten. Denn an fernöstlichen Denkweisen und Verhaltensformen brachte er uns keineswegs nur bei, wie man manierlich mit Stäbchen isst, als er im Büttner-Haus damals noch fast unbekannte, wunderbare japanische Gerichte zubereitet hatte. Umgekehrt erklärte er dort 1981 in seiner Abschiedsrede, es würde »neun Monate« dauern, bis er wieder ein richtiger Japaner wäre. Ganz gelang das freilich nicht mehr: Über seiner in Göttingen angeregten Beschäftigung mit pietistischen Texten ist er bei dieser Wiedergeburt selber zu einem glaubensfesten Pietisten geworden.

Wenn ich richtig zähle, haben etwa dreißig meiner Doktoranden ihre Dissertationen fertiggestellt. Bezogen auf die damals noch geringe Zahl weiblicher Studierender meines Faches, waren schon viele Studentinnen unter ihnen; insgesamt stellten sie wohl gut ein Drittel dieser Promovierten.

Wenigstens zehn Zugehörige freilich haben aus unterschiedlichen Gründen ihre Arbeiten nicht mehr abgeschlossen. Marianne Lienau etwa, die vorher als Redakteurin zum Westdeutschen Rundfunk kam, und Jochen Hieber, den die ›Frankfurter Allgemeine Zeitung‹ in ihrem Feuilleton anstellte, fanden in der Ferne keine Zeit mehr dafür. Ähnlich erging es bei allem Fleiß Klaus Schmidt als Leiter einer Arbeitsstelle der Göttinger Akademie, die mit etwa 70000 Nachweisen den ›Rezensionsindex deutschsprachiger Zeitschriften des 18. Jahrhunderts‹ zusammenstellte. Heinz Ludwig Arnold, der sich am

Ort als freiberuflicher Publizist, Zeitschriften- und Lexikonherausgeber um die Vermittlung der Gegenwartsliteratur verdient machte, und Thedel v. Wallmoden, der hier (mit den Brüdern Steinhoff) seinen Wallstein Verlag begründete, zogen angesichts dieser beruflichen Lasten und Freuden willentlich einen Schlussstrich unter ihre unfertigen Doktorarbeiten, wurden aber später auch ohne Promotion Honorarprofessoren in Göttingen bzw. Heidelberg. Jochen Meyer brauchte für seine Anstellung als Leiter der Handschriftenabteilung des Deutschen Literaturarchivs in Marbach eilends den Doktortitel, musste die geplante Dissertation über Hans Henny Jahnn deshalb aufgeben und wurde ersatzweise promoviert mit seiner früheren Prüfungsarbeit für die Kölner Bibliotheksschule (›Der Paul Steegemann Verlag, 1919–1935 und 1949–1960‹), die dafür immerhin eine ‚rite'-Benotung erhielt. Hans-Jürgen Schrader hatte seine Doktorarbeit ›Literaturproduktion und Büchermarkt des radikalen Pietismus‹ zwar endlich abgeschlossen, sie aber 1988 noch immer nicht zum Druck gebracht, als er von der wohlberatenen Universität Genf ohne Habilitation auf ihren Lehrstuhl für Deutsche Sprache und Literatur berufen wurde – um den sich damals mehr als hundert Dozenten und Professoren beworben hatten, auch schweizerische Staatsbürger, die man in solchen Fällen doch nach Möglichkeit bevorzugte.

Wie er waren mehrere dieser Doktoranden später an Universitäten tätig. Der in Göttingen promovierte und habilitierte, dann nach Kiel berufene Heinrich Detering kam 2005 zu meiner Freude wieder zu uns zurück und hat der Göttinger Literaturwissenschaft ein weltweites Ansehen verschafft. Mit oder ohne abgeschlossene Dissertation gingen manche an höhere Schulen (zwei von ihnen leiten jetzt auch Göttinger Gymnasien). Andere arbeiteten im Feuilleton einer Zeitung, einer Rundfunk- oder Fernsehanstalt, in Verlagen und Archiven oder betätigten sich als freie wissenschaftliche Schriftsteller. Ich will sie hier nicht alle namentlich anführen, aber wenigstens von Anne Bohnenkamp noch bewundernd anmerken, dass sie als Leiterin des Freien Deutschen Hochstifts und Goethe-Hauses jetzt in Frankfurt das neue Romantik-Museum baut und einrichtet.

Besuchsweise kamen manche der früheren Mitglieder auch nach ihrem Fortgang wieder in die Sitzungen des Kolloquiums. Alle jedenfalls, denen das möglich war, beteiligten sich an unseren Wiedersehenstreffen 1975 in Bursfelde und 2015 in Göttingen. Über die Jahrzehnte hin stehe ich mit vielen von ihnen noch immer in Verbindung. Andere freilich sind schon nicht mehr unter den Lebenden. An solche Schüler denkt ihr alter Lehrer doch ein wenig wie Eltern an Kinder, die vor ihnen haben sterben müssen.

Alewyns Tafelrunde Am 23. Oktober 1964 erschien in der Wochenzeitung DIE ZEIT ein Artikel: ›Der neue Bonner Rektor‹. Mit ihm machte Walter Boehlich, Cheflektor im Suhrkamp Verlag und einflussreicher Literaturkritiker, die nationalsozialistisch ausgerichteten Veröffentlichungen des Germanisten, Sprachhistorikers und Volkskundlers Hugo Moser bekannt, der eben zum Rektor seiner Universität gewählt worden war, und nahm diesen Fall zum Anlass, den weithin auf Tabuisierung bedachten, jedenfalls verharmlosenden oder beschwichtigenden Umgang mit den politischen Verstrickungen der Germanistik anzuprangern. Das erregte großes Aufsehen und führte in der gleichen Zeitung zu einer ganzen Reihe abwehrender Erklärungen oder zustimmender Stellungnahmen. Auch der Bonner germanistische Ordinarius Richard Alewyn äußerte sich dazu (27.11.1964: ›Die Universität als moralische Anstalt betrachtet‹) und, darauf bezogen, dann eine Kohorte jüngerer Germanisten. In ihrer ›Erklärung der Sieben‹ vom 4.12.1964 schrieben sie: »Die Verpflichtung der Wissenschaft zur Wahrhaftigkeit kann nicht wörtlich genug genommen werden. Sie schließt den Auftrag ein, auch der ‚dunklen Jahre' der Universität ohne Scheu zu gedenken, ebenso frei von ängstlicher Beschönigung wie von moralischer Überheblichkeit, aber auch die Mahnung, nicht zu glauben, daß die Stunde der Anfechtung niemals wiederkehren könne.«

Durch solche öffentlichen Auseinandersetzungen sah Benno v. Wiese, Mosers Bonner Kollege und als dessen Nachfolger jetzt auch Vorsitzender des Deutschen Germanistenverbandes, das Ansehen des Faches geschädigt. Eigenmächtig und unabhängig davon, ob sie diesem Verband angehörten oder nicht, lud er die Inhaber germanistischer Lehrstühle ein, sich am 30.4. und 1.5.1965 in Mainz zu treffen, damit durch eine interne Aussprache und vermittelnde Regelungen wieder Ruhe und Frieden einkehrten. Um die inhaltliche Vorbereitung dieser Versammlung, die für Außenstehende, schon gar für Journalisten nicht zugänglich war, bat er mit taktischem Geschick eben jene ‚Rebellen', aus deren Kreis die ›Erklärung der Sieben‹ stammte.* Sie sollten nicht allein Vorschläge für die Tagesordnung machen, sondern im Voraus auch schon eine gemeinsame Abschlusserklärung formulieren (offensichtlich nur, damit man abschätzen konnte, was sie eigentlich im Schilde führten). Sechs von ihnen, die dafür Zeit hatten, kamen am 27.2.1965 im Gasthaus Stimbekhof in der Lüneburger Heide zusammen und stimmten ihre Beschlüsse dann schriftlich mit acht Verhinderten ab; weitere Treffen schlossen sich an.**

Die angeforderte Abschlusserklärung haben wir verweigert: »Eine Einmütigkeit vorzutäuschen, die nicht vorhanden ist, wäre unverantwortlich, und offene Auseinandersetzung ist dem Fach und auch seinem öffentlichen Ansehen zuträglicher als unaufrichtige Versöhnung.« Für die Tagesordnung dieses Treffens aber wurden als wichtigste Diskussionspunkte vorgeschlagen die »Errichtung einer Arbeitsstelle zur kritischen Erforschung der Geschichte der Germanistik und ihrer Nachbarwissenschaften«; außerdem unsere Bitte, den im nächsten Jahr

* Mit unterschiedlich aktiver Beteiligung bildeten diesen Kreis oder standen ihm jedenfalls zeitweise nahe: Karl Heinz Borck, Richard Brinkmann, Joachim Bumke, Karl Otto Conrady, Rainer Gruenter, Hans-Egon Hass, Heinrich Matthias Heinrichs, Arthur Henkel, Johannes Kibelka, Walther Killy, Eberhard Lämmert, Horst Rüdiger, Karl Ludwig Schneider, Albrecht Schöne, Hans Joachim Schrimpf, Herbert Singer (federführend), Karl Stackmann, Peter Szondi, Peter Wapnewski, Kurt Wölfel und Richard Alewyn (der unfreiwillig und unaufdringlich als eine Art Mentor wirkte). – Die Namen der besonders tatkräftig Auftretenden habe ich hier unterstrichen.

** Da ich keine eigenen Aufzeichnungen gemacht habe, entnehme ich alle nachstehenden Angaben und Zitate den umfänglichen Beratungs-Protokollen, die Herbert Singer damals für uns verfasste.

anstehenden innerdeutschen Germanistentag unter das Generalthema »Germanistik und Nationalismus« zu stellen; schließlich die dringlichen Fragen einer neuen »Aufgliederung des Faches und Ordnung der akademischen Lehre« mit dem Ziel zeitgemäß reformierter Studiengänge und Unterrichtsprogramme. Nach langem Hin und Her wurde dieses Programm akzeptiert. Wohl 55 Professoren folgten der Einladung nach Mainz und haben unsere Absichten und Vorschläge am Ende mehrheitlich gebilligt. Benno v. Wiese freilich, den wir vom Vorsitz dieser Versammlung nicht verdrängen konnten, betonte vorbeugend, dass man hier »allenfalls Empfehlungen aussprechen könne, nicht aber Beschlüsse [fassen], die für den Germanistenverband oder seinen Vorstand bindend seien«.

Zum Eklat kam es in Mainz erst bei unserem unangekündigten Antrag, es solle dieser Vorstand (v. Wiese und als dessen Stellvertreter Hugo Moser) auch über sein Verhalten in dem besagten Zeitungs-Streit berichten. Wir sind, hieß es zur Begründung, »insbesondere beunruhigt durch das fragwürdige Bild, das in der Öffentlichkeit von der Haltung der deutschen Hochschulgermanistik entstanden ist. Es ist nicht zuletzt verursacht durch anonyme Umtriebe, mißdeutbares Schweigen oder Stellungnahmen, welche öffentliche Angriffe ausweichend und apologetisch behandelt haben. Diese Verfahrensweisen werden von uns mißbilligt. Da wir jedoch der Meinung sind, daß Fragen der persönlichen Verantwortung und Entscheidung nicht durch eine Abstimmung geklärt werden können, verzichten wir auf einen Entschließungsantrag. Wir bitten aber den Vorstand um Auskunft, welche Lehren er aus den Vorgängen gezogen hat und wie er sich künftig verhalten will, um solche Schädigungen des Ansehens der Germanistik auszuschließen.« – Protokoll von Herbert Singer: »Der zweimaligen Verlesung des Antrags, der die Versammlung unter atemlosen Schweigen lauschte, folgte eine vierstündige

Redeschlacht«. Auge in Auge haben wir Jüngeren uns damals mit den älteren Fachkollegen und ihren Fürsprechern auseinandergesetzt, weithin also mit unseren eigenen Lehrern: persönlich so schonend, wie eine uneingeschränkte Aufrichtigkeit es zuließ, aber so rücksichtslos doch, wie sie es verlangte. Hoch erregt war man auf beiden Seiten. Es gab Äußerungen, bei denen manchen von uns und unseren Kontrahenten Tränen im Auge standen. – Protokoll: Am Ende erklärte sich die Versammlung »mit den Sorgen und Bemühungen der Antragsteller solidarisch«. Nicht öffentlich, wohl aber intern hat in diesen vier Stunden mein Fach mit sich selber abzurechnen versucht und hat eine sichtliche Umkehr jedenfalls eingeleitet.

Öffentlich und von lebhaftem Medieninteresse begleitet, folgte vom 17. bis 21.10.1966 in München die auf solche Weise vorbereitete Tagung des Deutschen Germanistenverbandes, dem Universitätslehrer und Lehrer an höheren Schulen angehörten. Freilich hatte dessen Vorstand dafür gesorgt, dass das in Mainz beschlossene Generalthema ›Germanistik und Nationalismus‹ ausgedehnt und verwässert wurde. Um ›Nationalismus in Germanistik und Dichtung‹ sollte es gehen. So referierte man etwa über den ›Nationalgedanken im deutschen und schweizerischen Humanismus‹, über ›Klopstock als Patriot‹ oder ›Das Politische als Kunstform in Schillers Schauspiel ‚Wilhelm Tell'‹. Immerhin hörten an die tausend Anwesende auch, was Eberhard Lämmert vortrug: ›Germanistik – eine deutsche Wissenschaft‹, oder was Peter v. Polenz über ›Sprachpurismus und Nationalsozialismus‹ ausführte, was Karl Otto Conrady zu sagen hatte: ›Deutsche Literaturwissenschaft und Drittes Reich‹. Und viele Tausende konnten das im Druck später nachlesen. Es gab ein mächtiges, aufgeregtes und aufregendes Presseecho. Einen sehr eingehenden Tagungsbericht, wieder von Walter Boehlich, veröffentlichte DIE ZEIT (28.10.1966: ›Der deutsche Germanistentag – Aufforderung, das Kind mit dem Bade auszuschütten‹). Den muss ich hier anführen, obgleich er am Ende mich selber erwähnt. »Wo wäre Ähnliches bei den Historikern geschehen«, hieß es da, »wo gar bei den Juristen oder Medizinern, deren faktische Mitschuld an den Verbrechen des Dritten Reiches so ungleich größer ist. [...] wie tief Politik in die Tagung hineinspielte, wurde in ihrem aufregendsten Moment sichtbar, als Albrecht Schöne einem älteren Schulmann antwortete. Es war einer von denen, die das gerade erweckte Grauen mit „Ich-persönlich"-Sätzen wieder einzuschläfern suchten. Er warnte davor, in dieser Nation, die immer von einem Extrem ins andere falle, wieder einmal das Kind mit dem Bade auszuschütten und alle Werte des Gemüts und alle gute alte Überlieferung über Bord zu werfen. Schöne entgegnete ihm, er kenne viele im Saal, die Angst davor hätten, sich in zwanzig Jahren verzweifelt fragen zu müssen, warum sie denn das Kind nicht mit dem Bade ausgeschüttet hätten. Der Saal applaudierte. Da war etwas an den Tag gekommen, was keiner der Teilnehmer mehr vergessen wird. Den vielen Versuchen der Begütigung, der Beschönigung, selbst der Verfälschung [...] war kein Erfolg beschieden. Der Germanistentag hat nicht umsonst stattgefunden.«*

Schon am Ende seines Protokolls der vorangegangenen, vorbereitenden Mainzer Professorenversammlung von 1965 hatte Herbert Singer uns geschrieben, »der wichtigste Ertrag ist vielleicht der, daß die, die zueinander gehören und doch in einer von der täglichen Arbeitslast begünstigten Diaspora leben, sich wieder zusammengefunden haben und entschlossen sind,

* Festzuhalten: Erst lange nach allem hier Berichteten bemerkten auch die Studenten »Unter den Talaren | Muff von 1000 Jahren« und unterstellten dann die 68er-Aufrührer, dass die politischen Verstrickungen der Universitäten noch immer verdeckt würden.

einander nicht wieder aus den Augen zu verlieren«. Auch weiterhin zusammenkommend, »wollen wir endlich einmal nicht nur über Organisationen, Resolutionen, Anträge, Satzungen und Sitzungen sprechen, sondern über das, was uns allen weit mehr Freude und Sorgen bereitet, über unsere Wissenschaft«. Nächst dem allgemeinen Zusammengehörigkeitsgefühl dieses ‚Stimbekhof-Kreises' war dafür entscheidend, dass er mit der Person Richard Alewyns eine bindende Mitte besaß. Außerdem verschärfte sich unser »Diaspora«-Bewusstsein: Die damals einsetzenden und zunehmend rabiateren 68er-Unruhen, die unsere Bemühungen links überholten, überschwemmten uns nicht nur von neuem mit »Resolutionen, Anträgen, Satzungen und Sitzungen«, sie ließen uns jüngere, eher doch »liberale Scheißer« an unseren zerstreuten Arbeitsplätzen auch zunehmend vereinsamen. Also kamen von 1969 bis 1980 die meisten von uns wieder zusammen, immer einmal im Jahr, für drei oder vier Tage – eben um »über unsere Wissenschaft« zu sprechen. Der Teilnehmerkreis schwankte und veränderte sich, weil es schon in dieser Zeit Todesfälle gab, auch weil die alte Kerngruppe vom Stimbekhof sich behutsam ergänzte. Ich will eine wohl nicht ganz zuverlässige alphabetische Namensliste hier wenigstens anmerkungsweise zusammenstellen.* Wir trafen uns zunächst an wechselnden Orten, in den letzten Jahren dann immer in dem schwäbischen Donaustädtchen Günzburg auf der Reisensburg, einer Tagungs- und Klausurstätte der nahen Universität Ulm. Man berichtete über seine Arbeits-

* Richard Alewyn († 1979), Roger Bauer, Karl Heinz Borck, Joachim Bumke, Karl Otto Conrady, Rainer Gruenter, Hans-Egon Hass († 1969), Uvo Hölscher, Eberhard Lämmert, Horst Rüdiger, Karl Ludwig Schneider, Albrecht Schöne, Herbert Singer († 1970), Karl Stackmann, Ingrid Strohschneider-Kohrs, Peter Wapnewski, Kurt Wölfel, Peter Szondi († 1971).

vorhaben, trug noch Unveröffentlichtes vor und erfuhr die Hebammendienste der kritischen Zuhörer, fühlte sich gestärkt und aufgerichtet durch ihre Anteilnahme und Anregungsfreude. Lange freundschaftliche Gespräche schlossen sich an. Es hatte sinnbildhafte Bedeutung, dass wir in den Tagen auf unserer Reisensburg zusammen durch den Grieslesgumpen schwammen, dass wir dort selbstgefangene Fische aßen, dass wir hoch über der Donau den roten Milan fliegen sahen.

‚Alewyns Tafelrunde' war die gängige Bezeichnung für diese Metamorphose der Stimbekhof-Truppe, unter uns selber ebenso wie unter den raunenden Außenstehenden. Auf die Tafelrunde des Königs Artus in mittelalterlichen Romanen spielte das an. Nur verstand sich Richard Alewyn keineswegs als unser König, gebärdete sich ganz und gar nicht herrscherlich. Umso mehr doch achteten und bewunderten oder liebten wir ihn. Nach seinem Tod am 14. August 1979 sind wir nur einmal noch zusammengekommen. Danach nie mehr. Mit ihm hatten wir unseren Herzschrittmacher verloren. Vielleicht kann ich das begreiflich machen, wenn ich hier anfüge, was ich an anderer Stelle geschrieben oder gesagt habe:

»Er war einer der wenigen emigrierten Gelehrten, die wiederzugewinnen sich unsere Universitäten nach dem Krieg ernstlich bemüht haben. Und daß er sich 1949 entschloß, den schweren Weg einer solchen Rückkehr zu gehen, ist für die korrumpierte deutsche Germanistik eine unschätzbare Ermutigung gewesen.

1925 mit einer in wenigen Wochen verfaßten Analyse der ›Antigone‹-Übersetzung des Martin Opitz promoviert, 1931 mit seiner Entdeckung und beispielgebenden Untersuchung der Barockromane Johann Beers in Berlin habilitiert, wurde er dreißigjährig als Nachfolger Friedrich Gundolfs auf dessen ‚außerordentlichen' Heidelberger Lehrstuhl berufen [aus die-

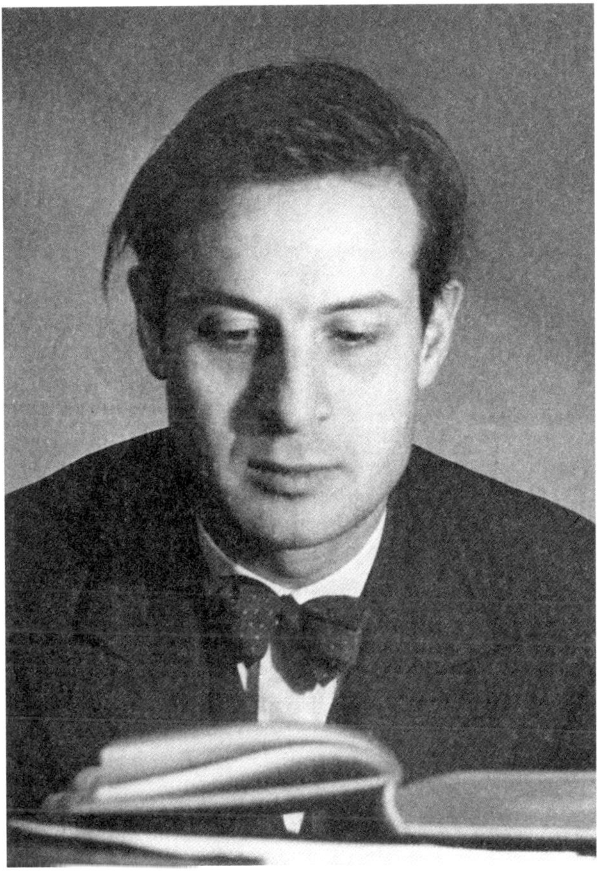

ser Zeit stammt das obenstehende Bild]. Ein Jahr später hat man ihn seiner jüdischen Abstammung wegen aus dieser Universität vertrieben – an deren Portal doch geschrieben stand: DEM LEBENDIGEN GEIST. Sein Fluchtweg durch Europa endete in einem amerikanischen College, wo dieser lebendigste Geist unter den deutschen Germanisten, Komparatisten und Kulturhistorikern seiner Generation zehn Jahre lang als Sprachlehrer sich durchbrachte.

„Zwischen uns und Weimar liegt Buchenwald“, sagte er 1949 zu Beginn seiner ersten Kölner Vorlesung. Was er einer daraus erwachsenden Sprachskepsis und Mitteilungsscheu noch an Veröffentlichungen abgewann, verdankte sich nahezu ausnahmslos seinen weitgespannten Plänen und Entwürfen vor der zerstörerischen Zäsur des Jahres 1933. Und doch macht es den Reichtum und die Anregungskraft dieser Fragmente aus – „Bruchstücke einer großen Konzeption“ hat er selber sie genannt – daß sie auf ein in ihnen angelegtes Ganzes deuten. Seine Sammelwerke ‚Über Hugo von Hofmannsthal‘ (1958 u.ö.) oder ‚Das große Welttheater‘ (1959 u.ö.) oder ‚Probleme und Gestalten‘ (1974) enthalten Meisterstücke einer zeitgenössischen Wissenschaftsprosa, die „dem Gedanken sitzt wie angegossen“ (Lichtenberg) und aus dieser Präzision ihre Schönheit zieht.«*

Als er Ende Juli 1979 zum letzten Mal bei uns war, kam er wieder einmal zu spät in die Gesprächsrunde, hereinstolpernd mit der leisen, anmutigen Unbeholfenheit, die er oft an sich hatte, und einer bemerkte scherzend, was alle dachten: »Wo ist er denn jetzt schon wieder gewesen?« Bei der Trauerfeier habe ich das erwähnt und habe, an den 1. Korinther-Brief 13, 8–10 erinnernd, gesagt: »In einem Anderswo, in dem er immer ein bisschen war, will ich ihn denken – wo auch die Sprachen aufhören werden, in denen er redete, las, dachte und schrieb; wo auch die Erkenntnis aufhören wird, der er nachging; wo auch das Stückwerk aufhören wird, das er zustande gebracht hat. Ave, will ich deshalb sagen, ave anima pia.«

* In: Göttinger Gelehrte. Die Akademie der Wissenschaften zu Göttingen in Bildnissen und Würdigungen. Hg. von Karl Arndt u.a. Zweiter Band, Göttingen 2001, S. 654.

Studentenrevolte Zu meiner Assistenten-Zeit in den 50er Jahren erschien mir die Göttinger Universität mit sich selber einverstanden. Jedenfalls in hochschulpolitischen Grundsatzfragen wurden zwischen dem Professorenkollegium und der Studentenschaft keine gravierenden Meinungsunterschiede sichtbar, öffentlich ausgetragene schon gar nicht. Der auf Seite 216 f. schon erwähnte Vorgang um Leonhard Schlüter machte ihr Einvernehmen sogar weithin sichtbar. Einem Beschluss des Landtags folgend, hatte der niedersächsische Ministerpräsident im Mai 1955 diesen rechtsradikal, ja neofaschistisch agierenden (und später vom Bundesgerichtshof wegen Staatsgefährdung verurteilten) Verleger zum Kultusminister ernannt. Auch für uns war er in diesem Amt zuständig. Dem Widerstand der Professoren standen die Studenten mit Resolutionen und Demonstrationen einhellig zur Seite, und es kam alsbald zum Sturz des Ministers. Ausdrücklich berief man sich dabei auf das Beispiel der ‚Göttinger Sieben', die 1837 eine Aufhebung des konstitutionell ausgerichteten Staatsgrundgesetzes durch den Monarchen nicht stillschweigend hinnehmen wollten. Deren Protestationsschreiben an den englisch-hannoverschen König hatten die 900 Göttinger Studenten damals in so vielen eigenen Abschriften verbreitet, dass sich weit über Göttingen hinaus ein Sturm öffentlicher Zustimmung erhob. Am Ende zogen wohl 200 von ihnen bei Nacht und zu Fuß noch an die hessische Grenze bei Witzenhausen, um Abschied nehmend dort drei ihrer Lehrer zu feiern, die nicht nur ihrer Universitätsämter enthoben, sondern überdies aus dem Lande verbannt worden waren. Solche Eintracht gab es im 20. Jahrhundert seit Mitte der 60er Jahre nicht mehr. Die diesmal von den Studenten ausgehenden Protestaktionen wurden nur von wenigen Hochschullehrern gebilligt, von sehr wenigen anhaltend unterstützt.

Was sich damals bei uns ereignete, stand freilich in einem weltweiten Kontext. Dabei hatte die allgemeine Unruhe der jungen Generation in Ost und West sehr ungleiche Antriebsgründe und Zielrichtungen, entlud sich in unterschiedlichen Aktionen, zog andere Folgen nach sich. Auch die 1966 von Mao Tse-tung ausgelöste, zunächst vor allem von seinen studentischen Roten Garden betriebene mörderische ‚Proletarische Kulturrevolution' gehört ja in diesen Zusammenhang. Ebenso der geradewegs in eine Gegenrichtung aufbrechende ‚Prager Frühling', der im August 1968 vom Militär des Warschauer Paktes niedergeschlagen wurde. In den Vereinigten Staaten von Amerika hingegen formierte sich die Protestbewegung vornehmlich gegen deren 1965 eröffneten Vietnamkrieg. In anderen westlichen Ländern schloss man sich dem einvernehmlich an. Aber hier wie dort kamen politische Intentionen hinzu, die sich auch auf die Hochschulen selber bezogen.

In der westdeutschen Bundesrepublik, zunächst besonders in Berlin und Frankfurt, richteten sich Plakatanschläge, Flugblattaktionen, Protestversammlungen, Unterrichtsstörungen und gewaltsame Blockaden der Studenten mit jugendlichem Ungestüm gegen die verkrusteten Universitätsstrukturen und deren hergebrachte Ordinarienherrlichkeit. Durchaus nicht grundlos lautete die bekannte plakative Parole: »Unter den Talaren | Muff von 1000 Jahren!« Auf Hitlers vermeintlich ‚Tausendjähriges Reich' spielte das an, meinte also auch die nationalsozialistische Dienstbarkeit weiterhin amtierender älterer Professoren.*

* Öffentliche studentische Anklagen der von ihren Lehrern tunlichst verschwiegenen regimetreuen oder anpasserischen Passagen in deren Publikationen vor 1945 verfolgten taktische Absichten, dienten als Waffe. Die gängige Behauptung der 68er-Veteranen, dass in Deutschland eine ernsthafte Auseinandersetzung mit der ‚verdrängten' NS-Zeit überhaupt erst durch ihren Aufstand in Gang gesetzt worden sei, ist schlechthin haltlos.

Rektorats-Übergabe der Universität Hamburg, 9. November 1967

Bei einer Demonstration gegen den Besuch des persischen Schahs wurde im Juni 1967 der Student Benno Ohnesorg von einem Westberliner Polizeibeamten erschossen (wie sich später herausstellte, handelte es sich freilich um einen ‚Inoffiziellen Mitarbeiter' des Staatssicherheitsministeriums der DDR). Damals gewann die Studentenbewegung breiten Zuspruch, nahm aber auch immer entschiedener linksradikale Züge an. Marxistisch orthodoxe, trotzkistische oder maoistische Gruppierungen agierten zunehmend aggressiv. Folgenreich angeheizt wurde das im April 1968 noch durch das Attentat eines Hilfsarbeiters (diesmal mit neonazistischen Kontakten) auf Rudi Dutschke, der sich als Wortführer des ‚Sozialistischen Deutschen Studentenbundes' hervorgetan hatte.*

* Wenige Tage zuvor waren als kapitalistische Hochburgen zwei Frankfurter Kaufhäuser in Brand gesetzt worden – zuständig u. a. Andreas Baader und die Studentinnen Gudrun Ensslin und Ulrike Meinhof (Stipendiatinnen der ‚Studienstiftung des deutschen Volkes'),

Hinzu kam dann im Mai 1968 der Bundestagsbeschluss von Notstandsgesetzen, die in Krisensituationen eine Einschränkung von Grundrechten zuließen und durch die studentische ‚Außerparlamentarische Opposition' geradezu dem Ermächtigungsgesetz gleichgesetzt wurden, mit dem der deutsche Reichstag 1933 den Weg in Hitlers Diktatur gebahnt hatte.

Die von den radikalen Wortführern der Studentenrevolte nur als Etappenziel verstandene ‚demokratisierte' Verfassung der Hochschulen (mit einer Drittelparität von Professoren, Assistenten und Studierenden auch in denjenigen Entscheidungsgremien, die über Studienordnungen, Examensnoten, Berufungen und Forschungsvorhaben befanden) hat die 68er-Bewegung nur an wenigen Universitäten und nirgendwo dauerhaft herbeiführen können. Schon gar nicht den als Endziel proklamierten revolutionären Umsturz des ‚kapitalistischen Systems' der Bundesrepublik. Zeitweise durch Benjamin, Horkheimer und Adorno oder Habermas angeregt, vor allem von den spätmarxistischen Schriften Herbert Marcuses inspiriert, verstand man sich zwar als Interessenvertreter und Wortführer der Arbeiterschaft, doch gelang es keineswegs, die vermeintlich unmündigen ‚Proletarier' zum Abschütteln ihrer Ketten zu mobilisieren.

Zweifellos haben die antiautoritären Postulate der 68er entschieden beigetragen zu einer allgemeinen Veränderung des gesellschaftlichen Klimas, zum Abbau von ‚Herrschaftsverhältnissen' nicht nur zwischen Professoren und Studenten. Ganz gewiss haben sie an den Universitäten Reformen angetrieben, für die es an der Zeit war. Nur könnte man denken, und meine ich, dass es dazu mit der Zeit ohnehin gekommen

die dann zwei Jahre später als linksextremistischen Ableger der Protestbewegung die ‚Rote Armee Fraktion' (RAF) begründeten: verantwortlich für 30 Mordtaten.

wäre – ohne massive Folgeschäden für die Hochschulen und eher einvernehmlich doch, ohne wütende ‚Klassenkämpfe', ohne Enttäuschungen oder Verletzungen, wie auch ich sie damals erfahren habe. Denn wie manche Hochschullehrer der jüngeren Generation saß ich eigentlich zwischen den Stühlen, wurde von der einen Seite dieser Front angefeindet, auf der anderen jedenfalls missbilligend beargwöhnt.

Im öffentlichen Bewusstsein gilt die Studentenrevolte inzwischen weithin nur mehr als eine rühmliche Befreiungsbewegung, bei der man einige Übertreibungen und gewisse Kollateralschäden doch in Kauf nehmen müsse. Aber diese von den alten 68er-Aktivisten und ihren Anhängern erfolgreich hochgehaltene Medaille hatte auch eine finstere Rückseite. Von der und nur von ihr wird jetzt die Rede sein.

Was sich damals an den Universitäten abspielte, erreichte mich auf handgreifliche Weise zum ersten Mal im Oktober 1968 in West-Berlin bei einer Tagung des Deutschen Germanistenverbandes, dem Hochschullehrer und Deutschlehrer höherer Schulen angehörten. In Doppelvorträgen jeweils eines Germanisten und eines Naturwissenschaftlers oder Mathematikers, Musikwissenschaftlers, Philosophen, Soziologen, Politologen sollten dort interdisziplinäre Aspekte des Faches behandelt und diskutiert werden. Sozialistische ‚Basisgruppen' der Studenten aber hatten diese Veranstaltung von vornherein als »zeremoniellen Ausdruck des Privatbesitzes [der Professoren] an wissenschaftlichen Produktionsmitteln« gebrandmarkt und von langer Hand »zur materiellen Gewalt« aufgerufen.* Der Eröffnungsvortrag dieser Berliner Tagung,

* Zitate und Quellenangaben beruhen hier und im Folgenden auf einem umfangreichen Konvolut von Anschlägen am Schwarzen Brett, Flugblättern und hektographierten Zeitschriften der 68er-

den ich übernommen hatte, galt ›Goethes Wolkenlehre‹. Als ich den mit etwa tausend Zuhörern gefüllten Hörsaal betrat, hatten wohl fünfzig Studenten das Podium besetzt. Eine rote Fahne führten sie mit sich und als Transparent (auf die »Blaue Blume« der Romantik als Sinnbild eines liebenden Unendlichkeitsverlangens bezogen) die reichlich lieblose Aufforderung: »Schlagt die Germanistik tot, macht die blaue Blume rot!« Das Reizwort ›Wolkenlehre‹ ließ sich als geradezu programmatische Entfernung vom festen Boden der irdisch-materiellen Tatsachen ausgeben und damit gründlich missverstehen. – Bericht der Berliner ‚Basisgruppe Germanistik': »Wohl eine Stunde tobt der Tumult«!

Dass mir dabei mein Manuskript entrissen und ich niedergeschrien wurde, dass entgegen dem durch eine Abstimmung erklärten, entschiedenen Mehrheitswillen mein Vortrag verhindert worden ist, hat mich weit weniger bekümmert als ein Nachspiel am nächsten Tag. Walter Heitler, der in Zürich theoretische Physik lehrte und als mein Vortrags-Partner oder Kontrahent vorgesehen war, hatte seine Rede über das Verhältnis zwischen Goethe und einer ›modern-exakten Naturwissenschaft‹ vorsorglich abgesagt, als sich massive Störungen ankündigten; ein anderer Experte sollte für ihn einspringen. Trotzdem wurde ich in einer von großem Medieninteresse begleiteten Plenardiskussion konfrontiert mit einem rabiaten Angriff auf den abwesenden Schweizer Physiker – ausgerechnet durch einen meiner eigenen Göttinger Doktoranden. Ohne den Vortrag zu kennen, dekretierte Ernst-Otto Fehn, man hätte diesen Heitler seiner »reaktionären« Ansichten wegen

Bewegung, zugehörigen Briefen auch und Gesprächsnotizen, die meine Sekretärin aufbewahrt hatte (diese Dokumente, die inzwischen einigen Seltenheitswert besitzen, werden mit meinem Nachlass in das Marbacher Literaturarchiv gehen).

gar nicht erst einladen dürfen nach Berlin, und bezichtigte ihn geradewegs »faschistoider« Tendenzen. Der so an den Pranger Gestellte, der sich selber nicht wehren konnte und aus den Zeitungen natürlich erfahren musste, was da vorging, war 1933 seiner jüdischen Herkunft wegen aus Göttingen vertrieben worden (wo er sich als Assistent von Max Born habilitiert hatte); seine Angehörigen wurden Todesopfer des faschistischen NS-Regimes. Mein erregter Protest änderte nichts am Entsetzen des Vierundsechzigjährigen darüber, wie man im neuen Deutschland mit ihm umging.

In Göttingen selber waren einzelne Lehrveranstaltungen schon 1968 bei den Protesten gegen die Notstandsgesetze gestört worden. Aber zu gewalttätigen studentischen Aktivitäten kam es an unserer vergleichsweise noch friedlichen Universität erst mit beträchtlicher zeitlicher Verzögerung. Zum ersten Mal und überhaupt am heftigsten in meiner Vorlesung des Sommersemesters 1969, die man dafür gewiss mit Bedacht erwählt hatte. Sie bot mit gut siebenhundert Teilnehmern ein geeignetes Aktionsfeld und den größtmöglichen Resonanzboden. Sie wurde abgehalten von einem der sogenannten »liberalen Scheißer«, deren »repressive Toleranz« den Aufrührern besonders hinderlich und ärgerlich erscheinen musste. Und sie galt überdies Bertolt Brecht, für den man mich durchaus nicht zuständig fand. Dass zur Initialzündung auch noch geübte Antreiber aus Berlin und Frankfurt angereist waren, wurde damals wohl nicht zu Unrecht gemunkelt.

Also: als ich am 13. Mai zu meiner Vorlesung in die dafür eingerichtete alte Göttinger Paulinerkirche kam, standen dort etwa zwanzig Studenten dicht gedrängt um das Katheder und benutzten die lautstarke Mikrofonanlage, um ihren Protest gegen diese Veranstaltung zu artikulieren. Im Auditorium sekundierten dem mehrere kleine Gruppen, die über mitgeführte Megaphone wie einen Schlachtruf den Namen des vietnamesischen Revolutionsführers und Massenmörders skandierten: »Ho! Ho! Ho Tschi-minh!« Das kam unerwartet, traf mich unvorbereitet und fand mich einigermaßen hilflos. Mein Katheder-Mikrofon hätte ich allenfalls mit handfester Gewalt erreichen können. Dass ich's auf diese Weise nicht wenigstens versuchte, habe ich später manchmal bedauert. Einer gegen zwanzig oder zwanzig gegen einen – vielleicht wären da doch nicht alle konsternierten, wohl auch ein wenig amüsierten Zuschauer sitzen geblieben. Mit der bloßen Stimme konnte ich mir kein Gehör verschaffen. So habe ich, nach heftiger Rangelei und nach längerem Zuwarten im Abseits, die Paulinerkirche wortlos verlassen.

Das wiederholte sich am 3. Juni. Nur blieb die Hörerschaft diesmal nicht stumm. Darüber berichtete der Fachschaftsrat Germanistik am 9. Juni in einer hektographierten ›Festschrift für Prof. Dr. Albrecht Schöne‹, »daß er [Schöne] die Beifallsstürme einer emotionalisierten Mehrheit schon als demokratisches Votum für sich und für die sofortige Abhaltung seiner Vorlesung auffaßte, daß er auf Rufe nach Diskussion hin immer noch nicht bereit war, in eine Debatte über seinen Antrag [!], in dieser Stunde lesen zu wollen, einzutreten, daß er vielmehr den allen demokratischen Gepflogenheiten widersprechenden Versuch unternahm, ohne Aussprache abstimmen zu lassen. Wohl [nur!] die Minderzahl der Hörer versuchte, die bedrohten demokratischen Formen durch akustischen Widerstand zu verteidigen. Prof. Schöne gab daraufhin sein antidemokratisches Vorhaben auf und verließ die Vorlesung. Jetzt erst konnten sich demokratische Formen entfalten.«

Nach meinem Bericht über diese Vorgänge teilte mir am 5. Juni der Rektor telefonisch mit, dass der Kultusminister ihn angewiesen habe, im Wiederholungsfall die Polizei zu rufen und die Störer als Rechtsbrecher aus der Paulinerkirche entfernen zu lassen. Ich habe ihn nachdrücklich gebeten, diese Anordnung zurückzuweisen: Eine Polizeiaktion würde die für das Kolleg unerlässliche Konzentration auf die Sache ebenso verhindern wie die Störungen selber. In beiden Fällen könnte ich meine Vorlesung nicht mehr abhalten.

Beides blieb aus in diesem Semester. Doch folgten zahlreiche, stürmisch verlaufende ‚Ad-hoc-Versammlungen'. Da verlangte man, dass ich meine Vorlesungsmanuskripte in Zukunft schriftlich vorlegte, notfalls »in Thesenform«, damit sie in den dadurch frei werdenden Kollegstunden diskutiert werden könnten – versteht sich: unter studentischer Leitung (die schon seit zwei Semestern von mir angebotenen, gesonderten Kolloquien zur Vorlesungsdiskussion genügten keineswegs; in der Tat hatten die Studierenden davon auch kaum Gebrauch gemacht). Die Frage, wie eine schriftliche Mitteilung von Stunde zu Stunde bei so vielen Teilnehmern technisch bewerkstelligt werden sollte, fand ebenso wenig Gehör wie meine Erklärungen, dass es mir in der Vorlesung doch häufig um unabgeschlossene Untersuchungen und vorläufige Überlegungen ginge, um Anregungen also und um Versuche, die ich in schriftlicher Form noch nicht publizieren wollte.

Ohnehin verstand man das nur als eine Übergangsregelung. Definitiv hatte ein Flugblatt der ›ad-hoc-Gruppe Brecht-Vorlesung‹ vom 3. Juni 1969 verfügt: »Seit der Erfindung des Buchdrucks ist die Vorlesung überflüssig.« Dass sie mittlerweile gerade wegen der Fülle gedruckter wissenschaftlicher Bücher und besonders in einem Lesefach wie der Germanistik ein vernünftiges Unterrichtsangebot abgäbe, auch dass sie im Unterschied zum spezialisierten Arbeitsprogramm der Seminarübungen eine sinnvolle Orientierungshilfe in weiträumigen Sachgebieten leisten könnte (und dadurch Studierende auch aus benachbarten Fächern und anderen Fakultäten interessierte), wollten die Scharfmacher nicht gelten lassen. Obgleich unsere Vorlesungen keineswegs Pflichtveranstaltungen waren, deren Besuch etwa bei der Anmeldung zu einem Examen nachgewiesen werden musste, verlangten sie, was eine Flugschrift der Fachschaft damals auf den Punkt brachte: »die endgültige Abschaffung der Institution Vorlesung und die Neustrukturierung des Studiums«. Denn schon das Angebot herkömmlicher Vorlesungen sei verwerflich: Weil da immer nur einer reden dürfe und alle anderen zuhören müssten, handele es sich allemal um eine undemokratische, autoritäre Veranstaltung. Als jemand denn doch die größere Sachkenntnis eines Universitätslehrers zu bedenken gab, verfügte der Fachschaftssprecher Reinhard Voges allen Ernstes, dann dürfe der Professor nicht auch noch mehr Gelegenheit haben als die Studenten, das »an den Mann zu bringen«.

Acht Jahre lang habe ich daraufhin keine Vorlesungen mehr angeboten, habe sie erst im Winter 1977/78 unter zunehmendem Verlangensdruck der Studenten wieder aufgenommen. Nicht dass es mich selber danach verlangt hätte. Schon damals ließen die Unterrichts- und Verwaltungsbelastungen eines Professors in einem Massenfach nur noch wenig Zeit für nennenswerte eigene Forschungsbeiträge, und auch bei aktualisierender Wiederholung einer Vorlesung hatte ich für jede Kollegstunde unvergleichlich mehr Vorbereitung nötig als für meine Haupt- und Oberseminare – oder für die anstelle großer Überblicks-Vorlesungen damals eingerichteten, ‚demokratisch‘ diskutierenden ›Kurse‹ mit jeweils geringerer Teilnehmerzahl, die auch von den nicht habilitierten Räten im Hochschuldienst abgehalten wurden.

Sehr viel freundlicher wurde das Universitätsklima nicht durch solche Zugeständnisse. Im Herbst 1971 hatte ich die schriftliche Hausarbeit eines Staatsexamens-Kandidaten über das von ihm selbst gewünschte Thema ›Anna Seghers: Dichtungstheorie und dichterische Praxis (am Beispiel ihres Romans ‚Das Vertrauen' von 1968)‹ zu beurteilen. Die gänzlich unkritische Übernahme grundlegender DDR-marxistischer Vorgaben und ein insgesamt dürftiger wissenschaftlicher Ertrag ließen mich schwanken zwischen den Noten ‚schwach ausreichend' oder ‚mangelhaft' (was eine Wiederholung mit anderer Themenstellung und einem besseren Ergebnis ermöglicht hätte). Darüber wollte ich in diesem Zweifelsfall den Kandidaten selber entscheiden lassen und gab ihm – wie ich das bei allen Examensarbeiten machte – mein 7-seitiges Gutachten zu lesen. Berold van der Auwera wählte die noch ausreichende Note und machte (nach bestandenem Examen) von dieser Lektüre auf unredliche Weise Gebrauch: Ein ›Info der Basisgruppe Germanistik‹ berichtete am 24. November ausführlich über seinen Fall, unterstellte mir »anti-kommunistische« Voreingenommenheit und äußerte »den begründeten Verdacht, daß hier einmal mehr ein Gesinnungsurteil gefällt wurde mit dem konkreten Ziel, die sachliche Auseinandersetzung mit der Literatur der DDR zu unterdrücken«. Als Anschläge am Schwarzen Brett und die Flugschriften linksradikaler Studenten den Vorgang mit diskriminierend entstellenden Zitaten öffentlich bekanntmachten, habe ich diese Examensarbeit und mein Gutachten zur Lektüre der Studierenden in unserem Institut auslegen lassen. Da wurde es still. Nur blieb dieser Vorfall nicht ohne Folgen.

Im Dezember 1971 wurde bekannt, dass ich durch den polnischen Germanisten Marian Szyrocki »zu Gastvorlesungen über die neueste deutsche Literatur« an die Universität von Wrocław (dem alten Breslau) eingeladen worden war – erklärtermaßen »als erster offizieller Gast aus der Bundesrepublik« und mit bereits erteilter »offizieller Erlaubnis unseres Hochschulministeriums«. Szyrocki befasste sich mit den schlesischen Barockdichtern, kümmerte sich um die in Breslau erhaltenen alten Drucke und Handschriften und stand dieser Interessen wegen seit 1962 in Verbindung mit mir; er hatte besuchsweise in Göttingen gearbeitet und eine Gegeneinladung schon seit Jahren geplant. Um meine jetzt endlich zustande gekommene Polenreise (zu Vorlesungen freilich »über die neueste deutsche Literatur«) zu torpedieren, ging am 21. Januar 1972 eine angeblich von der »Vollversammlung der Studenten der Philosophischen Fakultät der Universität Göttingen« beschlossene ›Protestresolution‹ an das Hochschulministerium in Warschau, gleichlautend an die Universität Wrocław und ebenso an deren Kommunistischen Jugendverband. Nach der Absichtserklärung der ›Rotzlehr‹-Zeitung vom 10. Januar 1972 wollte man »verhindern, daß dieser Bourgeois-Ideologe sein schmutziges Handwerk an den polnischen Studenten üben kann«, und hatte die Resolution in unserem Seminar, außerdem aber auch in der Buchhandlung ‚Polibula' zur Unterzeichnung ausgelegt. So war sie mit etwa 300 Unterschriften versehen – 17 von Studierenden meines Faches. Der zweiseitige Text bezeichnete mich als einen »der schärfsten Gegner der materiellen und politischen Interessen der demokratischen und sozialistischen Studenten« und begründete das nun mit meinem Gutachten über van der Auweras Examensarbeit. Mich nach Polen einzuladen, so hieß es am Ende, diene dem »Versuch, mittels des Kulturaustausches der Ideologie des Antikommunismus in die polnischen Hörsäle Eintritt zu verschaffen«, und sei »ein Angriff auf die Lebensinteressen der werktätigen Massen der Volksrepublik Polen und Westdeutschlands« – also »fordern wir die Universität Wrocław und das Hochschulministerium der Volksrepublik Polen auf, die Einladung an Prof. Schöne rückgängig zu machen«.

Durch den Göttinger Universitäts-Rektor und die Niedersächsische Landesregierung informiert, bemühten sich schriftlich das Bonner Auswärtige Amt und persönlich der deutsche Botschafter gegenüber der polnischen Regierung um Richtigstellung. Es erging auch keine offizielle Absage. Kurz vor meiner geplanten Abreise Ende Mai 1972 aber teilte das Reisebüro mit, dass auf Anweisung aus Warschau das erforderliche Visum nicht erteilt worden sei. Und Szyrocki musste mir schreiben: »wie Sie wohl bereits wissen, gelang es mir trotz meiner Bemühungen nicht, aus organisatorischen Gründen, zum verabredeten Zeitpunkt Ihre Vortragsreise zu realisieren. Ich hoffe, daß Sie dafür Verständnis aufbringen werden.« Mündlich hat er mir später berichtet, dass man ihn mehrfachen Vernehmungen unterworfen hatte und er durch diese Göttinger ›Protestresolution‹ in äußerste Bedrängnis geraten war.

Als sich unter dem Druck der Solidarność-Bewegung die politischen Verhältnisse zu ändern begannen, hat Szyrocki den alten Plan acht Jahre später dann doch noch verwirklichen können – ohne dass deutsche Studenten dagegen protestierten und ohne dass bei uns oder in Polen »die Lebensinteressen der werktätigen Massen« merklich geschädigt wurden. Für zehn Tage konnte ich Ende Oktober 1980 zu einer Bibliotheks- und Vortragsreise nach Wrocław fahren, auch nach Krakau und Warschau, und ein zweites Mal noch 1988, wieder im eigenen Auto, mit einem Abstecher ins Riesengebirge (wo wir, wie früher schon erzählt, noch einmal im Haus meiner Großmutter einkehrten).

Zu den langen Nachwehen der 68er-Unternehmungen gehörte im November 1986 ein Artikel in der studentischen Zeitschrift ›Hier und Jetzt‹. Um kenntlich zu machen, was im Unterschied zu den Studenten Leute wie ich »so alles wegwerfen« können, berichtete man über den bei Nacht beschlagnahmten Inhalt unserer häuslichen Mülltonne und zählte dreißig Funde auf –

geleerte Weinflaschen etwa und als Donnerschlag am Ende gar eine »Drucksache von Seifarth aus Norderstedt, Europas größtem Caviarversand!«. Lustig fand ich das nicht. Aber vergleichsweise harmlos doch. Weit weniger erschreckend jedenfalls als andere, nur mehr verbale Handlungen. Aber auch bloße Worte können Taten sein. Und eben durch solche Wort-Taten oder -Untaten zeichnete diese Studentenrevolte sich aus. Wenigstens drei Beispiele dafür will ich hier zu Protokoll geben:

18. Dezember 1968 – Der Allgemeine Studentenausschuss druckte in seinen ›Göttinger Nachrichten‹ (2. Jahrgang, Nr. 24) ein vorangegangenes Flugblatt der Fachschaft Germanistik ab und erklärte, es sei »notwendig, daß dieses Papier erschien«. Freilich wäre dessen Wortlaut »barbarisch«, wie der Rektor der Universität geurteilt habe. Aber es klage halt »barbarische Zustände an«. Diese als ›aufruf an alle‹ überschriebene Anklage, die man nachträglich als ein »satirisches Pamphlet« zu rechtfertigen suchte, gipfelte in den kategorischen Imperativen: »übernehmt die institute und seminare | werft die alten scheißer raus | vögelt ihre töchter – sowie, wenn | unter ästhetischen gesichtspunkten | noch zu rechtfertigen | ihre weiber | übernehmt die universität | nur die zerschlagung der alten universität | kann zu einer neuen universität führen«.

5. Dezember 1977 – Ein erneuter Versuch, meine wieder aufgenommenen Vorlesungen zu verhindern, war von den Hörern lautstark abgewehrt worden. Tags darauf ließ mich am Telefon ein anonymer Anrufer wissen: »Paß auf, du beschissene Professorensau! Wenn du uns noch mal so kommst wie am Montag und versuchst, den Streikbrecher zu spielen, dann besorgen wir's dir! Dann machen wir Zwieback aus dir! Verstanden?« – Am Göttinger Rektoratsgebäude war damals mit einer Spritzpistole die auf den im April ermordeten Generalbundesanwalt bezogene Erfolgsmeldung angebracht worden: »Nun ist Buback platt wie Zwieback«. Ich hatte verstanden.

Juli 1979 – Die ›zeitschrift der fachschaft germanistik‹ (Links Druck, Nr. 7) hatte behauptet, ein Teilnehmer meines Hauptseminars sei von mir angeschimpft worden mit den Worten »Sie haben das Maul zu halten und sich hinzusetzen!« – was später als sinngemäße Wiedergabe bezeichnet wurde. ›EIN ‚UNRAT' NAMENS SCHÖNE‹ war dieser Artikel überschrieben. Ich meinte, auf solch groben Klotz gehöre ein grober Keil, und entgegnete mit einem Anschlag am Schwarzen Brett des Seminars: »Daß damit auf Heinrich Manns Roman ‚Professor Unrat' angespielt wird, hebt die Konnotationen dieser Überschrift nicht auf, ermöglicht sie vielmehr. Und genau so haben vor 50 Jahren in Deutschland diejenigen zu sprechen begonnen, die den menschlichen Unrat schließlich beseitigten. Der eine Weg führt rechts, der andere links herum – das ändert nichts an dem Tatbestand: Die Germanistische Fachschaft spricht die Sprache von KZ-Wärtern. 1979! Es soll keiner von Ihnen sagen, davon habe er nichts wissen können.« Als mich die Fachschaft unter Androhung »weiterer Schritte« aufforderte, diese Äußerung zurückzunehmen, weil man mich doch lediglich mit einer Romanfigur verglichen hätte, habe ich sie mit einem Brief vom 22. Oktober 1979 daran erinnert, dass von den Schülern dieses Professors schon auf der zweiten Seite des Romans geschrieben steht: »Sie sahen ihrem Ordinarius zu wie einem gemeingefährlichen Vieh, das man leider nicht totschlagen durfte«. Meine Behauptung, die Fachschaft spreche die Sprache von KZ-Wärtern, nähme ich deshalb zurück. Denn die mit dem Vergleich ›EIN ‚UNRAT' NAMENS SCHÖNE‹ auf mich bezogenen Worte vom »gemeingefährlichen Vieh, das man leider nicht totschlagen durfte«, könne in der Tat nicht als die Sprache von KZ-Wärtern bezeichnet werden: »Diese durften das ‚Vieh' nämlich tot schlagen, das ‚Ungeziefer' vergasen und den ‚Unrat' beseitigen.«

Die Vorgänge, von denen ich hier berichtet habe, und diese wörtlich angeführten Äußerungen erscheinen besonders erschreckend, sind auch besonders krass. Aber andere, ähnlich Betroffene hätten zweifellos Ähnliches bezeugen können. Es handelt sich da keineswegs um gelegentliche Entgleisungen, die man als bloße Randerscheinungen abtun könnte. Im Sprachgebrauch und Sprachhandeln dieser Studentenrevolte vollzog sich eine ungeheuerliche Brutalisierung.

Wenn ich das hier aufschreibe, häufen sich im anonymen Internet der sogenannten sozialen Netzwerke und Portale von neuem solche fälschenden Angaben und Hasstiraden. Diesmal tragen rechtsradikale Vertreter der gerade in den Bundestag gewählten AfD-Partei dazu bei. Wieder und wieder so?

Von den Aktivisten der 68er-Revolte in Göttingen und ihren Mitläufern hat ein einziger mir später gesagt, dass man sich damals wohl etwas (oder reichlich?) »pubertär« verhalten habe. Wenigstens das. Alle anderen verübten das gleiche Stillschweigen, das sie ihren in die Nazi-Zeit involvierten Eltern vorgeworfen haben. Auch das gilt gewiss nicht nur in meinem Fall. Wieder und wieder so.

Lernt man aus der Geschichte wirklich allein, dass aus ihr nichts für später gelernt werde? Auch für den, der Vergangenes und Gegenwärtiges zu unterscheiden weiß, hält sie doch Warnungen bereit. Erinnerungen daran, wie die rühmliche 68er-Medaille auf ihrer finsteren Rückseite beschaffen war – wozu sollten sie nach einem halben Jahrhundert sonst schon taugen.

Fernreisen Für die Ferien nach dem Wintersemester 1962/63 hatte man mich als Gastprofessor in die USA eingeladen. Meine Frau durfte mich begleiten und wünschte sich eine Schiffsreise. Also fuhren wir mit der besonders gemütlichen ›Berlin‹ von Bremerhaven nach New York, elf Tage lang, und weil ich schon bei leisem Geschaukel seekrank werde, hatte ich auf dem stürmischen Atlantik eine unbeschreibliche Tortur durchzustehen (zurück ging es dann doch mit dem Flugzeug). Wohlbehaltener reiste mit uns ein nagelneues Volkswagen-Cabriolet, das wir angeschafft hatten, um damit im Land herumzufahren, denn drüben konnte man diesen Karmann-Ghia damals so günstig wieder verkaufen, dass es für die Anschaffung und den Schiffstransport reichte.

Zwei Wochen lang erkundeten wir New York, gingen viel in die Museen, ins Theater oder in Konzerte, trafen alte und neue Bekannte, waren oft mit Monika und Helmuth Plessner zusammen, der als Emeritus an die New School for Social Research gegangen war. In weiteren vierzehn Tagen kutschierten wir nach Philadelphia, Baltimore, Washington und Princeton, nach Boston dann und zur Harvard University in Cambridge (immer mit Vorträgen in den Hochschulen), schließlich zu den Niagarafällen und über Buffalo nach Cleveland, bis wir endlich in Columbus/Ohio landeten, wo ich zwei Monate lang unterrichten sollte. Das waren herrliche Autofahrten. Und auf gleiche Weise konnten wir später von Columbus aus noch Abstecher zum Indiana Lake und zu den wunderbaren Höhlen der Ohio Caverns unternehmen, nach Chicago auch und Ann Arbor. In Lexington/Kentucky (‚Horse Capital of the World') begeisterte uns ein großes Trabrennen. Zum Lake Erie fuhren wir und in den Presque Isle State Park. Und bei Ausflügen nach Gnadenhutten und Schoenbrunn in New Philadelphia/Ohio sind wir den Amish People begegnet, frommen Nachfahren der daheim verfolgten, im 18. Jahrhundert ausgewanderten Herrnhuter Brüdergemeine, die hier als Landwirte oder Handwerker in geschlossenen Siedlungen lebten, noch immer ohne Radios, Fernsehapparate oder Autos. Altmodisch schwarzgekleidete, langbärtige Männer waren das. In ihren kleinen Pferdekutschen, den ‚Dachwägle', fuhren sie auf Sandwegen neben den asphaltierten Autostraßen und antworteten uns zurückhaltend freundlich in einem altertümlichen Pennsylvania-Deutsch.

Das renommierte German Department der Ohio State University hatte damals nahezu 1200 eingeschriebene Studenten. In seiner Graduate School behandelte ich, deutsch sprechend, ›Politische Lyrik‹ der Gegenwart und Goethes ›Faust‹, und unter den Zuhörern saßen immer auch die beiden Professoren Seidlin und Cunz, die mich nach Columbus eingeladen hatten. Der nicht nur in Amerika hochangesehene Oskar Seidlin (von dessen Schriften ich wenigstens die 1965 in Göttingen erschienenen ›Versuche über Eichendorff‹ nennen will), geboren 1911 als Salo Oskar Koplowitz in einer jüdischen Familie Oberschlesiens, war 1933 in die Schweiz und 1938 weiter in die USA emigriert. Sein nichtjüdischer Lebensgefährte Dieter Cunz, der jetzt das Department leitete (und sich in seinen Veröffentlichungen vor allem mit der Geschichte der deutschen Einwanderung nach Amerika befasst hat) war ihm dorthin gefolgt. Praktizierte Homosexualität unterlag 1963 in der Bundesrepublik noch dem § 175 des Strafgesetzbuchs und galt weithin als anrüchig. Diese beiden belehrten uns eines Besseren. In ihrem Haus, wo wir ständig zu Gast waren, lebten sie zusammen wie ein freundliches älteres Ehepaar, machten kein Hehl aus ihrem Verhältnis und trugen es doch keineswegs in aufdringlicher Weise zur Schau. Oskar Seidlin blieb uns bis zu seinem Tod 1984 verbunden, hielt ständigen brieflichen Kontakt mit mir und hat uns häufig besucht in Göttingen, liebte auch unsere Kinder. Diese Freundschaft war das Beste, was wir von unserer Amerikareise mitbrachten.

Abgesehen von häufigen kürzeren Vortragsbesuchen europäischer Universitäten bin ich zu diesem Zweck für längere Zeit 1977 auch in Kanada gewesen, 1982 in Brasilien und 1983 wieder in den USA, diesmal in Kalifornien, vor allem aber (und erzählenswerter) mehrfach in Ostasien.

Nach Japan beförderte mich die Lufthansa zum ersten Mal im Herbst 1963. Man durfte die UdSSR nicht überfliegen, und mit Zwischenlandungen in Rom, Kairo, Kuweit, Karachi, Kalkutta, Bangkok, Hongkong war das eine Reise von 22 Stunden. Das fliegende Personal und alle Passagiere wechselten unterwegs; ich allein verbrachte die gesamte Strecke von Frankfurt bis Tokyo in der Maschine. Aber man hatte mich informiert: Für eine abwechslungsreiche Besuchseinladung ins Cockpit brauchte ich durch den Steward nur meine Visitenkarte dort abzugeben. Weil man noch nicht mit Flugzeugentführungen rechnen musste, war das ohne weiteres möglich und bei Business Class-Gästen offenbar gebräuchlich. So saß ich nach dem Abflug aus Rom auf dem Platz, den der Copilot für mich frei gemacht hatte, gleich rechts neben einem gesprächigen Chefpiloten. Der beschrieb mir seine Tätigkeit, erläuterte die Instrumente und ermutigte mich schließlich sogar, durch eine vorsichtige Bewegung des vor mir befindlichen zweiten Steuerknüppels selber das Querruder zu betätigen. Wahrhaftig brachte ich unser Flugzeug für einige Sekunden in eine leichte Schräglage. Das war gewiss ganz unzulässig, aber gefahrlos doch, weil mein Fluglehrer mich mit seinem eigenen Steuerungsgerät sofort hätte korrigieren können. – Er hatte im Krieg bei der Luftwaffe gedient und seine spätere Tätigkeit als Rechtsanwalt aus Lust am Fliegen wieder aufgegeben. Wie aufregend das sein könnte, wollte er mir mit der Zwischenlandung in Kairo zeigen. Da war der Copilot wieder auf seinem Platz, während ich dicht hinter dem steuernden Kapitän saß, etwas erhöht, und genau sein Blickfeld vor mir hatte, als wir dem noch weit entfernten, ganz schmal erscheinenden Streifen der Landebahn entgegenrasten, so nah am Erdboden schon, dass ich die Bäume oder Büsche fast zu streifen glaubte. Punktgenau setzte meine Maschine dann auf, noch immer mit hoher Geschwindigkeit, die bremsende Gegenkraft der Reverser heulte auf, und wir kamen zum Stehen. So kann keiner der Passagiere das durch sein kleines Seitenfenster verfolgen. Aufregend war es in der Tat.

In Tokyo blieb ich eine Weile. Zum Empfang durch den Rektor der staatlichen Universität ließen meine Begleiter mich allein den weiten Raum eines Pilgerhauses betreten, in dem drei Würdenträger mich kniend erwarteten, die sogleich ihre Häupter auf den Boden senkten. Ich näherte mich (auf Strümpfen, wie sich's gehört, und ziemlich ratlos), nahm schließlich die gleiche Haltung ein und konnte sehen, dass sie daraufhin die Köpfe hoben – ihre Stirn aber ruckartig wieder zu Boden legten, als ich dem folgte. Mit diesem mehrfach wiederholten Ritual wurde ich in altjapanische Sitten eingeführt.

Von Tokyo fuhr ich in den Norden der Hauptinsel Honshu: über Asamushi Onsen mit den heißen Quellen in das Städtchen Yasumiya am herrlichen Towada-See zu einem Feriensеminar japanischer Germanistikprofessoren. Alle trugen wir in dieser Zeit einen schlichten baumwollenen Kimono (Yukata) mit breiter Schärpe um den Bauch, hatten im Freien Zehensteg-Sandalen an den Füßen, betraten die mit Reisstrohmatten ausgelegten Räume der Häuser selbstverständlich barfuß und schliefen auf einem matratzenartigen Futon, der abends über diesen Tatami-Böden ausgebreitet wurde. Natürlich wurde mit Stäbchen gegessen. Hohe Tische und Stühle gab es nicht. Bei unseren wissenschaftlichen Veranstaltungen saßen die Zuhörer im Schneidersitz auf dem Boden, der Vortragende hingegen musste knien und das Gesäß auf die Fußhacken stützen. Beim ersten Mal war ich am Ende meines

Referats wie gelähmt und fiel beim Aufstehen der Länge nach hin. Mit wortlos erschrockener Bewunderung wurde das honoriert, ohne ostasiatisches Lächeln.

In den August fiel das buddhistisch inspirierte O-Bon, zu dem Millionen Japaner ihre Heimatorte aufsuchen. Bei diesem Totenfest und seinen rituellen Tänzen meint man den Seelen der Vorfahren nahe zu kommen, die dafür einmal im Jahr aus dem Jenseits zurückkehren. Wir gingen spätabends zu einem Platz, wo auf einer Holztribüne mit Papierlaternen ein halbnackter Paukenschläger agierte. Ein Kreis männlicher Tänzer umgab ihn, die sich nach seinen gleichmäßigen Rhythmen bewegten. Dabei hielten sie die Hände auf den Schultern des Vordermannes, machten immer mehrere Schritte vorwärts, einige Rückwärtsschritte dann, ließen einander nach einer Weile los, um sich nach innen zum Holzgerüst zu wenden, und setzten ihren Kreistanz wieder fort wie zuvor. Wir hatten ihnen lange zugeschaut, als einer die Hände von den Schultern vor ihm nahm und mich in die entstehende Lücke winkte. Ich weiß nicht mehr, wie lange ich mich der vom Paukenschläger regierten Schritt- und Bewegungsfolge hingab. Ohne Zeitgefühl und wie in Trance glaubte ich selber eine geisterhafte Nähe geliebter Verstorbener zu spüren – »Begierig, kundig, eingedenk, teilhaftig, mächtig, voll« (wie der im Lateinunterricht eingepaukte Merkspruch für Adjektive lautet, welche den Genitiv regieren).

Auf der Rückreise kam ich auch nach Osaka, wo ich außer meinem Universitätsvortrag noch einige Grußworte abgeben musste bei einer öffentlichen Feier von Goethes Geburtstag. Am 28. August hatte sich dafür ein riesiger Saal gefüllt. Vor zwei langen japanischen Ansprachen geleitete man mich ans Rednerpult. Auf Deutsch sollte ich mich äußern, und weil das in diesem Stadtpublikum kaum jemand verstehen konnte, stand mir ein junger Dolmetscher zur Seite. Immer schon nach wenigen Sätzen wechselte er ans Mikrofon, sprach aber zunehmend aufgeregt und stockend und flüsterte mir schließlich zu, dass es ihm leider gar nicht gut ginge. Damit verließ er, rückwärts schreitend, unter ständigen Verbeugungen die Tribüne. Ohne Übersetzung musste ich zu Ende reden. Dass die gebannte Aufmerksamkeit der Zuhörer keineswegs nachließ, hat ein örtlicher Fachkollege mir später erklärt: Zwar hätten sie inhaltlich nichts verstehen können, aber aus meinem Mund hätten sie doch Goethes eigene Sprache und Stimme vernommen. So ging es damals noch zu in Japan.

1978 bin ich wieder in Tokyo, Kyoto und Fukuoka gewesen. 1981 dann, mit Zwischenstation in Singapur, für drei Wochen im südkoreanischen Seoul, Gwangju, Pusan und Daegu – zu einem ›Faust‹-Seminar des Goethe-Instituts und Universitätsvorträgen, mit herrlichen Besichtigungen von alten Königsgräbern und Palästen, Schreinen, Tempeln und Museen. Meine letzte Fernreise nach Ostasien ging 1990 für anderthalb Monate noch einmal nach Japan und Korea und endlich auch noch nach China.

In Tokyo fand damals unter dem Generalthema ›Die Begegnung mit dem ‚Fremden'‹ der Kongress der Internationalen Vereinigung für Germanistik statt, den wir fünf Jahre zuvor in Göttingen veranstaltet hatten. Außer einem der Plenarvorträge (›Auf Biegen und Brechen‹ – Näheres dazu schon auf Seite 240 ff.) musste ich die Dankesrede auf meinen Nachfolger Eijiro Iwasaki halten – in Gegenwart des japanischen Kronprinzen Naruhito, der mir zuvor eine kleine Privataudienz gab. In einem Nebenraum, auf einem eigens für dieses Ritual errichteten Podest, saßen wir einander gegenüber. Zwischen uns rechts und links, aber tiefer sitzend, jeweils zwei kaiserliche Höflinge, die unsere Floskeln mit ehrfürchtigen Verneigungen ins Deutsche bzw. Japanische zu übersetzen suchten. Als eine Art Schutzherr des Kongresses hat Naruhito (der dann 2019 den Chrysanthementhron des Tenno einnahm) die Teilnehmer auf Englisch begrüßt und am Ende erklärt: »… On this occasion, your first gathering in Asia, here in Tokyo, I sincerely hope that Germanic Studies will expand its workings on a world-wide level, and will at the same time promote international friendship. – Nun möchte ich meine kurze Rede schließen mit dem einzigen deutschen Ausdruck, den ich kenne: Alles Gute!«

Nach den Tagen in Tokyo bin ich damals fünf Wochen lang zu Vorträgen und mehrtägigen Kolloquien an anderen japanischen und an koreanischen Universitäten gewesen, wo frühere Schüler von mir lehrten. Zuletzt aber stand Peking im Programm. Meine eigenen China-Kontakte beschränkten sich bis dahin auf ein Erlebnis in Braunschweig. Dort hatte es 1985 bei einem Deutschlandbesuch des auf wirtschaftliche Reformen bedachten chinesischen Ministerpräsidenten Zhao Ziyang ein Essen gegeben, zu dem ich wegen des bevorstehenden germanistischen Weltkongresses in Göttingen eingeladen war. Die Tischreden wurden übersetzt. Der niedersächsische Ministerpräsident Ernst Albrecht kündigte dem hohen Gast das Geschenk eines besonders ansehnlichen Volkswagens an und überreichte außerdem die Porzellanfigur eines springenden Niedersachsenrosses. Darauf antwortend ließ Zhao seine Gegengabe hereintragen, eine kostbare alte Vase, und erklärte, die könne sich freilich nicht so schnell bewegen wie das Auto und keineswegs so hoch springen wie ein Pferd, sei nur ein ruhiges, stilles Zeugnis chinesischer Kultur. Neben mir saß ein deutsch oder englisch sprechender Funktionär des Pekinger Fernsehens, und ich raunte ihm zu, Niedersachsen wäre halt eine Art Mongolenstamm jenseits von Chinas Großer Mauer, der sich durch die Züchtung schneller Rennkamele auszeichnete. Er lächelte nur und nickte ein zustimmendes »Ja«.

Fünf Jahre später in Peking machte ich andere Erfahrungen, lernte Chinas Unruhe kennen. Da war mein Zhao Ziyang bereits entmachtet und stand unter Hausarrest. Als 1989 hunderttausende Studenten Pekings Tiananmen-Platz besetzt hielten, gegen wirtschaftliche, soziale und politische Missstände protestierten, Reformgespräche mit der Parteiführung forderten und dabei von der Bevölkerung unterstützt wurden, hatte er ein gewaltsam militärisches Vorgehen gegen diese Demokratiebewegung abgelehnt, hatte die Aufständischen sogar selber aufgesucht, sich entschuldigt und sie unter Tränen gebeten, ihren Hungerstreik zu beenden. Aber die Hardliner um Deng Xiaoping hatten sich bereits durchgesetzt. Unter Anwendung des Kriegsrechts ließen sie die Zugänge zu diesem ‚Platz des himmlischen Friedens' freischießen und räumten ihn mit Panzern. Die Zahl der Todesopfer bei diesem Massaker wird bis heute verschwiegen.

Im Jahr darauf also kam ich in die chinesische Hauptstadt: eingeladen zu einem Vortrag in der Peking-Universität, einer Elitehochschule des Landes, und untergebracht mit meiner Frau, die mich auf dieser ganzen Reise begleitete, in einem Gästehaus direkt auf dem Campus. Eine Woche lang konnten wir dort wohnen und die Sehenswürdigkeiten der Metropole bestaunen: den Tiananmen-Platz, versteht sich, und die Verbotene Stadt, den Himmelstempel, den kaiserlichen Sommerpalast, herrliche Parks und Gärten und die alten Gassen der Hutongs. Abends haben wir, von Einladungen der Professoren abgesehen, mehrmals die auf dem Campus wohnenden Germanistikstudenten und -studentinnen besuchen können, unkontrolliert und sichtlich willkommen. Die hausten dort jeweils zu zwölft in spartanisch eingerichteten Zimmern. Ohne Schränke, Tische und Stühle. An beiden Seiten längsgerichtet Bett an Bett, immer zwei übereinander, jedes mit einem Wandbrett nur für alle Habseligkeiten. In der Mitte ein schmaler

Gang, über dem an quer gespannten Stricken die selbst gewaschene Bekleidung trocknete. Wir hockten mit ihnen auf den Bettkanten und hörten zu. Auserwählt für diese Eliteanstalt kamen sie aus ganz China, waren nie im Ausland gewesen und sprachen doch ein elaboriertes, nahezu akzentfreies Deutsch. Unbesorgt, jedenfalls völlig rückhaltlos erzählten sie uns von den Vorgängen auf dem Tiananmen-Platz im Jahr zuvor. Von ihrer Universität sei diese Protestaktion eigentlich ausgegangen und alle wären sie dabei gewesen. Eine Studentin nur sagte beschämt, dass ihre ängstliche Großmutter sich krankgestellt und sie zu einer 30-stündigen Besuchsreise genötigt hätte, von der sie erst nach dem großen Blutbad habe zurückkehren können.

Das alles ging meinem Vortrag voraus. Während den zuvor besuchten japanischen und koreanischen Universitäten immer mehrere Themen zur Wahl gestellt worden waren, hatte ich in Peking darüber nicht entscheiden lassen. Der Apparate wegen wusste man dort nur, dass ich einen Lichtbildervortrag halten würde, und kannte lediglich das Thema – ›„Wie der Mensch aussieht, so ist er“? Der Streit des 18. Jahrhunderts um die Physiognomik und seine Aktualität‹.* Lavater und Lichtenberg waren die Wortführer dieser Auseinandersetzungen. Der Züricher Pfarrer hatte gelehrt, wie man der äußeren Erscheinung und den Gesichtszügen des »zum Bilde Gottes« erschaffenen und bestimmten Menschen seine Charaktereigenschaften, ja sein künftiges Verhalten ablesen könne, in positiver wie in negativer Hinsicht. Der Göttinger Aufklärer hingegen bestand auf einer menschlichen Freiheit, die unabhängig bleibe von allen körperlichen Merkmalen, ließ also auch ein absto-

* Jetzt in Albrecht Schöne: Vom Betreten des Rasens. Siebzehn Reden über Literatur. 2. Aufl. München 2005, S. 88–111.

ßend missgestaltetes Menschengesicht keineswegs als Indiz verwerflicher Anlagen und Absichten gelten. Als das abgehandelt war, wollte ich die fortdauernde Aktualität dieser alten Kontroverse verdeutlichen. Ich zeigte Abbildungen von Juden aus Julius Streichers wüstem Wochenblatt ›Der Stürmer‹ (1938) mit der Unterschrift »Aus den Gesichtern dieser Rassenschänder spricht das Grauen, spricht der Teufel« und Fotos sowjetrussischer Gefangener aus Heinrich Himmlers weit verbreiteter Broschüre ›Der Untermensch‹ (1942), zweckdienlich ausgewählte »Zerrbilder menschlicher Gesichter. Wirklichkeit gewordene Angstträume«. Dann die Schlussworte:

»Dieses Anschauungsmaterial stammt aus Deutschland. Vor unserer eigenen Tür wollte ich kehren. Aber vergleichbare Beispiele kennen Sie auch aus Ihrem eigenen Land. Und man kennt sie nicht nur in der Volksrepublik China.

[jetzt wurde das letzte meiner Diapositive projiziert: ein Standbild, das die Frankfurter Allgemeine Zeitung einem chinesischen Fernsehfilm von 1989 entnommen und mir zugestellt hatte]

Auch Bilder wie dieses hier unterstellen doch, daß man das Wesen eines Menschen an seiner Physiognomie ablesen könne, daß der Mensch also ist und handelt, wie er aussieht – oder auch: wie solche Bilder ihn vor Augen stellen. Da scheinen die zerquälten und entstellten Gesichtszüge des vom Tiananmen-Platz vor die Pekinger Fernsehkamera Geschleppten das physiognomische Eingeständnis abzulegen, daß es mit den begleitenden mündlichen Kommentaren seine Richtigkeit habe, daß es sich nämlich bei ihm und seinesgleichen um verkommene, kriminelle und abartige, um „konterrevolutionäre" Subjekte handele. Aber von allen Menschengesichtern meinte der fromme Lavater doch, Gott habe sie zu seinem Bilde geschaffen. Und von jedem Menschengesicht, auch von solch einem, meinte der Aufklärer Lichtenberg, daß hinter ihm „ein in Freiheit würkendes Wesen wohnt." Im letzten Grunde meinten diese beiden Kontrahenten damit wohl sogar das Gleiche. Da soll keiner denken, sie hätten uns heute nichts mehr zu sagen.«

Als ich das plante, hatte ich mich bei zwei in Göttingen studierenden Chinesen und im Büro des Bundespräsidenten nach den möglichen Folgen erkundigt. Übereinstimmend hieß es, den für meine Einladung verantwortlichen Professoren würde nichts Ernstliches geschehen, wenn ich zuvor nur das Thema des Vortrags, keinesfalls aber seinen Wortlaut mitteilte, ihnen auch nicht schon das kritische Lichtbild schickte. Mich selber würde man vermutlich festnehmen, verhören und aus dem Land verweisen. So hörten in Peking am Freitag, dem 5. Oktober 1990 nachmittags vielleicht 200 Studenten mit ihren Professoren, was ich hier aufgeschrieben habe. Ob sie danach klopften oder klatschten oder zunächst ganz still blieben, weiß ich nicht mehr, weil ich selber zu aufgeregt war. Aber als ich den Hörsaal verließ, folgte mir aus den offenen Türen ein wildes Zwitschergewirr chinesischer Stimmen. Den

Nestor der einheimischen Germanistik, Zhang Yushu, der mich eingeführt hatte und wieder hinausbegleitete, fragte ich, was nun geschehen würde. Ihn und seine Kollegen, meinte er, werde man nicht haftbar machen für das, was ein Ausländer hier unvorhersehbar angestellt habe. Was mich anginge: Die bekannten politischen Spürhunde wären an diesem Freitag nicht zugegen gewesen, wohl erst am Montag würde die zuständige Behörde von der Sache erfahren, und an diesem Tag flöge ich doch schon heim.

So kam es auch. Noch am Vortragsabend setzten uns die einladenden Kollegen köstliche Pekingenten vor. Am Samstag fuhren sie uns zur Chinesischen Mauer und gab der Universitätspräsident ein Abschiedsessen. Am Sonntag bummelten wir durch die Stadt, machten Einkäufe und sahen abends ein großartiges Feuerwerk, mit dem die diesmal in Peking abgehaltenen Panasiatischen Spiele endeten. Am Montagmittag fuhren wir zum Flughafen und landeten dann wohlbehalten in Frankfurt am Main. – So habe ich nicht kennenlernen können, was ich erwartet, mir eigentlich auch gewünscht hatte: Wie man in Peking das politische Verhör eines Ausländers vornahm, wie sich dort eine Nacht in polizeilichem Gewahrsam abspielte und wie zu guter Letzt eine Zwangsabschiebung vor sich ging.

Die hochgebaute Stadt Die wichtigsten und glücklichsten meiner Fernreisen führten mich als Berater der Hebräischen Universität nach Jerusalem.*

Es versteht sich, ohne dass ich darum viel Worte machen müsste, was das bedeutete für den »Reichsjugendverwahrlosten«, der gegen Ende des Krieges, auf dem Höhepunkt der deutschen Judenmorde, dem Verbrecherregime auch noch als Leutnant eines Panzerregiments gedient hatte.

Die Grundsteine dieser von Zionisten schon seit 1884 bedachten Hochschule waren 1918 auf dem Skopusberg gelegt worden. 1925 wurde sie eröffnet: die nach Alter und weltweitem Ansehen erste Universität des Landes. 1934 hatte man den Unterricht in deutscher Sprach- und Literaturwissenschaft dort eingestellt. Erst seit 1953 wurden an der Hebrew University wenigstens Fremdsprachenkurse für Deutsch wie-

* »Jerusalem, du hochgebaute Stadt, | wollt Gott, ich wär in dir! | Mein sehnlich Herz so groß Verlangen hat …« – so beginnt ein Kirchenlied Johann Matthäus Meyfarts von 1626.

der angeboten. Aber nach jahrelanger Ablehnung weitergehender Anträge kam dann 1975 im Senat eine knappe Mehrheit für ein ›Memorandum zur Eröffnung einer Abteilung für deutsche Sprache und Literatur‹ zustande. Darin hieß es: »Von Moses Mendelssohn bis Franz Rosenzweig, von Heinrich Heine bis Franz Kafka haben jüdische Dichter, Philosophen und Gelehrte im Rahmen der deutschen Literatur schöpferisch gewirkt und sich zuweilen auch, gerade von einem jüdischen Standpunkt aus, mit ihr auseinandergesetzt. Für die wissenschaftliche Erforschung dieser Erscheinung in der europäischen Geistesgeschichte scheint die Hebräische Universität der naturgegebene Ort zu sein.«

Mit diesem Memorandum legte man, durch Geldmangel genötigt, der VolkswagenStiftung in Hannover einen Antrag zur Startfinanzierung vor. Die bat Niedersachsens auch im israelischen Memorandum schon genannte Landesuniversität Göttingen um Stellungnahme. Dort war ich fachlich zuständig und gehörte ohnehin in eine Kommission der Universität, der Akademie und unserer Max-Planck-Institute, die sich im naturwissenschaftlichen, medizinischen und landwirtschaftlichen (also von der deutsch-jüdischen Vergangenheit weniger belasteten) Bereich um eine institutionelle Zusammenarbeit mit Israel, insbesondere mit der Hebräischen Universität und dem Weizmann-Institut bemühen sollte. Nach unserer eindringlichen Befürwortung bewilligte die VolkswagenStiftung damals für fünf Jahre einen Förderungsbetrag in außerordentlicher Höhe zum Aufbau des germanistischen Departments in Jerusalem. Das sollte seine Studierenden in drei Jahren bis zum Bachelor of Art-Diplom führen, später dann auch einen Magister-Studiengang einrichten und mit einem Forschungszentrum für deutsch-jüdische Literatur und Geistesgeschichte verbunden werden (seit 1989/90 als ‚Franz Rosenzweig Minerva Research Center' firmierend).

Freilich musste die geldgebende Institution satzungsgemäß darauf bestehen, dass alle von ihr finanzierten Einrichtungen dieses Departments, auch die Bestallung ihrer Dozenten, das Lehr- und Forschungsprogramm, die Auswahl deutscher Gastprofessoren und israelischer Studierenden, die als Stipendiaten in die Bundesrepublik gehen sollten, »in Abstimmung mit einem deutschen Berater« erfolgten. Daran drohte das Ganze wieder und endgültig zu scheitern. Die VolkswagenStiftung hatte mich als Berater vorgeschlagen. In Jerusalem war das bereits akzeptiert worden. Jetzt aber fand der Senat der Hebrew University es unerträglich, dass dabei »externe Auflagen« gemacht werden könnten und man ausgerechnet von deutscher Seite »in irgendeiner Weise kontrolliert« würde. Am Ende eines Krisengesprächs in Hannover mit Shemaryahu Talmon, dem entschieden wohlgesinnten Dekan der Faculty of Humanities, wurde das Unternehmen schließlich doch noch gerettet. Man einigte sich auf eine von mir vorgeschlagene Auslegung des Vertrages: »in Abstimmung mit einem deutschen Berater« sollte besagen, dass man mich bei allen gravierenden Entscheidungen zu Rate ziehen müsste, mir aber keinerlei widersprechendes Weisungs- und Verfügungsrecht zukäme (was eigentlich selbstverständlich war).

So konnte das German Department mit dem Studienjahr 1977/78 offiziell eröffnet werden, geleitet von dem zurückhaltenden, eher etwas bremsenden Komparatisten Professor Stéphane Mosès, aber tatkräftig befördert durch den Dekan Talmon, Professor der Bibelwissenschaften, mit dem ich bis zu seinem Tod in nahezu freundschaftlicher Verbindung blieb. Dafür waren Studiengänge konzipiert, Lehr- und Forschungsprogramme entworfen und Personalentscheidungen getroffen worden, ein wechselseitiger Studentenaustausch wurde in Gang gebracht und vieles sonst noch Notwendige geregelt.

Schlecht bestellt war es nur um die erforderlichen Bücherbestände. Aus privaten Nachlässen und Schenkungen besaß die National- und Universitätsbibliothek in Jerusalem einen einzigartigen Schatz an älteren jüdisch-deutschen Druckwerken und Handschriften in deutscher Sprache, aber fast nichts aus neuerer Zeit. Für Abhilfe sorgte das große Echo auf tausend Rundbriefe vom März 1977, in denen ich ältere und junge Germanisten, einige Schriftsteller auch und Verleger um Geschenkexemplare der von ihnen verfassten, herausgegebenen oder betreuten Schriften bat. 1981 umfasste die Bibliothek dann mehr als 5000 Bücher, verzeichnete 300 eingetragene Leser (auch solche aus anderen Departments natürlich) und über 1000 Ausleihen.

Als deutsche Gastprofessoren gingen nacheinander Jürgen Stenzel, Conrad Wiedemann, Wilfried Barner und Wilhelm Voßkamp jeweils für einige Monate nach Jerusalem. Als die Erweiterung der Abteilung ins Stocken geriet, kam Stenzel noch ein zweites Mal und jetzt sogar für drei Jahre (seine Braunschweiger Heimatuniversität regelte diese Beurlaubung in wenigen Wochen, und die hochherzig hilfreiche Axel Springer Stiftung stellte dafür sogleich 100000 DM bereit). Ratgebend und unterrichtend haben alle vier mancherlei dorthin mitgebracht, mehr noch für sich selber von dort mitgenommen. Während die reinen Sprachkurse auch bei den Studierenden anderer Fächer lebhaften Zuspruch fanden, kamen in den eigentlich literaturwissenschaftlichen oder kulturgeschichtlich-landeskundlichen Unterricht doch nur wenige; deren spätere berufliche Möglichkeiten in Israel waren und blieben halt begrenzt. Sie studierten dieses Fach mit sichtlichem Interesse an der Sache selbst. Für die deutschen Gastprofessoren, die aus überfüllten Hörsälen kamen, war es eine Freude, in so kleinen, aber lebhaft engagierten und lernbegierigen Kreisen zu unterrichten. Dabei hatten sie nicht nur junge Leute um sich, die als Neueinwanderer mit einem Abitur aus deutschsprachigen Ländern kamen, oder bereits in Israel geborene sogenannte Sabras, die in den Sprachkursen darauf vorbereitet worden waren, mitunter schon von ihren zionistischen Großeltern ein wenig Deutsch gelernt hatten. Immer kamen auch einige ältere Interessenten hinzu. Es war ein Glück, dass dieses Department noch eingerichtet werden konnte, bevor die direkte, persönliche Verbindung der jüngeren Generation zu den aus Deutschland immigrierten alten Jeckes abriss.

Das habe auch ich erfahren, wenn ich bei meinen regelmäßigen Beratungsaufenthalten in Jerusalem einige Tage lang immer selbst unterrichtete. Ich übernahm dann alle Lehrveranstaltungen meiner israelischen Kolleginnen und Kollegen, die mich vorher über die anstehenden Themen informierten. Bei einer solchen Vertretungsstunde im März 1981 standen für den Kurs des 3. Studienjahres über ›Das deutsche Drama im 20. Jahrhundert‹ die Lehrstücke Bertolt Brechts auf dem Programm. Als ich da über seine von Kurt Weill vertonte Schuloper ›Der Jasager‹ redete und deren Uraufführung 1930 durch Berliner Studenten und Schüler erwähnte, sagte plötzlich ein älterer Zuhörer: »Ich war dabei«. Ich konnte ihn zum Sprechen bewegen. Anfangs noch mühsam in seinen verschütteten Erinnerungen stochernd, erzählte er immer genauer, dass er damals als Sextaner den bekannten jüdischen Kritiker Alfred Kerr hätte abholen dürfen für ihre Aufführung, leider nicht Brecht selber, und wie er dann mitgesungen habe im ›Großen Chor‹ des Spiels. Zuletzt kam sogar die Melodie zu ihm zurück, und er summte ein paar Verse vor sich hin. Mit mir rissen auch die jungen Israelis die Ohren auf. Sie hörten ja nicht nur eine interessante kleine Geschichte von einem Neuköllner Judenjungen, von Kerr und Weill und Brecht und einem deutschen Drama des 20. Jahrhunderts. Sie berührten eine der Wurzeln ihrer eigenen kulturellen Herkunft.

Auch von den als deutschsprachige Autoren bekannten Jeckes habe ich mehrere noch kennenlernen können bei meinen Reisen nach Jerusalem: Elazar Benyoëtz (geboren 1937 in Wien), mit dem ich noch immer in Verbindung stehe, und von den Älteren Werner Kraft (1896–1991), Gershom Scholem (1897–1982), Ernst Simon (1899–1988) oder Moshe Spitzer (1900–1982). Dieser Moritz/Moshe Spitzer hatte die berühmten sechs Almanache des Schocken Verlages herausgegeben, die, kaum zu glauben, in den Jahren 5694 bis 5699 jüdischen Kalenders noch in Berlin erscheinen durften – versteht sich: nur für jüdische Leser bestimmt. Denn das waren die Jahre 1933/34 bis 1938/39, und die Almanach-Beiträge, deutsche Übersetzungen altjüdischer Texte etwa, konnten allenfalls durch die Auswahl und andeutende Kommentierungen ein wenig durchsichtig gehalten werden für das Geschehen im NS-Staat. Nach den Novemberpogromen ist Spitzer 1939 gerade noch entkommen. Als ich ihn 1979 in Jerusalem besuchte, zeigte er mir beiläufig ein Bild, das ein amerikanisch-jüdischer Fotograf gerade von ihm gemacht hatte.

Da sitzt der alte Mann an seinem Schreibtisch, umgeben von Büchern, Papieren und Briefen (an Postkarten, die Else Lasker-Schüler ihm geschrieben und bemalt hatte, erinnere ich mich noch), und dieses Interieur erklärte, was für einer das war. Er hatte aber krank zu Bett gelegen und war vom Fotografen gewiss nicht absichtslos beredet worden, gleich im Schlafanzug in das Bibliothekszimmer zu kommen. Mit seinen Streifen erinnerte der an die Sträflingsbekleidungen, die man von den Aufnahmen befreiter KZ-Häftlinge kennt. So gibt dieses Bild zu verstehen: Auch den hätte man eigentlich umbringen wollen. Moshe Spitzer selber hatte das wohl gar nicht wahrgenommen. Wir haben nicht darüber gesprochen.

Am engsten war meine Verbindung zu Gershom Scholem, dem großen Entdecker der als Kabbala bezeichneten, weit ins Mittelalter zurückgehenden jüdischen Mystik. Ich war oft zu Gast bei ihm und seiner Frau Fania, einer Nichte Sigmund Freuds. Da ging es bald schon sehr vertraut, oft auch frech und fröhlich zu. Als er mir zum ersten Mal seine Bibliothek zeigte, hatten wir über den Golem gesprochen (das hilfreich-künstliche Menschengebilde, welches der kabbalistische Prager Rabbi Löw im 16. Jahrhundert aus Lehm geknetet haben soll), und außerdem wusste ich, dass Scholem einem deutschsprachigen Professorenzirkel angehörte, der sich mit der Erfindung von Schüttelreimen vergnügte. Vor einer finsteren Nische dieses Bücherzimmers raunte er also: »Hier, sagen die Leute, wird der Golem gemacht.« Und dann zitierte er, seine abstehenden Ohren noch weiter nach vorn drückend und am Ende eine lustige Grimasse schneidend: »Siehst du dort den Scholem gehn? | Gott, was ist der Golem scheeen!«

Aber auch sehr Ernstes gab es zwischen uns. Eine Assimilation der Juden in Deutschland hielt er schon für gescheitert, als er 1923 nach Israel auswanderte. Noch als zionistisch gesinnter Schüler hatte er zuvor Hebräisch gelernt. Im März

1978 erzählte er mir, das sei in seinem assimilierten Berliner Elternhaus auf entschiedenen Widerstand gestoßen. Sein Nothelfer und Fürsprecher wäre der Göttinger Aufklärer Lichtenberg gewesen, der 1798 notierte: »Unter allen Uebersetzungen meiner Werke, die man unternehmen wollte, erbitte ich mir ausdrücklich die ins Hebräische.«* In einer neueren Ausgabe der Lichtenberg'schen Sudelbücher aber läse er diesen für sich stehenden Satz ein klein wenig anders – so, dass er gerade das Gegenteil verlangte: »Unter allen Übersetzungen meiner Werke, die man übernehmen wollte, verbitte ich mir ausdrücklich die ins Hebräische.«** Die Sache wäre ihm unendlich wichtig. Ob ich das klären könnte?

Die Handschrift liegt in Göttingen. Ich musste Scholem mitteilen, auch angesichts der sonstigen »er…«- und »ver…«-Schreibungen Lichtenbergs sei der handschriftliche Befund an dieser Stelle (Sudelbuch Heft L, 594 von 1798) doppeldeutig. Ich selber würde dort eher zu der Lesung »verbitte« neigen, doch wäre das »erbitte« paläographisch nicht auszuschließen. Ebenso sei leider nicht eindeutig, was der Kontext in sachlicher Hinsicht hergibt. Es finden sich bei Lichtenberg ja durchaus gemäßigte oder freundlich gehaltene Urteile über das Judentum, in zeitlicher Nähe der fraglichen Notiz aber auch entschieden antisemitische Äußerungen (etwa 1790,

* So hat 1926 auch Scholems Freund Walter Benjamin vermerkt, Johann Peter Hebel (dem er eine »talmudische« Moral zuschreibt) »hätte gut Lichtenbergs Wort sich zu eigen machen können, ihm sei an keiner Übersetzung seiner Sachen mehr gelegen, als an der ins Hebräische« (Gesammelte Schriften II 3, 1989, S. 1005).

** Das hat Scholem (vor unserem Gespräch) auch in seinen Jugenderinnerungen mitgeteilt und dort nicht angezweifelt, sondern als »kalte Dusche« hingenommen: ›Von Berlin nach Jerusalem‹, Frankfurt a.M. 1977, S. 69 f. (offenbar versehentlich wurden diese Angaben in späteren, erweiterten Auflagen nicht mehr korrigiert).

L 358: »Die Juden, die sich in die Gesellschaft aller Völker eingeschachert haben. Dieses verrät schon das Ungeziefermäßige.« Oder 1798, in L 570: Ein solches Volk »taugt eo ipso zu nichts«). So heißt es auch in der Sudelbuch-Eintragung, die der zur Rede stehenden Notiz unmittelbar vorausgeht (L 593): Wenn man den Juden »alle rechtliche Wege zu Handel und Wandel« öffne, werde man finden, »was für ein erbärmliches Volk sie sind.« Hingegen lautet die der fraglichen, doppeldeutigen Notiz gleich nachfolgende Eintragung (L 595), nur feststellend und nicht bewertend: »Die Lusiaden des Camõens [Luís de Camões] wurden von einem gelehrten Juden Lozetto [Luzato?] ins Hebräische übersetzt.« Das wäre jedenfalls dann nicht negativ zu verstehen, wenn man sich auch zuvor für die Lesart »erbitte« entschiede. Und immerhin hat Lichtenberg in einem Brief vom 18.2.1787 seinem Neffen erklärt, er wünsche recht herzlich, dass für dessen kleinen Sohn »eine hebräische Bibel und Dantzen's Grammatik angeschafft würde; denn ohne hebräisch ist nichts in der Welt«. Auch war er selber so vertraut mit dieser Sprache, dass er gelegentlich selber »zur Uebung ins Hebräische übersezt« hat (an Blumenbach, 15.10.1792). – Also habe ich am Ende schonend nach Jerusalem geschrieben, ich wäre »denn doch geneigt, jedenfalls im Modus des Konjunktivs gelten zu lassen, daß der Göttinger Ortsheilige sich trotz aller sonstigen antisemitischen Trübungen seines Geistes die Übersetzung seiner Werke ins Hebräische ausdrücklich könnte erbeten haben. Hoffen wir's für sein Seelenheil.« Dem waren die nötigen Fotokopien der Handschrift beigelegt.

Gershom Scholem antwortete am 1.8.1978: »wunderbar war für mich die nun mögliche Aufklärung von Lichtenbergs Äusserung. Ich bin der Meinung, wenn Sie mir erlauben das zu sagen, dass der handschriftliche Befund meinem philologischen Gewissen nach doch eindeutig ist [...]. Der Buchstabe ‚e' wird in der Handschrift manchmal mit, manchmal aber auch ohne Anstrich geschrieben, sodass kein Grund besteht, in dem entscheidenden Satz das ‚e' mit Anstrich als ‚ve' zu lesen. Jedenfalls ist das eine wunderbare Übung in Lichtenbergs Handschrift, und ich bin Ihnen unendlich dankbar, dass Sie mir diese Mitteilungen gemacht haben. Dass Lichtenberg zwischen humanen und antisemitischen Aeusserungen in den letzten Jahren stark schwankte, bleibt natürlich wahr. Aber die kalte Dusche hätte ich mir ersparen können.« – Sein philologisches Gewissen hatte er da betäubt. Denn es ging um mehr als eine »kalte Dusche«: Wäre der eine zusätzliche Buchstabe zum »erbitte« nicht definitiv beseitigt, hätte er im Nachhinein etwas für irrig und nichtig ansehen müssen, was doch sein Leben bestimmt hatte.

Auf den Israelreisen haben meine Frau oder eines unserer Kinder mich oft begleitet. Noch völlig ungehindert durch die späteren Schutzmauern, Grenzzäune und Absperrungen palästinensischer Gebiete konnten wir in diesen Jahren durch das ganze Land fahren. Der von der deutsch-jüdischen Vorgeschichte tief berührte kleine Tobias begann in dieser Zeit Ivrit zu lernen (was ihm jetzt auch bei seiner Tätigkeit in einer international ausgerichteten Berliner Anwaltskanzlei zustattenkommt). Ebenso hat er das Jiddische sich angeeignet: Bei einem Gang durch Jerusalems Mea Shearim-Viertel, für dessen ultraorthodoxe Bewohner die heilige hebräische Sprache nur in der Synagoge zulässig ist, als Umgangssprache aber Jiddisch dient, habe ich mit eigenen Ohren gehört, wie der sprachmelodisch begabte Junge nach einem kurzen Gespräch auf der Straße gefragt wurde, aus welchem osteuropäischen Schtetl e r denn stamme!

Zum Abschluss der Aufbauphase des German Department an der Hebrew University, also am Ende meiner Berater-Jahre, gab es 1983 in Jerusalem ein achttägiges Symposion israelischer und deutscher Hochschullehrer und Studenten. Die zum Teil öffentlich gehaltenen Vorträge wurden gedruckt,* und in den Vorbemerkungen zu diesem Sammelband heißt es, die dort nicht wiedergegebenen Diskussionen wurden »von beiden Seiten in großer Sachlichkeit und mit ungemeiner Aufrichtigkeit« geführt. »Sie hatten nichts zu tun mit den Vorstellungen, welche sich der schauerlichen Redeweise von einer ‚Bewältigung' unserer Vergangenheit bedienen, und sie zielten keineswegs auf ein Versöhnungsfest ab; alle Beteiligten wußten, wie weit das außerhalb des auch nur Denkbaren liegt. Aber zueinander über das unabweisbar in unser gegenwärtiges und künftiges Leben hineinwirkende Vergangene sprechend, sind wir freundlich miteinander umgegangen und haben empfunden, daß das viel ist. Während eine gemeinsame wissenschaftliche Arbeit von Israelis und Deutschen vor allem in den Naturwissenschaften, selbst in den Bereichen der Theologie, Archäologie oder Geschichte schon lange nichts Außerordentliches mehr ist, muß ein israelisch-deutsches Symposion zur deutsch-jüdischen Literaturgeschichte doch noch immer als etwas Ungewöhnliches gelten. Es rührt an Wunden, die nicht vernarben.«

Die im German Department der Hebrew University lehrenden Israelis haben damals zehn Bäume gekauft und mir geschenkt. Sie waren nicht für unseren heimischen Garten bestimmt. Vielmehr erklärt die mir ausgehändigte Urkunde: »10 trees have been planted in the Judean Hills in honour of ...«. Und eine der Dozentinnen, Itta Shedletzky oder Hanni Mittelmann, sagte dazu etwas Wunderbares: „Ein kleines Göttinger Wäldchen wächst in Israel.«

* Juden in der deutschen Literatur. Ein deutsch-israelisches Symposion. Hrsg. von Stéphane Moses und Albrecht Schöne. Frankfurt a.M. 1986.

Göttinger Germanistenkongress Das Amt des Dekans blieb mir erspart, gar das eines Rektors kam nie infrage (dazu hier Seite 210 ff.). Nur an weniger zeitraubenden Kommissionen hier und auswärts war ich beteiligt, und in einigen frühen Jahren gehörte ich auch zum Senat meiner Universität. 1980 aber kam etwas auf mich zu, was ich nicht ablehnen konnte. Auf dem Kongress der ‚Internationalen Vereinigung für Germanische Sprach- und Literaturwissenschaft' (IVG) in Basel wählte man mich zu deren Präsidenten – für eine Amtszeit, die erst nach fünf Jahren zu Ende ging: mit dem nächsten Kongress, den er dann in seinem Heimatland und seiner Universitätsstadt auszurichten hatte.

Dieser nach dem Krieg gegründete Verband umfasst die altgermanische, deutsche, nordische, niederländische, friesische, afrikaanse und jiddische Sprach- und Literaturwissenschaft und nimmt als Mitglieder deren wissenschaftlich ausgewiesene Fachvertreter auf. Seine Kongresse waren vor Basel in Rom, Kopenhagen, Amsterdam, Princeton und Cambridge abgehalten worden. Wohl hatten sich dort auch deutsche Hochschullehrer für die nächstfolgende Amtszeit um die Präsidentschaft bemüht, standen jedenfalls als Kandidaten zur Verfügung, waren aber immer abgewiesen worden – eben weil mit ihrer Wahl der Kongress dann nach Deutschland hätte gehen müssen. Eher darauf rechnend, ja hoffend, dass sich das wiederholen würde, fügte ich mich der Bitte des in Basel amtierenden Präsidenten, gehörte dort also zu den Kandidaten, und diesmal kam es anders.

Mir war bewusst, wie viel Vorbehalt auch nach dieser Entscheidung bestehen blieb. Zu den ausländischen Mitgliedern der IVG gehörten maßgebend die aus Nazi-Deutschland vertriebenen, emigrierten Wissenschaftler. Zwar hatten viele von ihnen längst wieder Kontakte mit deutschen Kollegen und waren besuchsweise in der Bundesrepublik gewesen. Aber dass

Vor der Stadthalle:
Ministerpräsident Albrecht, Bundespräsident v. Weizsäcker, Schöne und Oberbürgermeister Rinck

der ganze Kongress dorthin gehen sollte, hatte ein anderes Gewicht.

Was einem solchen ostentativen Akt entgegenstand, ist 1985 in Göttingen nicht beiseitegeschoben oder kleingeredet worden. Das begann sogleich bei der Eröffnung in der Stadthalle (die man mit zusätzlichen Sitzreihen und akustischer Übertragung in Nebenräume und Flure ausgerüstet hatte). Die ersten Sätze der Begrüßung durch den IVG-Präsidenten nach den formellen Anreden lauteten:

»Den VII. Kongreß der Internationalen Vereinigung für germanische Sprach- und Literaturwissenschaft eröffnend, heiße ich Sie herzlich willkommen.

1400 Wissenschaftler unserer Fächer treffen sich in dieser Augustwoche zu dem ersten ihrer Weltkongresse, den sie seit dem Ende des Krieges in einem deutschen Land abhalten.

Von Deutschland, von seinem Wolfenbüttel ist der ›Nathan‹ ausgegangen, der Goethe hoffen ließ, es möge »das darin ausgesprochene göttliche Duldungs- und Schonungsgefühl der Nation heilig und wert bleiben«; von seinem Weimar die ›Iphigenie‹, dieser halsbrecherische Versuch einer Behauptung des Menschlichen gegen die Gewalt des Inhumanen; von seinem Königsberg die Schrift ›Zum ewigen Frieden‹, mit der Kant die Kraft der praktischen Vernunft auf die »Bedingungen der Möglichkeit« richtete, daß kein Krieg sei unter den Völkern. Und von dem gleichen Land ging der Krieg doch aus. Es waren die Deutsch Sprechenden doch, welche die Niederländisch, Dänisch oder Norwegisch Redenden zu unterjochen, die Jiddisch Sprechenden zu vernichten suchten – und nicht nur sie. Der Tod, „ein Meister aus Deutschland".

40 Jahre danach versammeln sich hier die Sprach- und Literaturwissenschaftler der Jiddistik, Nordistik, Niederlandistik und Germanistik aus 53 Ländern der Erde. Sie geben uns ein Zeichen wiederkehrenden Vertrauens, über das wir uns freuen dürfen, weil es uns aufhilft.

Wie ernst es uns damit ist, bezeugt heute die Anwesenheit des Staatsoberhauptes der Bundesrepublik Deutschland. Herr Bundespräsident, ich danke Ihnen dafür, daß Sie zu uns gekommen sind, daß Sie diesen Kongress durch Ihre Gegenwart auszeichnen.«*

* In: Kontroversen, alte und neue. Akten des VII. Internationalen Germanisten-Kongresses. Hg. v. Albrecht Schöne. Tübingen 1986. Bd. 1, S. 3.

Um ›Jüdische Komponenten in der deutschen Literatur – die Assimilationskontroverse‹ ging es dann in einem der dreiundzwanzig Foren des Kongresses; ›Auseinandersetzungen um jiddische Sprache und Literatur‹ behandelte ein anderes. Zu den acht Plenarvorträgen gehörten der von Ruth K. Angress (Princeton): ›Wunsch- und Angstbilder. Jüdische Gestalten aus der deutschen Literatur des 19. Jahrhunderts‹, der von Siegbert S. Prawer (Oxford): ›„Das verfluchte Gemauschel". Jiddische Dichtung im Kampf der Sprachen‹ und der von Peter Wapnewski (Berlin): ›Ein Fremder im Königlichen Liederbuch. Süßkind von Trimberg‹. Und als ich in der Stadthalle den großen alten Kunsthistoriker Ernst H. Gombrich vom Warburg Institute London zum ersten, eröffnenden Plenarvortrag – ›„Sind eben alles Menschen gewesen"‹ – auf das Podium ans Rednerpult bat (aus Österreich hatte man ihn vertrieben, wo man statt ‚Lehrstuhl' doch ‚Lehrkanzel' sagte), hat gewiss nicht nur er selber verstanden, woran ich dachte: »Sir Ernst, darf ich Sie bitten, Ihre Lehrkanzel zu besteigen.«

Probleme ganz anderer Art machte unsere kleine Stadt in organisatorischer Hinsicht. Fast 1500 Kongressteilnehmer kamen nach Göttingen. Weil das Fassungsvermögen der Hotels und Gasthöfe bei weitem nicht ausreichte, mussten wir uns mit zusätzlichen Privatunterbringungen behelfen. Meine Bitte um Einladungen, öffentlich mitgeteilt, fand ein überwältigendes Echo. Etwa 500 Ausländer, alle deutsch sprechend natürlich, waren für acht Tage zu Gast in Göttinger Familien; sie wussten, dass sie dafür nichts bezahlen sollten, aber vielleicht ein kleines Geschenk mitbringen könnten von daheim. Und aus der Not wurde eine Tugend. Auch nach dem gemeinsamen Frühstück kümmerten sich viele Gastgeber um ihre Eingeladenen, brachten sie etwa im eigenen Auto zu den Tagungsstätten und warteten abends auf ihre Berichte. Es ergaben sich Kontakte, die den Kongress überdauerten. Ein Unbekannter erzählte mir später, er würde schon zum zweiten Mal nach Ägypten reisen, eingeladen wieder zu einer Hochzeitsfeier im Haus seines damaligen Gastes.

Überhaupt zeigte sich die Stadt von ihrer liebenswürdigsten Seite. Man nahm lebhaft Anteil an diesem Kongress, ging in die begleitenden Ausstellungen, drängte sich in die öffentlich zugänglichen Dichterlesungen. Und täglich fand man im Göttinger Tageblatt eine mehrseitig berichtende Beilage, deren studentische Verfasser sich um Verständlichkeit für einen interessierten weiten Leserkreis bemühten. Das Verkehrsamt organisierte für alle Kongressteilnehmer kostenlose Zubringerdienste durch Sonderbusse der Stadt. Der Oberbürgermeister stellte für das abendliche Zeltfest die Schillerwiese zur Verfügung und sorgte verständnisvoll dafür, dass die Verwüstungen, welche Auf- und Abbau eines 70 Meter langen Zeltes dort anrichteten, zu Lasten der Stadtkasse wieder beseitigt wurden. Um die Anwohner zu besänftigen und zur Erinnerung habe ich aus restlichen Kongressgeldern dort einen Ginkgo biloba pflanzen lassen (bei dem ein Einschnitt im Blatt den »geheimen Sinn« anzuzeigen scheint, dass es aus zwei Blättern zusammengewachsen sei*).

Eine professionelle Kongressagentur stand in Göttingen nicht zur Verfügung. Aber zur Betreuung der zahlreichen Berichterstatter von Zeitungen, Radio- und Fernsehanstalten stellte uns der C. H. Beck Verlag für eine Woche eine darin

* Goethe: »Dieses Baums Blatt, der von Osten | Meinem Garten anvertraut, | Giebt geheimen Sinn zu kosten, | Wie's den Wissenden erbaut. || Ist es ein lebendig Wesen? | Das sich in sich selbst getrennt, | Sind es zwey? die sich erlesen, | Dass man sie als eines kennt. || Solche Frage zu erwiedern | Fand ich wohl den rechten Sinn; | Fühlst du nicht an meinen Liedern | Dass ich eins und doppelt bin?«

erfahrene, liebenswürdige Helferin zur Seite. Auch eine geschulte Buchhalterin war erforderlich. Und im letzten Jahr vor dem Kongressbeginn wurde wenigstens ein Stadtbüro eingerichtet, das ein erfahrener Manager leitete: Karl-Otto Böttcher, mein Freund aus der gemeinsamen Kriegsgefangenschaft (von dem ich schon auf Seite 130 und 139 erzählt habe), war als Wiener Generalbevollmächtigter des Remington-Konzerns pensioniert worden und kam mir jetzt in Göttingen zu Hilfe, unbezahlt, unbezahlbar.

Aber die eigentliche Last langjähriger Vorbereitungen und vielfältiger Aufgaben an den Kongresstagen schulterten die an unserem Deutschen Seminar Tätigen selber. Und viele Studenten beteiligten sich daran. Ein lustiges Beispiel wenigstens: Mit einigen Kommilitonen stellte Thedel v. Wallmoden einen kommentierenden Gaststätten- und Kneipenführer zusammen und druckte ihn computerkundig für die Kongressteilnehmer aus – das wurde eine Art Wiegendruck seines späteren Verlages. Was wir auf solche Weise von Hand strickten, war passender und wärmer als ein professionelles Management. Und was dabei an Pannen unterlief, hat bei unseren Gästen das Vorurteil über die rabiate deutsche Perfektion wohl ins etwas Humanere korrigieren können.

Allerlei Schwierigkeiten machte auch die Beteiligung des Bundespräsidenten. Meinem Vorschlag, bei der Kongresseröffnung selber zu sprechen, hatte Richard v. Weizsäcker sogleich zugestimmt. Wir verabredeten, meine oben angeführte ›Begrüßung‹, seine darauf folgende Ansprache und meine anschließende längere ›Eröffnungsrede‹ aufeinander abzustimmen. Als der dafür zugesagte Entwurf seiner Rede ausblieb, skizzierte ich in zunehmender Besorgnis von mir aus, was etwa er da sagen könnte. Auch darauf keine Reaktion aus seinem Büro. Inzwischen aber hatte Weizsäckers Redenschreiber, der Diplomat und Schriftsteller Michael Engelhard, sehr wohl einen solchen Text verfasst, den der Bundespräsident in seinen Sommerferien studierte und monierend zurückgab. Jetzt hielt sich Engelhard mehr an meinen Entwurf, und mit diesem genehmigten Wortlaut wurde die Ansprache im Bulletin der Bundesregierung gedruckt. Aber im Hubschrauber nach Göttingen fliegend hat Weizsäcker selber sie noch einmal überarbeitet; so steht sie, über das Mikrofon aufgenommen, in den oben angemerkten Kongress-Akten. Alle vier Fassungen habe ich im Marbacher Deutschen Literaturarchiv hinterlegt: sie dokumentieren, wie ernst dieser Bundespräsident in solchem Fall eine 15-Minuten-Rede bedacht hat (noch am Vorabend sagte er mir, ihm sei bange vor morgen).

Zuvor waren die Sicherungskräfte nach Göttingen gekommen und hatten kategorisch ausgeschlossen, dass er in einem von nicht überprüfbaren Kongressteilnehmern bewohnten Hotel übernachtete. So wohnte er schließlich auf der leicht zu verteidigenden Adelebsener Schlossburg bei Metternichs, die er schon aus seiner Göttinger Studienzeit kannte. Abends dort ein Essen in kleinem Kreis. Peter Graf Wolff Metternich zur Gracht bei seiner Tischrede folgte souverän dem Adelsprotokoll: »Lieber Baron Weizsäcker!«, redete er seinen Bundespräsidenten an. Die teilnehmenden Botschafter Österreichs und der Schweiz, besonders der ihrem diplomatischen Rang entsprechende damalige ‚Ständige Vertreter' der DDR, mögen ein wenig die Augenbrauen gehoben haben.

Ich hatte mir gewünscht, dass der Bundespräsident nach dem Eröffnungsvormittag in der Stadthalle in die Zentralmensa käme und mit den Kongressteilnehmern dort noch zu Mittag äße. Über das Votum seiner geradezu entsetzten Bewacher setzte er sich hinweg und vertraute meinen Vorsichtsmaßregeln. Bei sonst freier Sitzordnung wurde nur einigen Wissenschaftlern aus Amerika und China, Irland und Kame-

run und zwei deutschen Journalisten ein fester Tisch zugewiesen. Sie waren nicht eingeweiht, fanden dort nur die schriftliche Bitte, mit dem Essen zu warten, bis ein später Gast den für ihn vorgesehenen, einzig noch freien Platz eingenommen hätte. So glückte das auch. Es gab dort ein angeregtes, sichtlich lebhaftes und vielstimmiges Tischgespräch – bis nach einer guten Stunde der Bundespräsident den Hubschrauber bestieg, der ihn wenige Meter neben dem Mensazugang erwartete, und seine Schutztruppe aufatmen konnte.

›Kontroversen, alte und neue‹ lautete das Generalthema dieses Kongresses. Da verstand sich's, dass in seinen 23 Foren (mit insgesamt 329 Vorträgen – von etwa 600, welche die Teilnehmer angeboten hatten) über Kontroverses nicht nur referiert werden konnte. Eingehend sollte man darüber auch kontrovers disputieren können. Also wurden die Referenten notfalls durch das leise Glockenzeichen eines wachhabenden Studenten an die vereinbarte Redezeit erinnert. Jedem Vortrag folgte eine wenigstens gleich lange Diskussion, und in den Pausengesprächen konnte das fortgesetzt werden. Denn alle Veranstaltungsräume, zwischen denen man auch hin und her wechseln konnte, waren von der großen Flurhalle des Geisteswissenschaftlichen Zentrums aus zugänglich, wo nach jeweils einer Stunde das Gros der Kongressteilnehmer wieder zusammenfand.

Dem Notenschlüssel ›Kontroversen‹ entsprachen auch die begleitenden Veranstaltungen. Dietrich Fischer-Dieskau ließ sich bewegen, ›Goethelieder – kontrovers‹ zu singen: in den aufs Schönste konkurrierenden Vertonungen von Franz Schubert und Hugo Wolf. Entsprechend ging es bei den beiden Dichterlesungen zu. Indem ich meine Einladung davon abhängig machte, nötigte ich Friedrich Dürrenmatt, Helmut Heißenbüttel, Stefan Heym und ebenso Günter Grass, Ernst Jandl, Martin Walser, sich jeweils am gleichen Abend zu dritt vorzustellen (ein wenig an die agonalen Veranstaltungen der ‚Gruppe 47' erinnernd); nur der für Christa Wolf einspringende Heym und Jandl versuchten da keinen Widerstand. Und für zwei Aufführungen in Göttingens Deutschem Theater engagierte ich Claus Peymann mit der von ihm inszenierten ›Hermannsschlacht‹ Heinrich v. Kleists, was sich auf furiose Weise dem ›Kontroversen‹-Thema fügte.

Peymann musste mit 60 beteiligten Schauspielern und Bühnenarbeitern aus Bochum anreisen und hier untergebracht werden. Auch die Goethelieder und die Dichterlesungen waren kostspielig. Zwar hatten mich die öffentliche Hand und zahlreiche halbstaatliche Organisationen äußerst großzügig ausgestattet, aber für solche Extravaganzen durften sie nicht aufkommen. Sehr viel Geld brauchten wir überdies für die Reise- und Aufenthaltskosten von Kongressteilnehmern, die aus Währungsgründen sonst hätten absagen müssen. Vor allem aber wollte ich aus dem Ostblock auch Wissenschaftler einladen, die nicht zu den gesiebten Delegationen der sozialistischen Länder gehörten. Da die politische Führung der DDR sich entschlossen hatte, bei der Wahl meines Nachfolgers den marxistisch sattelfesten Claus Träger aus Leipzig ins Rennen zu schicken, musste man gut Wetter machen und hinnehmen, dass ich sogar die offizielle DDR-Delegation (34 Personen) durch eigene, politisch eher unerwünschte und natürlich von uns selber finanzierte Einladungen ergänzte.*

Das dafür erforderliche Geld klinkenputzend in einzelnen Bittgängen zu beschaffen, hatte ich weder Lust noch Zeit. Hermann Josef Abs, der seinen Vorsitz im Aufsichtsrat der Deutschen Bank schon abgegeben hatte, aber als dessen Ehrenvorsitzender tätig blieb, gewährte mir eine Audienz im

* Ich hatte durchblicken lassen, dass ich es nicht für mich behalten würde, wenn man diese unliebsamen Ergänzungen etwa durch Verweigerung eines Visums abwehrte.

Bei solchen Vorverhandlungen mit Claus Träger unter vier Augen in Göttingen machte er sich ständig Notizen. Als ich meinte, wir könnten doch am Ende ein gemeinsames Gesprächsergebnis formulieren, entgegnete er in unkontrollierter Verwirrung, er müsse doch über alles genau berichten! – Zu den Stasi-Unterlagen gelangten seine Berichte sicher nicht. Ich vermute aber, dass es für den 5 Jahre lang amtierenden IVG-Präsidenten auch dort eine Akte gab. Durch Erkundigungen seit 1995 beim Bundesbeauftragten für diese Unterlagen erfuhr ich nach und nach, dass Stasi-Außenstellen in einem »Sicherungsvorgang« Briefe von mir an Ernst Bloch in Leipzig und an einen Stendaler Schulkameraden archiviert hatten, ebenso einen eigenen, absurd ausführlichen Bericht über die Weimar-Reise meines Doktorandenkolloqiums (von der hier auf Seite 249 f. die Rede war). 2019 aber teilte man mit, dass wohl »auch in Zukunft zu Ihrer Person keine weiteren Unterlagen aufzufinden sind.« – Mag sein, dass eine zentrale Stasi-Akte geschreddert wurde.

Bei der Wahl meines Amtsnachfolgers lag Claus Träger nur um 4 Stimmen hinter dem Japaner Eijiro Iwasaki. Der VIII. IVG-Kongress fand 1990 also in Tokyo statt.

Frankfurter Hochhaus. Eine gute Stunde lang ließ er sich meine Pläne und Bedürfnisse vortragen und erklärte am Ende: »Vor den Karren spanne ich mich.« Das sei mehr als ein großer Scheck, erläuterte sein protokollierender Assistent, der mich zum Taxi brachte. Über den in der Tat gewaltigen Überweisungsbetrag brauchten wir nicht einmal abzurechnen. Weil bei den vereinbarten Verwendungen ein geringfügiger Rest unvermeidbar war, legte ich dann doch eine rechnerische Übersicht über unsere Ausgaben vor und ließ diesen winzigen Betrag zurücküberweisen. Abs, den David Rockefeller den »führenden Bankier der Welt« genannt hat, ließ mich wissen, wie sehr ihm meine Rückzahlung gefiel.

Seine Unterstützung half auch bei den Veranstaltungen des Zeltfests auf der Schillerwiese. Für mehr als tausend fröhliche Teilnehmer gab es dort ein rustikales Abendessen, dessen Hauptgang die von Lichtenberg bedachten, in Schillers Xenien bedichteten, durch Heine berühmten Göttinger Würste bildeten (dazu hier schon Seite 182). Musikanten des Göttinger Symphonieorchesters spielten auf. Der Göttinger Knabenchor sang, auch drei eigens dafür von Franz Herzog vertonte Korf-Gedichte aus Christian Morgensterns ›Galgenliedern‹. Und als er um Mitternacht Matthias Claudius' »Der Mond ist aufgegangen« und das »Ade zur guten Nacht!« anstimmte, haben alle mitgesungen.

Am Ende hatten sich wohl alle früheren Vorbehalte gegen einen in Deutschland abgehaltenen Kongress verflüchtigt. Auch das ungewohnt zustimmungsfreudige Echo in Rundfunkreportagen und Zeitungsberichten hat diesen politischen Hintergrund nicht außer Acht gelassen. In der Frankfurter Allgemeinen Zeitung hieß es unter der Überschrift ›Mit Pauken und Trompeten‹: »Buchenwald wird weiter neben Weimar liegen, und die deutsche Germanistik ist nicht die deutsche Nation. Indes, sind nicht in der Vergangenheit wesentliche geistige Veränderungen von den deutschen Universitäten ausgegangen? In Göttingen tat in der letzten Woche die Uhr einen Ruck. Die Zeiger sprangen in ein anderes Feld. Wir waren Zeugen. Man darf, jawohl, die Pauken und Trompeten erschallen lassen.«

In vieler Hinsicht haben wir Glück gehabt. An allen acht Kongresstagen hatte die Sonne geschienen. Gleich danach erst wurde es wieder etwas regnerisch.

Pour le mérite? ‚Für das Verdienst' zeichnet man Wissenschaftler in aller Regel erst aus, wenn sie ein höheres Lebensalter erreicht haben. Dann aber geschieht das nahezu ausnahmslos. Wie wir da eigentlich für die nicht sonderlich verdienstvolle Leistung des Altwerdens geehrt werden, zeigt vor allem der Umgang mit Festschriften.* Sie feiern den Geburtstag des Jubilars und enthalten unter einem tunlichst vagen Sammeltitel disparate Beiträge verpflichteter, ergebener oder befreundeter Kollegen (weil der Herausgeber sie erbeten hatte, kann er sie auch in ganz dürftigen Fällen nicht gut zurückweisen). Ihren anfänglichen Seltenheitswert haben solche Festgaben seit dem späteren 20. Jahrhundert mehr und mehr verloren. Ihr als Verehrungsmaßstab geltender Umfang schwillt an, und mitunter preisen sie den gleichen Adressaten sogar mehrfach zu seinen runden Geburtstagen. Einige Male hatte ich mich selber noch an solchen Ritualen beteiligt. Dann brachte ein besonders eindrucksvoller Fall mich davon ab.** Seither habe ich alle Anfragen zur Beteiligung an Festschriften mit der Begründung abgelehnt, dass dieser ehrwürdigen, aber durch inflationären Gebrauch abgewirtschafteten Gattung allein durch eine längere Enthaltsamkeit wieder aufzuhelfen wäre (und dass ich selbstverständlich auch eine mir zugedachte Festschrift nicht akzeptieren würde). Nur fand das

* Dazu etwa: Ingo v. Münch: Das Festschriftenwesen und -unwesen. In: Neue Juristische Wochenschrift 2000, Heft 44, S. 3253 ff. (dort S. 3255: Von einem »deutschen Germanisten wird kolportiert, er sage inzwischen alle Anfragen zur Übernahme von Beiträgen zu Festschriften ab. Vielleicht ist eine solche Praxis zu rigoros; auch will die Kunst des Nein-Sagens gelernt sein.«).

** Festschriften für Hans-Gert Roloff zum 50. Geburtstag (638 Seiten) und wieder zum 60. Geburtstag (2 Bde, 1286 Seiten), denen auch zum 70. noch eine ›Festgabe‹ folgte (434 Seiten).

keinerlei Nachfolge und blieb, außer dass es mich entlastete, völlig wirkungslos.

So habe ich selber allein die 1969 von Göttingens studentischem ‚Fachschaftsrat Germanistik' verfasste ›Festschrift für Prof. Dr. Albrecht Schöne‹ erhalten (dazu hier Seite 272). Außerdem aber hat Heinz Ludwig Arnold zu meinem 50. Geburtstag als listige Umgehung ein Buch ›Für Albrecht Schöne zum 17. Juli 1975‹ zusammengestellt, das nicht im Druck verbreitet wurde; außer meinem mit der Schreibmaschine hergestellten Original erhielt nur jeder der 24 Beiträger eine Kopie. Neben nahestehenden Universitätsleuten und Günter Grass mit dem Autograph seiner Verse ›Kot gereimt‹ hatten sich auch außerakademische Freunde daran beteiligt, etwa der Landwirt und Pferdezüchter Cuno Götz v. Olenhusen, der seinem Text kunstvoll gefälschte Handschriften von 1834 anfügte. Noch lustiger war eine von meinen früheren Schülern Christian Wagenknecht und Ernst-Peter Wieckenberg gemeinsam verfasste Abhandlung über ›Die Geheimsprache der Kustoden. Voruntersuchungen zu ihrer Erforschung‹.

Das will ich ein wenig erläutern. Kustoden (‚Wächter') nennt man die 1–3silbigen Worte oder Wortteile, die in frühen Druckwerken unter der letzten Zeile jeder Seite stehen und den Beginn der nachfolgenden Seite angeben. Solang noch keine Seitenzählung eingeführt war und man Bücher in Form unaufgeschnittener, für sich durchnummerierter Druckbogen kaufte, dienten diese Hinweise dem Buchbinder zur korrekten Zusammenfügung der einzelnen Blätter. Überdies halfen sie wohl bei dem noch weithin üblichen Vorlesen von Texten, beim Umblättern eine Sprechpause zu vermeiden. Aber auch bei zunehmender Lesefähigkeit blieben diese Kustoden gebräuchlich, noch bis weit ins 18. Jahrhundert hinein, obgleich sie durch die Seiten-Paginierung längst überflüssig geworden waren. Eben das konnten die beiden Verfasser zum ersten Mal erklären. Sie hatten entdeckt, dass die anscheinend nur »mechanische Kustodik« über ihren ursprünglich rein technischen Zweck hinaus vielfach einen eigenen Sinn macht, sich nämlich als eine vom Setzer auf den Text des Buches bezogene »kritische Kustodik« verstehen lässt, wenn man die Kustoden ein Stück weit hintereinander liest. So ergäbe sich beispielsweise auf drei einander folgenden Seiten einer Luther-Schrift des Katholiken Gotthold Liegner (= Lügner) von 1546 als kustodische Gegenrede des vermutlich protestantischen Setzers der Satz: „nomen | est | Omen"! Hochgelehrt kommt diese Abhandlung daher. Die Verfasser nehmen eine Typologie heiler oder kranker, stummer, tauber und blinder Kustoden zu Hilfe (krank = fehlerhaft, wie im angeführten Beispiel absichtsvoll »Omen« statt des korrekten »Amen«); sie skizzieren neben der kritischen auch noch eine allegorisch-geistliche und eine emblematische Kustodik, und jeden der zahlreichen Belege oder Hinweise machen sie überprüfbar durch eine präzise Stellenangabe. Auch dass die kritische Kustodik der avantgardistischen Setzer »ziemlich genau« zur Zeit der französischen Revolution zu Ende ging, haben sie angemessen erklären können: »in den Jahren nach 1789 verbreitet und befestigt sich das neue bürgerliche Selbstbewußtsein und tilgt mit den Kustoden die graphische Spur seiner Unterdrückung. Im bürgerlichen 19. Jahrhundert sind dann die kustodenlosen Bücher selbst „der Schätze würdigste Kustoden" (Faust, Vers 6134).«

Tatsächlich waren einige Belege für die hier entdeckte »sprechende Kustodik« nichtssagende Zufallsfunde, das meiste aber wurde zweckdienlich hergerichtet oder frei erfunden. Mit dem Einverständnis der Verfasser habe ich diese Wissenschaftssatire den Herausgebern der ›Deutschen Vierteljahrsschrift für Literaturwissenschaft und Geistesgeschichte‹ für ihren 50. Jubiläumsband zum Druck angeboten – ohne dass ein aufklärender Hinweis hinzugesetzt würde.* Das wurde ein voller Erfolg: Ganz wenige Leser nur ließen mit amüsierter Bewunderung wissen, dass sie den Fälschern auf die Schliche gekommen waren, und es gab eine Fülle arglos begeisterter Zustimmungen.

Keine regelrechte Festschrift also, aber doch eine Reihe anderer Auszeichnungen ist mir im Lauf der Jahre altersgemäß zuteilgeworden. Für sie alle trifft zu, was ich 1993 bei der Verleihung des Österreichischen Ehrenzeichens für Wissenschaft und Kunst gesagt habe: »Es war sehr schön, es hat mich sehr gefreut!« (die dazu angereisten Österreicher kannten und belächelten diese ständige Redensart des Kaisers Franz Joseph I., und ich wollte den feierlichen Akt ein wenig entspannen). Besonders schön und erfreulich fand ich 1982 den mit 99 Flaschen ausgestatteten ‚Weinpreis für Literatur', an dessen trinkfreudiger Verleihung in Göttingen auch die früheren Empfänger Guntram Vesper, Günter Grass und Friedrich Dürrenmatt teilnahmen, und 1991 die ‚Carl-Zuckmayer-Medaille' des Landes Rheinland-Pfalz, denn neben dem als Briefbeschwerer tauglichen Bronzetäfelchen mit dem Kopf dieses Schriftstellers erhalten die Preisträger ein 30-Liter-Weinfass und danach noch alljährlich eine Kiste Wein zum Nachfüllen.

Aber Franz Josephs »Es war sehr schön, es hat mich sehr gefreut« kam mir nicht in den Sinn, als mich 1990 gänzlich unvorbereitet die Mitteilung traf, man habe mich in den Orden Pour le mérite gewählt. Worum es da ging, erklärt ein Text, der jetzt bei dem jährlichen öffentlichen Auftritt des Ordens im Konzerthaus am Berliner Gendarmenmarkt in den Programmheften steht:

* Gedruckt: DVJS Bd 50, 1976, S. 259–280.

»Der aus Gold gefertigte Halsorden zeigt in seiner Mitte den preußischen Adler, umschlossen von den achtfach wiederholten, gekrönten Initialen Friedrichs II. Auf blau emailliertem Grund steht seine Bestimmung: Pour le mérite.

In dieser seit 1842 bestehenden Form tragen ihn nach den jetzt geltenden Statuten jeweils höchstens 40 in Deutschland und gleich viele im Ausland wirkende „Männer und Frauen, die durch weit verbreitete Anerkennung ihrer Verdienste in der Wissenschaft und Kunst einen ausgezeichneten Namen erworben haben“, Naturwissenschaftler, Geisteswissenschaftler und Künstler in etwa gleicher Zahl.

Unter der Schirmherrschaft des Staatsoberhauptes bilden sie das Ordenskapitel, das zweimal im Jahr zu internen Gesprächen und Verhandlungen zusammentritt. Dabei wird einmal, gegen Ende Mai, in Berlin und in Gegenwart des Bundespräsidenten als Protektor des Ordens eine öffentlich zugängliche Sitzung abgehalten mit Totenehrungen, Vorstellungen neu hinzugewählter Ordensträger, dem Festvortrag eines der Mitglieder und konzertanter Musik.

Die Geschichte dieses Ordens und seine Geltung sind eng verbunden mit den Umbrüchen der jüngeren deutschen Geschichte. 1740 hatte Friedrich der Große den Pour le mérite gleichermaßen für militärische wie für zivile Meriten gestiftet, ohne nationale Begrenzung. Aber seit dem Siebenjährigen Krieg war er nur noch an eigene Offiziere verliehen worden. So fügte ihm König Friedrich IV., beraten durch Alexander von Humboldt, 1842 eine gesonderte Friedensklasse „für die Verdienste um die Wissenschaften und Künste“ hinzu, die auch Ausländer wieder einbezog.

Anders als der Kriegs-Pour le mérite überdauerte dieser Friedensorden 1918 das Ende der Monarchie als eine sich selbst ergänzende „freie Vereinigung von hervorragenden Gelehrten und Künstlern“. Aber entsprechend dem generellen Ordensverbot der Weimarer Verfassung wurde der Pour de mérite jetzt als ‚Abzeichen‘ eingestuft und durfte nicht mehr ins Ausland vergeben werden.

1933 trugen ihn der Jude Albert Einstein, die als erste Frau gewählte Sozialistin Käthe Kollwitz und der jetzt einer ‚entarteten Kunst‘ beschuldigte Ernst Barlach. So fügte sich der Orden nicht in die Machtübernahme des nationalsozialistischen Regimes. Wegen seines Ansehens im Ausland zögerte man freilich, ihn zu verbieten. Aber man ließ keine Nachwahlen mehr zu und verurteilte ihn damit zum Aussterben.

Drei seiner Mitglieder waren in der Bundesrepublik Deutschland noch am Leben, als sich 1952, auf Anregung ihres ersten Präsidenten Theodor Heuss, die Friedensklasse des Pour le mérite wieder zu ergänzen und zu erneuern begann.

So verkörpert dieser Orden eine der wenigen großen Traditionen unseres Landes, die in seinen finsteren Jahren nicht befleckt oder verderbt worden sind. Auch ausländische, selbst emigrierte oder vertriebene Künstler und Gelehrte konnten ihrer Wahl in die Ordensgemeinschaft alsbald wieder folgen.

In deren weltbürgerlicher Korporation bilden sich die Wissenschaften wie die Künste (mit Goethe zu reden) wieder als „eine Welt- und Völkergabe“ ab.«

Wie mir selber bei der Ordensverleihung 1991 zumute war, habe ich damals mit meinen Dankesworten anzudeuten versucht:

»Diese höchste und schönste Auszeichnung, die es in Deutschland für die Wissenschaften und Künste gibt, nehme ich gewiß in Freude, aber auch mit Beschämung entgegen. – Der Orden Pour le mérite, dem 1933 der Jude Albert Einstein, die Kommunistin Käthe Kollwitz und als letztgewähltes Mitglied der ‚entartete‘ Ernst Barlach angehörten, bildet eine der wenigen großen Traditionen in unserem arm gewordenen Land, die damals nicht als treibende Wasser auf die Todesmühlen geleitet werden konnten, also beschmutzt oder verderbt worden sind. Und ich gehöre noch zu den Generationen, die dafür eine aus eigener Lebenserfahrung resultierende Empfindlichkeit besitzen, war 1945 schon alt genug für Hitlers Kriegsorden. Davon kann ein anderer, auch ein Friedensorden, nicht entlasten. Als eine Art Contrebalance aber darf ich diesen wohl doch empfinden. So ist meine Freude beschaffen.* – Der Kreis freilich,

* Diese Worte führten zu meiner ersten Begegnung mit Axel von dem Bussche, der 1943 ein Selbstmordattentat auf Hitler vorbereitet hatte, nach dessen Scheitern aber unentdeckt blieb und später mit dem Ritterkreuz ausgezeichnet wurde. Er hatte ein Bein verloren, stützte sich auf zwei Krücken, konnte mir also nicht die Hand geben, als er mich nach dieser Pour le mérite-Veranstaltung ansprach: »Was Sie da vorhin gesagt haben, bei dieser Gelegenheit, vor diesen Leuten, lässt mich etwas unsicher werden an meinem Urteil über unser Land. – Küss’ die Hand!« (damit ging er davon, und ich blieb fassungslos zurück; später erklärte mir jemand, dass junge österreichische Offiziere bei einer Begegnung etwa im Kasino so ihren General hätten anreden können).

in den mich die Mitglieder des Ordenskapitels damit einbezogen haben, lehrt mich das eigene Ungenügen. Es gab, um dafür wenigstens einen Namen zu nennen, schon einmal einen Germanisten aus Göttingen, der diesen Orden trug: Jacob Grimm, der nicht allein die ‚Geschichte der deutschen Literatur von der ältesten bis zu neuesten Zeit' lehrte und Kinder- und Hausmärchen sammelte, sondern sich darüber hinaus mit den deutschen Rechtsaltertümern und der historischen Grammatik der germanischen Sprachen befaßte und mit seinem Bruder Wilhelm das große ‚Deutsche Wörterbuch' begründete. Und es sind nicht allein die weit gespannten und fortwirkenden wissenschaftlichen Leistungen solchen Ranges, die den Nachzügler beschämen müssen. Fünf Jahre bevor ihm 1842 der Orden Pour le mérite verliehen wurde, hat dieser Begründer meines Faches meine Universität verlassen, der Forderung gehorchend, daß die Wissenschaft, wenn sie kein Gewissen mehr haben darf, eine andere Heimat sich suchen müsse. Amtsenthebung und Landesverweisung: „das fühle ich getrost", hat er dazu geschrieben, „was von meinen Arbeiten mich selbst überdauern kann, daß es dadurch nicht verlieren sondern gewinnen werde." – Ich danke den Mitgliedern des Ordens dafür, daß sie mir das haben zuteil werden lassen, beides: eine solche Freude, und eine solche Beschämung auch.«

Außer Jacob Grimm und den sonst schon Genannten will ich einige der früheren Ordensträger hier doch namentlich anführen (geordnet nach dem Zeitpunkt ihrer Auszeichnung): Aus den Jahren 1842–1933 wenigstens Carl Friedrich Gauß, Franz Liszt, Friedrich Wilhelm Joseph Schelling, August Wilhelm Schlegel, Justus v. Liebig, Leopold v. Ranke, Charles Darwin, Johannes Brahms, Rudolf Virchow, Wilhelm Dilthey, Max Planck, David Hilbert und aus den Jahren nach dem Wiederaufleben des Ordens seit 1952 Ernst Robert Curtius,

Otto Hahn, Paul Hindemith, Niels Bohr, Oskar Kokoschka, Thomas Mann, Lise Meitner, Werner Heisenberg, Romano Guardini, T. S. Eliot, Karl Jaspers, Erwin Panofsky, Franz Wieacker, Egon Eiermann, Henry Moore, Gershom Scholem. Von den seit meiner eigenen Zugehörigkeit Verstobenen bin ich in den Versammlungen des Ordens selber noch begegnet Hans-Georg Gadamer, Manfred Eigen, Heinz Maier-Leibnitz, Ernst Gombrich, Elias Canetti, Friedrich Hirzebruch, Pina Bausch, Umberto Eco und Imre Kertész. Als gegenwärtige Ordensträger nenne ich bei diesem Namedropping wenigstens einige mir besonders vertraute: Martin Walser, Aribert Reimann, Peter von Matt, Dani Karavan, Christiane Nüsslein-Volhard, Hans Magnus Enzensberger, Anton Zeilinger, Wim Wenders, Durs Grünbein, Barbara Klemm, András Schiff, Peter Stein und Michael Stolleis. Ich lasse es bei den bloßen Namen. Sie sagen genug.*

Auf der nach außen hin nicht sichtbaren Rückseite jedes Pour le mérite-Ordens steht der Name seines derzeitigen Trägers und sind außerdem die Namen all derer eingraviert, die ihn zuvor getragen haben; bleibt dort kein Raum mehr für weitere Angaben, wird er im Bundesarchiv aufbewahrt und muss ein neues Exemplar geschaffen werden. So ist diesen Wanderpreisen ein wortloses ›Memento mori‹ beigegeben.

* Bedenkenswert bleibt freilich auch, wie viele Namen nach heutiger Einsicht in den Listen der Ordensträger fehlen: Im Zeitraum 1842–1933 unter den Schriftstellern beispielsweise Heinrich Heine, Theodor Fontane, Friedrich Nietzsche, Marcel Proust, James Joyce oder Franz Kafka (aus sehr unterschiedlichen, auch nachvollziehbaren Gründen). – Dergleichen gilt für alle Disziplinen und sicher bis in die Gegenwart, mitunter sogar dann, wenn man eigentlich wissen konnte, was da (nicht nur wegen der begrenzten Zahl möglicher Zuwahlen) versäumt worden ist.

Zweimal jährlich also tritt das Ordenskapitel zusammen. »Was tun wir da schon?«, sagte mir lange vor meiner Zuwahl einmal unser Nachbar Franz Wieacker. »Es strampelt keiner mehr, sie haben alle ausgestrampelt. Wir treffen uns zweimal im Jahr, mögen uns ziemlich gern und überlegen, wen wir noch dabeihaben wollen, essen auch gut [meint: nach den öffentlichen Sitzungen beim Bundespräsidenten im Berliner Schloss Bellevue].« Er strampelte wahrhaftig nicht mit dieser Tätigkeitsbeschreibung und unterschlug, was man bei solchen Begegnungen durch Vorträge, interne Berichte oder im vertraulichen Gespräch erleben, erfahren, lernen konnte.

Ein beispielhafter Fall, von dem wohl berichtet werden darf, ist mir unvergesslich geblieben. Da hatte der in die USA emigrierte österreichische Jude Victor Weisskopf von seiner Tätigkeit als theoretischer Physiker berichtet. Er gehörte zu der Gruppe um Robert Oppenheimer, die das ›Manhattan‹-Projekt der Atombombe betrieb. Näher danach befragt, erklärte er, schon lange vor der Probezündung am 16. Juli 1945 in der Wüste New Mexicos hätten sie immer wieder und oft nächtelang darüber diskutiert, was bei diesem Versuch geschehen könnte. Keiner von ihnen habe damals ausschließen wollen, dass man eine Kettenreaktion von unabsehbarer Reichweite auslöste. Am Ende hätten sie dieses ungeheure Risiko auch nur in Kauf genommen, weil sie befürchten mussten, dass Hitler ihnen zuvorkäme. Mit eben diesem Argument, in Deutschland könnte man die 1938 entdeckte Kernspaltung zu einem Bombenbau nutzen, hatte Albert Einstein 1939 dem USA Präsidenten Roosevelt geraten, die entsprechenden amerikanischen Bemühungen zu forcieren. Aber wenn die dazu fähigen Physiker dann nicht selber bedacht hätten, was Weisskopf uns sagte, wären über Hiroshima und Nagasaki keine Atombomben detoniert.

Viele Gespräche auch in kleinerem Kreis oder nur unter vier Augen ergaben sich bei den Zusammenkünften des Ordens.

So saß ich oft mit dem amerikanischen Historiker Fritz Stern zusammen, dessen Schriften sich vor allem mit der neueren deutsch-jüdischen Geschichte befassten.* Dieser große Forscher und Erinnerer, Mahner und Versöhner hat 2010 bei einer Rede im Ehrenhof des Berliner Bendlerblocks von sich gesagt: Hier, wo man der erschossenen Attentäter vom 20. Juli gedenkt, sei 1954, als ihm das Leid ihrer Hinterbliebenen noch leibhaftig vor Augen stand, eine »innere Scham« über ihn gekommen: »die Scham über meine hasserfüllte Abscheu vor allem Deutschen, die in mir seit meiner Kindheit nistete.«

Zwölfjährig hatte er 1938 mit seinen Eltern aus Schlesien nach Amerika flüchten müssen – sie waren Christen, aber von jüdischer Herkunft.** In Breslau war er aufgewachsen. Sein zur lutherischen Kirche übergetretener Großvater Richard Stern (1865–1911) hatte dort als Internist praktiziert.

* Anführen will ich dafür wenigstens Fritz Sterns Abhandlung über den ‚Eisernen Kanzler' und dessen jüdischen Freund: ›Gold und Eisen. Bismarck und sein Bankier Bleichröder‹, 1978 u.ö. (zuerst englisch 1977).

** In ›Fünf Deutschland und ein Leben. Erinnerungen‹. München 2007, S. 33 hat Fritz Stern vermerkt, was »heute oft vergessen« wird: »nur im Dritten Reich wurde anstelle der Religion die Rasse zum Kriterium für die Identität und den Wert eines Menschen gemacht, und so wurden Christen jüdischer Abstammung zurückverwandelt in ‚Nicht-Arier' und denselben Verfolgungen ausgesetzt wie Juden, man erklärte sie also ohne Umstände zu Juden.« – Tatsächlich musste für die Beurkundung einer ‚deutschblütigen' Herkunft notgedrungen die Religionszugehörigkeit herhalten, die vor 1870 bzw. 1876 allein in den Kirchenbüchern registriert worden war. Zum millionenhaft geforderten ‚kleinen Ariernachweis' genügten entsprechende Bescheinigungen der Pfarrämter bis zu den Großeltern, der ‚große' hingegen musste bis 1800 zurückreichen. Absurd genug konnten daher auch Nachkommen eines in früher Zeit zum Judentum übergetretenen Christen als ‚Nichtarier' eingestuft werden, umgekehrt die eines damals konvertierten Juden als ‚Arier'.

Im Pfarrhaus des nahen Städtchens Ohlau aber wohnten damals meine Großeltern mit ihren Kindern. Weil das zeitlich möglich gewesen wäre, stellten wir uns vor, dass mein Vater als kleiner Junge bei einschlägigen Erkrankungen zu seinem Großvater gebracht wurde, und wir freuten uns beide oft an dem Gedanken früher freundschaftlicher Kontakte zwischen unseren Familien. Von Fritz Stern ging es aus, dass wir uns schließlich mit Vornamen anredeten.

Fast gleichaltrig mit mir, ist er im Mai 2016 gestorben. Am 16. Februar, schon merklich geschwächt, hatte er mir noch geschrieben: »Ihr Geburtstagsgruss aus dem Waldhaus [im Engadiner Sils-Maria, wo wir mehrfach zusammen waren] hat mich ganz besonders berührt. Unsere Freundschaft, seltene Freude des Alters, ist ein so wichtiges Geschenk – und ausserdem ein Ansporn zum Weitermachen! Die Handschrift wackelt, aber das Gefühl der Verbundenheit ist fest im Herzen verankert.«

Unsere Altersfreundschaft, durch den Pour le mérite zustande gekommen, ein unverdientes Geschenk dieses großherzigen Menschen, blieb fest in mir verankert.

Letzte Dinge »Herr, lehre mich doch, dass es ein Ende mit mir haben muss und mein Leben ein Ziel hat und ich davon muss«, bittet der Psalmist (39,5). Ein außerirdisches Ziel hat er mit diesen Worten offenbar nicht im Sinn. Er sagt da nicht einmal: lehre mich bedenken, dass es …, oder gar: lehre mich, weshalb es …, sondern einfach nur: »lehre mich doch, dass es ein Ende mit mir haben muss«.

Einer solchen Belehrung bedarf es eigentlich nicht. Lange bevor es wirklich ans Sterben geht, weiß der Mensch doch selber schon, dass er sterblich ist; auch das »unterscheidet ihn von allen Wesen, die wir kennen«. Nur ist er geneigt, dieses Vorauswissen zu beschwichtigen, zu betäuben oder schlechthin abzuwehren. Über ein Gemälde ›Klosterhof im Schnee‹ mit Mönchen, die eine Bahre tragen, soll Goethe in schrecklich-großartigem Greisenstarrsinn geurteilt haben: »Das sind ja lauter Negationen des Lebens […]. Zuerst also die erstorbene Natur, Winterlandschaft; den Winter statuiere ich nicht [nehme ich nicht hin, lasse ich nicht zu]; dann Mönche, Flüchtlinge aus dem Leben, lebendig Begrabene; Mönche statuiere ich nicht; dann ein Kloster, zwar ein verfallenes, allein Klöster statuiere ich nicht; und nun zuletzt, nun vollends noch ein Toter, eine Leiche; den Tod aber statuiere ich nicht.«* Auf solche Verdrängungsbemühungen antwortet die Bitte des Psalmisten.

Mir stand der Tod, der eigene, schon in jüngeren Jahren unverdrängbar vor Augen. Im Krieg vor allem, als drohendes Geschehen. Diese Schrecken hat er verloren. Im Alter, dem er sich als ein naturnotwendiges Geschehen nähert, kann man ihn gelassener erwarten. Für mich ist absehbar geworden, »dass es ein Ende mit mir haben« wird. So liegt es nahe, mit

* Goethes Gespräche. Hg. von Biedermann/Herwig. Bd. 3 II, S. 289.

Rücksicht auf die Überlebenden äußere Vorsorge zu treffen – aber auch für sich selbst darüber nachzudenken, was es auf sich habe mit der Endlichkeit unseres Lebens.

Göttingens Begräbnisstätte wurde 1975 auf den noch weithin kahlen Junkerberg verlegt, auf Grabfelder, deren Anlage uns wenig gefiel, wenn wir in Todesfällen dorthin gehen mussten. Im alten Stadtfriedhof an der Kasseler Landstraße, der zu einem schönen Park gediehen ist, ließ man wegen hoher Grundwasserstände keine Beerdigungen mehr zu (allein bestehende Bestattungsrechte galten weiterhin; später erst waren hier wenigstens Urnenbeisetzungen wieder möglich). Der zuständige städtische Dezernent, den ich zufällig kannte, wusste nur zu bestätigen, dass wir dort nicht mehr unterkommen könnten. Wohl gäbe es da nach wie vor auch noch Ehrengräber, die aber wären verstorbenen Bürgermeistern der Stadt, ihren Ehrenbürgern und Göttinger Nobelpreisträgern vorbehalten. Nur deshalb wünschte ich mir damals, man würde mich mit der erforderlichen Ehrenbürgerwürde ausstatten. Dazu kam es nicht; es blieb bei einer ‚Ehrenmedaille der Stadt Göttingen' zum 90. Geburtstag. Aber das war mir sehr recht. Denn zuvor schon hatte dieser Dezernent mir den Beschluss unserer Stadtverordneten mitgeteilt, dass in der Ehrenabteilung des alten Friedhofs künftig ebenso Träger des Pour le mérite beigesetzt werden könnten. Auch das hat dieser Orden mir noch eingetragen. Unser künftiges Doppelgrab durften wir uns dann selber schon aussuchen. Nicht weit hinter der Friedhofskapelle liegt es jetzt bereit, nah an einem Teich, der im Sommer mit blühenden Seerosen überdeckt ist.

Andere äußere Vorkehrungen lasse ich außer Acht; Vollmachten etwa oder Testamentsverfügungen gehören nicht hierher. Nur die Todesanzeigen will ich noch erwähnen. Weil die Angehörigen über deren Wortlaut doch unter großer Belastung und sehr in Eile entscheiden müssen, habe ich dafür Vorschläge hinterlegt.

Auf die häufig vorgebrachte Bitte um Geldspenden »im Sinne des Verstorbenen« würden unsere Kinder und Enkel gewiss schon von sich aus verzichten. Und ihre eigene Betroffenheit, denke ich, brauchten sie mit der geläufigen Wendung »in stiller Trauer« oder »in Liebe und Dankbarkeit« nicht öffentlich zu bekunden. Als persönlichere Äußerung aber steht über diesen Benachrichtigungen oft ein kurzes Zitat, das die Hinterbliebenen dem Verstorbenen zudenken.* Würde man so etwas erwägen, könnte es in meinem Fall doch heißen:

Wirf auch die Abendtür zu, Rabbi.
. . . .
Reiß die Morgentür auf, Ra- –

Celan

Dass das Zuwerfen der *Abendtür* bei einer Todesanzeige das Lebensende meinen soll und das Aufreißen einer *Morgentür* dann besagen könnte, es gäbe auch noch etwas danach, würden sich die Leser wohl zurechtreimen. Das genügt.

* Mit Katalogen solcher ‚Trauersprüche' kommen die Bestattungsunternehmen, kommt auch das Internet den Angehörigen zu Hilfe. – Nicht nur in unserer Ortszeitung liest man besonders häufig: »Von guten Mächten wunderbar geborgen …« (Bonhoeffer); »Und meine Seele spannte weit ihre Flügel aus …« (Eichendorff); »Einschlafen dürfen, wenn man müde ist …« (Hesse); »Was man tief in seinem Herzen besitzt, kann man nicht durch den Tod verlieren« (angeblich von Goethe, tatsächlich doch ein etwas veränderter Satz aus Ludwig Ganghofers Roman ›Das Schweigen im Walde‹) oder: »Als Gott sah, dass der Weg zu lang, der Hügel zu steil und der Atem zu schwer wurde, legte er seinen Arm um sie [um ihn] und sprach: Komm heim!« (ohne Angabe eines dafür verantwortlichen Verfassers).

Hier will ich diese drei Zeilen etwas eingehender bedenken. Auf sie zielt und mit ihnen schließt Paul Celans Gedicht ›Einem, der vor der Tür stand‹.* Es steht in dem Band ›Die Niemandsrose‹ von 1963, wo verdeckte Bezüge auf das Alte und Neue Testament der Bibel und Anspielungen auf theologische, mystische, religionsphilosophische Schriften sich häufen und jüdische, aber auch christliche Religiosität so bedeutsam wird wie in keinem anderen seiner Gedichtbücher.

Erster Vers (*Wirf auch die Abendtür zu, Rabbi.*):

Wer ist gemeint? Im vorangegangenen Text heißt es »Rabbi, knirschte ich, Rabbi | Löw: | Diesem | beschneide das Wort«. Der dort angeredete Gottesgelehrte Jehuda Löw war im 16. Jahrhundert ein Verteidiger der Prager Juden gegen christliche Ritualmordvorwürfe, und die Golem-Legende erzählt, er habe aus Lehm ein menschenartiges Gebilde erschaffen und es dadurch belebt, dass er ihm einen Zettel mit magischen Buchstaben in den Mund legte, welche den unaussprechlichen Namen Gottes bezeichnen; nur während des Sabbats, wenn alle Geschöpfe ruhen sollen, habe er diesen Zettel entfernt und seinen Golem dadurch leblos gemacht, ihm also das Wort beschnitten. Es liegt nahe, auf diesen Rabbi Löw auch den Anruf des *Rabbi* am Ende des Gedichts zu beziehen. Doch geht den drei hier zur Rede stehenden Schlusszeilen ein grafisches Signal voraus: Weite Abstände und eine nur gepunktete Zwischenzeile markieren eine Distanz vom zuvor Gesagten, die auch den Rückbezug auf jenen Rabbi Löw angeht und mehr-

* Ausführlich habe ich darüber am Himmelfahrtstag 1999 geredet (im Kloster Bursfelde, wo auf den Gottesdienst unserer Universität immer ein akademischer Vortrag folgt): ›Dichtung als verborgene Theologie‹. Jetzt in Albrecht Schöne: Vom Betreten des Rasens. Siebzehn Reden über Literatur. München 2005, S. 322–360.

deutig erscheinen lässt, wer eigentlich das sein könnte, der jetzt die *Abendtür* zuwerfen, die *Morgentür* aufreißen soll (in einem anderen Gedicht des gleichen Celan-Bandes, in ›Zürich, Zum Storchen‹, wo ebenso »von Jüdischem« die Rede ist wie vom christlichen »Tag einer Himmelfahrt«, heißt es: »wir | wissen ja nicht, | was | gilt«). Offenbar macht sich hier auch geltend, dass immer am Sederabend des jüdischen Pessach-Festes einer der Frommen die Tür aufmacht für den Vorboten des Messias, den Propheten Elia, mit dessen ersehntem Erscheinen die Zeit der Rettung und Erlösung anbricht. Aber ebenso darf man wohl daran denken, wie Jesus von Nazareth an vielen Stellen des Neuen Testaments von seinen Jüngern angeredet wird. Im Johannesevangelium 1,38 etwa: »Sie aber sprachen zu ihm: Rabbi – das ist verdolmetscht: Meister – wo bist du zur Herberge?«

Zweiter Vers (· · · · · · · · · · · · · · · · · ·):

Zwischen der vorangegangenen, an den Rabbi gerichteten Aufforderung, die *Abendtür* zuzuwerfen, und der nachfolgenden Bitte dann, die *Morgentür* aufzureißen, steht diese nur aus Punkten bestehende Zeile. Was sie ohne Worte besagt, gibt der Kontext zu verstehen, wenn man ihn so begreifen will, wie ich es hier versuche: Jetzt handelt der Angerufene, dem Bittenden also wird sein Tod zuteil.

Dritter und letzter Vers (*Reiß die Morgentür auf, Ra- –*):

Nur zwei Striche noch stehen hinter diesem *Ra*. Der kürzere erste bezeichnet gewiss, was der Sprechende da sagen wollte: *Ra*bbi. Eben als Auslassungsstrich aber ist das ein Bestätigungs- und Erfüllungszeichen. Denn dass es dem Sprechenden jetzt die Sprache verschlägt, zeigt offenbar an, dass augenblicklich geschehen sei, was er da erbeten hat. Und dieser Verstummungsstrich besagt, dass mit der Öffnung der *Morgentür* etwas eintritt, was nicht mehr mitteilbar ist. Dafür steht dann am offenen Ende der zweite, längere Strich, ein Gedankenstrich, dem kein abschließender Punkt mehr folgt. Hier tastet der Vers an die Grenzen der Sprache, die zusammenfallen mit den Grenzen unserer Welt, und der sprachlose Strich deutet an, dass jenseits dieser Grenzen etwas Unsägliches sei.

Im 13. Kapitel des 1. Korinther-Briefes heißt es, dass »die Weissagungen aufhören werden und das Zungenreden [γλῶσσαι, linguae] aufhören wird«: »Wir sehen jetzt durch einen Spiegel in einem dunkeln Wort; dann aber von Angesicht zu Angesicht.« – Offenbarung des Johannes 21,5: »Und der auf dem Thron saß, sprach: ‚Siehe, ich mache alles neu!‘«

Bildnachweis

S. 17, 21, 25, 31, 35, 45, 49, 69, 75, 81, 94, 119, 128, 135, 143, 177, 195, 247, 293, 305 und 311: Private Fotos bzw. aus privater Sammlung

S. 65: © National Archives and Records Administration, Washington. Fotograf: Heinrich Hoffmann, 1925. Abgerufen unter https://rarehistoricalphotos.com/hitler-rehearsing-speech-front-mirror-1925/

S. 87: © Colin Smythe Ltd. Entnommen aus: Werner Simonson: The Last Judgement. An Autobiography, Buckinghamshire 1969, nach S. 96.

S. 103: gemeinfrei. Abgerufen unter https://de.wikipedia.org/wiki/Datei: Disfatta.jpg

S. 153: gemeinfrei. Fotograf unbekannt. Stadtarchiv Freiburg M 72 B 271. Abgerufen unter https://commons.wikimedia.org/wiki/File:Luftbild_Freiburg_1944.jpg

S. 179: © Klassik Stiftung Weimar, Goethe- und Schiller-Archiv, Bl. 126 (GSA 25/W 1124)

S. 263: Privat. Entnommen aus: »Göttinger Gelehrte. Die Akademie der Wissenschaften zu Göttingen in Bildnissen und Würdigungen 1751–2001«, hrsg. von Karl Arndt, Gerhard Gottschalk und Rudolf Smend, Göttingen 2001, Zweiter Band, S. 655

S. 267: © picture alliance / dpa.

S. 290: Aus dem chinesischen Staatsfernsehen (Archiv der Frankfurter Allgemeinen Zeitung). Entnommen aus: Albrecht Schöne: Vom Betreten des Rasens. Siebzehn Reden über Literatur, München 2005, S. 11

S. 298: © Israel Museum

S. 320: © Orden Pour le mérite